JN458028

포토보이스

사회 변화를 위한 목소리

오영범

교육과학사

포토보이스(photovoice)는 사회과학 연구를 위한 강력한 도구로 부상하고 있다. 그 이유는 '사진'이라는 매체가 가진 메시지 전달력 때문이다. 다큐멘터리 사진 작가 루이스 하인(Lewis Hine)이 "내가 만약 이야기를 말로 전할 수 있었다면, 나는 카메라를 들고 다니지 않았을 것이다."라고 언급한 것처럼, 사진이 가지고 있는 소통의 힘을 강조하였다. 질적 연구를 위한 면담에서 사진이 매개되면 연구자와 참여자 간의 언어적 상호작용은 더욱 촉진된다. 또한 연구자와 참여자의 주의집중을 유발하여 연구를 더욱 의미 있는 방향으로 이끌고, 연구 참여자의 피로도 해소에도 도움이 된다.

포토보이스가 매력적인 또 다른 이유는 그동안 사회 및 정치적으로 소외되었던 주변인 혹은 사회적 약자에 관심을 기울인다는 것이다. 그들 중 대부분은 주어진 열악한 사회 현실을 숙명처럼 받아들이고 침묵으로 일관된 삶을 살아온 사람들이다. 포토보이스는 사회적 약자로 하여금 침묵에서 벗어나 본격적으로 목소리를 낼 수 있는 기회를 제공한다. 포토보이스의 핵심은 사진이다. 연구 참여자는 자신의 경험과 관련된 사진을 찍고, 사진을 바탕으로 다양한 의미를 부여하며, 토론 활동에 참여한다. 이 과정을 통해 연구 참여자는 사회 문제를 인식하고, 문제를 개선하기 위해 연대하고 협력한다. 그리고 사회 변화를 위해 행동한다.

최근 포토보이스 연구는 사회적 약자뿐만 아니라 일반인을 대상으로 확산되고 있는 추세다. 일반인의 경험에 대한 인식, 특정 집단이 구축한 문화적 현상, 그리고 질적 연구에서 제기되는 타당도 문제를 극복할 수 있는 대안으로 사진이 부각되면서 포토보이스는 사회과학 연구자들의 관심을 받고 있다. 이를 반영하듯 사회복지학, 교육학, 사회학, 간호학, 체육학 등과 같은 다양한 학문 분야에서 점진적으로 확산되고 있다.

본 책은 포토보이스에 대한 사회과학 연구자들의 요구와 갈증을 해소하기 위해 집필되었다. 저자는 초등교육학회 세미나, 한국질적탐구학회 학술대회, 석사 및 박사 대학원생 대상 현장 워크숍, 그리고 포토보이스에 관심 있는 연구자들을 위한 온라인 워크숍 등을 수행하면서 포토보이스에 대한 매력을 느끼고, 지적 호기심을 표현하는 사람들을 만날 수 있었다. 포토보이스에 대한 다양한 이야기를 나누고 이슈가 되는 점을 집중적으로 토론하면서 본 책이 조금이나마 그들에게 도움이 될 수 있는 하나의 방법이라고 생각하게 되었다.

저자는 그동안 38편의 질적 연구 논문을 발표하였다. 그중에서 네 편의 연구가 포토보이스의 이론과 실제에 관한 것이다. 이 책은 저자가 발표한 연구에 기반하였다. 포토보이스 연구를 수행하는 독자의 이해를 돕기 위해 다양한 예시, 실증적인 자료, 이론적 내용 등이 추가되었다. 특히, 포토보이스의 확장을 이끌어낼 수 있는 새로운 방법으로 자전적 포토보이스, 온라인 포토보이스 등을 탐색해 볼 수 있는 아이디어를 제공하기 위해 사진 및 온라인 공간이 활용된 연구 사례도 제시하였다.

책을 집필하고 보니, 여전히 부족한 점이 많이 보인다. 포토보이스 연구에서 사진이 차지하는 위상과 심층적인 의미, 사진과 관련된 윤리적 이슈, 그리고 포커스 그룹 토론 진행 방법 및 연구자의 역할 등에 대한 다양한 연구가 필요함을 느낀다. 이는 포토보이스가 더욱 엄격하고 매력적인 방법론으로 거듭나기 위한 연구자들의 몫이자 과업이다. 더불어, 포토보이스 연구를 향한 개인적 의지이자 열망이기도 하다.

이 책이 나오기까지 가족의 응원과 배려가 없었다면 불가능했을 것이다. 학문의 길로 가는 남편과 아빠를 있는 그대로 이해하고 존중해 준 사랑하는 가족에게 다시 한번 고마움을 전하고 싶다.

2023년 6월

오영범

제2부 포토보이스의 실제

제1부

포토보이스에 대한 이해

제1부에서는 포토보이스 이론에 대한 내용을 다루었다. 포토보이스의 개요, 포토보이스의 이론적 근거, 포토보이스 연구를 진행하는 절차, 그리고 포토보이스 연구에서 타당도를 확보하는 방법을 제시하였다. 또한 자전적 포토보이스, 온라인 포토보이스 등과 같이 그 확장성에 대한 가능성도 탐색해 보았다. 포토보이스에 관심 있는 연구자 혹은 연구를 직접 수행하고자 하는 사람이라면 포토보이스의 이론적 탐색을 통해 기본적인 지식을 습득할 수 있을 것이다. 나아가 제2부 포토보이스의 실제와 연계하고 통합한다면 연구 수행 역량이 더욱 강화될 것으로 기대된다.

제1장

포토보이스의 개요

1장에서는 포토보이스가 탄생한 배경, 개념 및 특징, 그리고 장점과 단점을 제시하였다. 포토보이스를 창시한 Wang과 Burris가 어떠한 과정을 통해 연구 방법으로 정립하였는지 그 탄생 배경을 살펴본 후, 국내 · 외 다양한 문헌 분석을 바탕으로 포토보이스의 특징을 제시하였다. 마지막으로 포토보이스가 가진 장점과 단점을 살펴봄으로써 그 가능성과 한계를 조명하였다.

포토보이스가 사회 · 정치적으로 소외된 주변인의 목소리를 전달하는 강력한 연구 방법으로 부각되면서 사회복지학, 교육학, 사회학, 여성학, 간호학 등과 같은 다양한 학문 분야에 적용되고 있는 상황이다. 참여적 행동 연구(participatory action research)의 하나인 포토보이스는 연구 참여자의 주체성을 보장한다. 참여자는 연구에 필요한 정보를 제공하는 수동적인 존재에서 벗어나 연구의 전 과정에 적극적으로 참여하며 연구자와 함께 지식을 창출한다. 이로 인해 포토보이스는 지식 생산의 민주화에 기여한다는 평가를 받고 있다.

최근 포토보이스를 적용한 연구가 활성화되고 있다. 포토보이스는 그 용어에서도 드러나듯이 사진을 뜻하는 'photo'와 목소리를 뜻하는 'voice'가 결합된 합성어이다. 간단히 말해, 사진에 참여자들의 목소리를 담는 연구 방법이다. 포토보이스는 Wang과 Burris(1997)에 의해 소개되었다. 그들이 제시한 포토보이스의 개념은 사람들이 특별한 사진 기법을 활용하여 자신이 속한 공동체의 특징을 파악하고 의미를 드러냄으로써 공동체가 더욱 발전할 수 있는 방안을 제시하는 과정이라고 밝히고 있다(Wang & Burris, 1997).

포토보이스는 참여적 행동 연구(participatory action research)[1]의 한 유형이다(Bogdan & Biklen, 2007; Whyte, Greenwood, & Lazes, 1991). 참여적 행동 연구는 사회 문제에 대해 공동체 중심의 이해를 강조하고, 이러한 이해를 바탕으로 공동체 행동을 지향하며, 그리고 연구자와 참여자들이 연구에 대해 소유권을 공유하는 특징을 갖는다(Kemmis & McTaggart, 2005). 참여적 행동 연구가 탄생하게 된 배경을 두 가지 측면에서 접근할 수 있다. 첫째, 기존의 연구 수행 절차와 과정이 연구자 중심이며 일방적이라는 인식이다. 즉, 참여자는 단지 연구자의 목적 달성에 필요한 자료와 정보를 제공할 뿐, 연구 결과에 큰 영향을 미치지 못하였다. 연구에 필요한 자료를 수집한 후, 연구 결과를 도출하기 위해 기술하고 분석하며 해석하는 것은 전적으로 연구자의 몫이었다. 이로 인해, 연구자는 참여자의 의도를 정확히 드러내지 못하거나 자신의 연구 목적 달성에 중점을 둔 과몰입으로 인해 의미를 왜곡할 가능성도

1) 국내에서 action을 '행동' 혹은 '실천'으로 번역한다. 이 책에서는 행동으로 번역하여 사용하였다.

제기되었다. 둘째, 연구 수행의 명분으로 무지한 사람들에 대한 억압과 착취를 일삼았던 기존 연구에 대한 성찰의 결과이다. 연구자는 자신이 가진 학문적 권위를 이용하여 참여자로부터 필요한 정보만을 취하고, 의미 탐색의 명분 아래 주관적으로 기술하고 해석하는 것을 일종의 횡포로 규정하기도 하였다(오영범, 2023). 기존 연구 방법에 대한 성찰에서 비롯된 포토보이스는 일반적인 질적 연구와는 다른 차별성을 띠고 있다. 연구 참여자의 주체성을 보장하고, 사진을 매개로 지식을 생산하고 전이를 촉진하며, 연구를 통해 참여자의 욕구와 상황을 대변하는 점이 포토보이스의 독특한 특징이다(오영삼, 허원빈, 2022; Sutton-Brown, 2014).

포토보이스 연구는 주로 정치적 영역에서 침묵해 온 주변인을 대상으로 이루어졌다(Sutton-Brown, 2014). Wang과 Burris가 보건 의료 혜택에 취약한 중국 시골 여성을 대상으로 포토보이스 연구를 수행한 것처럼, 서구에서는 여성, 성소수자, 노숙자, 에이즈(AIDS) 환자, 이민자, 수학에 어려움을 겪는 여고생, 청소년 등과 같이 주변인 혹은 소외 계층을 대상으로 이루어졌다(Harkness & Stallworth, 2013; Hussey, 2006; Hergenrather, Rhodes, & Clark, 2006; Mcintyre, 2003; Streng, Rhodes, Ayala, Eng, Arceo, & Phipps, 2004; Wang, 2006; Wang, Cash, & Powers, 2000). Hussey(2006)는 여성에서 남성으로 성전환한 트랜스젠더 5명을 대상으로 보건 진료 접근 경험을 포토보이스 방법을 통해 밝혔다. 그 결과 보건 진료의 문제에 따른 그들의 상황, 그리고 행동 전략을 중심으로 건강 관리 시스템, 공급자 역량, 취약함, 불가시성, 인내, 적극적 행동과 같은 6개의 주제를 도출하였다. Streng et al(2004)은 미국 노스캐롤라이나 시골에 거주하는 라틴계 청소년 10명의 이민 경험을 밝혔다.

그들의 경험에 토대를 두고 변화 과정에 주목한 결과, 제한된 미래 감각, 거부감, 학교와 제도적 인종차별, 성인 및 공동체 지원 열망 등과 같은 10개 주제를 도출하였다. Wang(2006)은 청소년을 대상으로 공동체의 장점과 문제를 기록하고 활성화할 수 있는 집단 토론을 통해 사회 문제에 대한 비판적 지식 향상을 위해 노력하였다. 구체적으로 청소년들이 참여한 10개의 포토보이스 프로젝트를 통해 공동체 건강과 복지 향상을 위한 청소년 행동 변화에 기여하였다.

최근 국내에서도 사회복지학, 간호학, 여성학, 교육학 등을 중심으로 포토보이스 연구가 활성화되고 있는 추세다. 주요 포토보이스 연구는 정신요양시설에 거주하는 정신 장애인, 양육을 결정한 미혼모, 청소년 성소수자, 중증뇌병변장애 청년, 자립 생활을 하고 있는 장애인, 발달장애 자녀를 둔 어머니, 베이비부머 은퇴자, 서울에서 살아가는 지방 출신 여대생, 은퇴한 여자 운동선수, 학교스포츠클럽 전담강사, 코로나19 시대를 살아가는 초등학생, 다문화 학생 등을 대상으로 진행되었다(김경오, 이규일, 2013; 김경희, 김미옥, 정민아, 2016; 김태림, 이규일, 2014; 김찬미, 이지하, 곽원준, 2020; 안희철, 김민아, 박경미, 2016; 이미선, 김민아, 2019; 오영범, 2023; 이현, 곽주연, 2019; 임윤서, 안윤정, 2017; 정주영, 이미란, 2022; 진영학, 오영범, 2022; 최윤, 2020).

국내·외에서 진행된 포토보이스 연구를 통해 중요한 시사점을 발견할 수 있다. 첫째, 포토보이스는 연구 참여자의 주체성을 보장한다(오영삼, 허원빈, 2022). 연구 참여자는 자신의 삶을 가장 잘 이해하는 전문가이기 때문에 삶의 문제를 인식하고 잘 해결할 수 있는 주체로 간주된다. 또한 참여자를 연구 목적 달성에 필요한 정보를 제공하는 수동적 대상으로 인식하기보다 연구 시작부터 종료까지 연구자와 함께 지식을 만들어가는 능동적인 존재로 간주한다(Latz, 2018). 둘째, 포토보이스는 연구 참여자들의 적극적인 참여와 행동 변화를 강조한다(Latz, 2018; Wang, 2006; Wang & Burris, 1997). 참여적 행동 연구의 한 유형인 포토보이스는 연구 참여자들이 공동체 삶에 관한 지식을 습득하고, 이러한 지식으로 향상된 역량이 공동체 개선을 위한 행동 변화로 이어질 것을 기대한다. 셋째, 포토보이스는 연구 시작 단계에서부터 정책 결정자 혹은 힘 있는 사람을 고려함으로써 연구 참여자의 더욱 나은 삶을 위해 정책을 제안하는 것이 목적이다(Wang & Burris, 1997). 포토보이스는 사회 및 정치적으로 소외된 연구 참여자들이 자신의 삶에 대한 문제를 제기하는 정치 활동을 강조한다. 이러한 이유로 교육에서의 정치 활동을 강조하는 프레이리의 비판적 의식화 교육이 포토보이스의 이론적 근거가 되고 있다.

1990년대 Wang과 Burris에 의해 시작된 포토보이스는 점진적으로 활성화되고 있다. 서구에서는 연구 방법으로서 포토보이스의 이론적 토대를 구축한 연구뿐만 아니라 실제 삶에 적용된 연구가 왕성하게 진행되어 왔다. 우리나라의 경우도 다양한 영역에서 포토보이스가 적용된 현장 중심의 연구가 진행되고 있지만, 서구에 비해 다각도로 연구가 수행되지 못하고 있는 현실이다. 더구나 포토보이스의 개념, 특징, 연구 절차, 타당도 확보 전략 등에 관한 이론적 연구는 거의 찾아볼 수 없다. 현재 포토보이스의 전반적인 연구 방법에 관한 번역서(Latz, 2018)와 기호학적 접근을 통해 집필된 포토보이스 단행본(오영삼, 허원빈, 2022)이 국내에 소개되고 있는 정도다. 오영범(2023)은 포토보이스의 개념 및 특징, 이론적 근거, 연구 절차, 그리고 타당도 확보 전략을 중심으로 포토보이스 연구 방법의 이론적 토대를 구축하였지만, 포토보이스의 발전과 활성화를 위해서는 다양한 측면에서 이론적 토대를 정립하는 연구가 더 필요하다. 물론, 여러 학문 분야에 적용된 포토보이스 연구 사례를 분석함으로써 그 이론을 습득할 수 있지만, 심층적인 이해를 도모하기에는 한계가 있을 수밖에 없다.

따라서 이 장에서는 포토보이스 연구 방법에 대한 이론적 토대를 먼저 제시하고자 한다. 구체적으로 포토보이스를 연구 방법으로 정립한 Wang과 Burris의 초기 연구들을 통해 포토보이스의 탄생 배경을 살펴본 다음, 포토보이스의 개념 및 특징, 포토보이스가 가진 장점 및 단점을 조명할 것이다.

1. 포토보이스의 탄생 배경

포토보이스가 탄생하게 된 배경을 살펴보기 위해 Wang과 Burris의 연구 과정을 들여다볼 필요가 있다. 1994년 이들이 수행한 「Empowerment through photo novella: Portraits of participation」 연구에는 '포토 노벨라(photo novella)'라는 용어가 등장한다(Wang & Burris, 1994). Wang과 Burris는 중국 시골 여성들의 건강 상태에 대한 개인 및 집단 지식을 증진시키고 사회 변화를 위한 역량을 강화하며 일상을 기록하는 교육적 도구로서 포토 노벨라를 활용하였다. 즉, 포토 노벨라는 여성의 참여를 통해 분석적 사고를 길러주고, 적극적 행동을 이끌어 내며 변화를 위한 동기를 촉진함으로써 여성들의 역량강화에 중점을 두었다. 포토 노벨라는 사람들이 본 그대로의 삶을 기록하고 토론하는 과정을 통해 연구 참여자에게 자연스럽게 연구에 대한 권한을 위임한다. 이 과정은 돈과 권력이 없거나 지위가 낮은 연구 참여자들에게 정책 입안자와 소통할 수 있는 기회를 제공함으로써 변화를 이끌어 내는 역할을 수행할 수 있는 기회를 제공한다. Wang과 Burris는 포토 노벨라의 이론적 토대로 프레이리의 비판적 의식화 교육에 기반한 역량강화, 페미니스트 이론, 그리고 다큐멘터리 사진 세 가지를 제시하였는데, 이는 지금까지도 포토보이스를 뒷받침하는 이론적 근거로 자리 잡고 있다.

1996년 수행된 「Chinese village women as visual anthropologists: A participatory to reaching policymakers」 연구에서는 '시각 인류학(visual anthropology)'이라는 용어가 등장한다(Wang, Burris, & Ping, 1996). 이 연구를 통해 포토 노벨라의 세 가지 목적이 다시 한번 더 강조되었다. 효과적인 교육 도구로서 기능하는 포토 노벨라는 시골 여성들이 그들의 삶을 기록하고 성찰하는 역량 강화, 여성들의 건강 상태에 대한 집단 지식의 향상, 그리고 시골 여성들의 건강과 공동체 문제에 대해 정책 입안자와 더 넓은 사회에 알리는 목적을 가지고 있음을 밝혔다. 이 연구는 세 번째 목적에 초점을 두고 정책 입안자에게 알리는 도구로서 포토 노벨라의 장점과 한계를 집중적으로 논의하였다. 결국, 사회·정치적으로 소외되었던 주변인들의 사회 문제를 개선할 수 있는 정책 제안 및 변화는 포토 노벨라의 궁극적인 목적이자 지향점임을 밝혔다.

1997년에 이르러 「Photovoice: Concept, methodology, and use for participatory」 연구에서 '포토보이스(photovoice)'가 등장한다(Wang

& Burris, 1997). 이 연구를 통해 포토보이스가 추구하는 세 가지 목표를 제시하였다. 즉 자신이 속한 공동체의 강점과 문제에 대해 기록하고 반영하기 위한 것, 사진에 기반한 토론으로 중요한 이슈에 대한 비판적 대화를 촉진하는 것, 그리고 공동체가 더 발전할 수 있도록 정책입안자에게 사회 변화를 위한 정책을 제안하는 것으로 밝혔다. 이 연구는 앞서 수행된 포토 노벨라와 관련된 두 편의 연구를 바탕으로 포토보이스의 이론적 토대를 정립한 것이다. 구체적인 내용으로 포토보이스의 개념과 발달 과정, 포토보이스의 장점 및 단점, 포토보이스를 구성하는 요소, 포토보이스의 적용 방법, 그리고 포토보이스 분석방법 등을 안내하면서 체계적인 연구방법론의 토대를 마련하였다.

포토보이스는 연구 참여자들이 목소리를 낼 수 있는 공간을 조성하고, 이야기를 전달해 줄 수 있는 수단을 제공하며, 소외된 사람들의 생각을 전달하는 데 유용하다(Wang & Burris, 1997). 포토보이스가 가진 유용함을 전달하는 데 있어 그 핵심은 사진이라 할 수 있다. 참여자들은 연구 수행 과정에서 주제에 따라 직접 사진을 찍고, 연구 참여자가 찍은 사진을 바탕으로 그룹 토의와 토론이 진행된다. 사진 자체만으로도 현실을 드러내고 연구 참여자의 실상을 반영할 수 있지만, 그들의 의도를 확실히 파악하고 숨겨진 의미를 더 알아내기 위해 면담이 함께 병행되는 것이 포토보이스의 특징이다.

사진이 매개된 면담은 다양한 효과를 가지고 있다. 첫째, 사진 자체가 연구 참여자의 주의집중을 유도함으로써 면담을 촉진하는 요인이 된다. 순간 포착으로 이미지화된 사진에는 사람, 사물, 공간 등과 같은 다양한 요소들이 포함되어 있고, 보는 이로 하여금 어떤 장면인지,

어디서 포착된 것인지, 어떤 의미가 담겨 있는지 등에 대한 다양한 궁금증을 유발한다. 사진을 보는 사람은 사진이 무엇을 말하는지 혹은 어떤 의미를 내포하고 있는지 등에 대해 추측해 볼 수 있다. 그런데 그 추측이 정확할 수도 있고, 그렇지 않을 수도 있다. 이로 인해 사진을 직접 찍은 사람의 설명이 병행되면 사진을 찍은 의도와 이유를 정확히 파악할 수 있다. 둘째, 언어에만 의지하는 면담보다 뇌 기능 작용을 촉진한다(Harper, 2002). 사진이 매개된 면담은 시각을 자극하여 대화가 유발되기 때문에 언어적 상호작용이 더욱 활성화될 수 있다. 이러한 이유로 사진이 매개된 면담은 리터러시 능력이 다소 부족한 사람에게 효과적이다(Wang & Burris, 1997). 셋째, 연구 참여자의 피로도 해소에 도움이 된다(김도헌, 2016). 일반적인 질적 연구에서 진행되는 면담은 연구자의 질문에 따라 참여자가 답변하는 구조로 장시간 지속될 경우 피로가 유발될 수 있다. 더욱이, 연구자와 참여자 간 래포가 형성되어 있지 않으면 참여자의 저항이 유발될 수 있고, 이는 연구 결과에 부정적인 영향을 미치게 된다. 심지어 연구 참여를 포기하거나 이탈하는 상황이 초래될 수 있다. 그러나 면담에 사진이 활용되면 언어로만 진행되는 면담에 변화를 주어 연구 참여자의 피로도를 해소하는 데 도움이 된다. 넷째, 핵심 질문에 초점을 맞추어 면담을 의미 있는 방향으로 발전시킨다(Collier, 1957). 사진에는 연구 참여자의 경험이 담겨 있기 때문에 연구자의 다양한 질문을 통해 참여자의 구체적인 경험과 그 의미를 확인할 수 있다. 이러한 맥락에서 사진은 기억을 회상하고 경험을 성찰하는 데 효과적이다(김도헌, 2016). 다섯째, 사진이 매개된 면담은 연구자와 참여자간의 경험 공유에 용이하다

(Wang, 1999). 우리는 친구나 친척같이 다른 사람의 집을 방문했을 때, 앨범 속 사진을 보며 특별한 경험을 공유하기도 한다. 사진은 상호 간의 대화를 촉진시켜주는 유용한 도구가 된다. 이처럼 누군가의 소중한 경험이 담긴 사진은 다른 사람과 그 경험을 공유할 수 있는 유용한 수단이 될 수 있다.

2. 포토보이스의 개념 및 특징

사진이 매개된 면담은 실제 포토보이스 연구 과정에서도 중요한 자료 수집 방법으로 사용될 뿐만 아니라 연구 참여자의 비판적 사고를 촉진하는 수단으로 활용되고 있다. 이러한 포토보이스의 개념을 Wang과 Burris는 다음과 같이 정의하고 있다.

> 포토보이스란, 사람들이 특별한 사진 기법을 활용하여 자신이 속한 공동체의 특징을 파악하고 의미를 드러냄으로써 공동체가 더욱 발전할 수 있는 방안을 제시하는 과정이다(Wang & Burris, 1997).

Wang과 Burris의 개념을 구성하고 있는 속성은 특별한 사진 기법, 공동체의 특징과 의미 파악, 그리고 공동체 발전의 세 가지로 요약된다. 특별한 사진 기법은 핵심 자료인 사진을 바탕으로 토론 및 면담을 통해 부가적인 자료를 수집하고 그 의미를 분석한다는 뜻을 지니고 있다. 공동체의 특징과 의미 파악은 연구 참여자들이 일상적인 삶을 영위하는 공동체와 관련된 지식을 습득하고 어떤 문제가 있는지를 파악한다는 의미를 갖고 있다. 그리고 공동체 발전은 해결해야 할 문제가 있을 경우, 삶의 질을 개선하고 사회 변화를 이끌어내기 위해 행동해야 함을 의미한다. 한편, 오영삼과 허원빈(2022)은 포토보이스의 개념을 언어만으로 설명할 수 없는 현상과 지식을 시각 이미지로 표현하고 해석하는 질적 연구 방법으로 정의하였다. 앞서 언급한 포토보이스의 개념을 바탕으로 포토보이스는 어떠한 특징을 갖고 있는지 살펴보고자 한다.

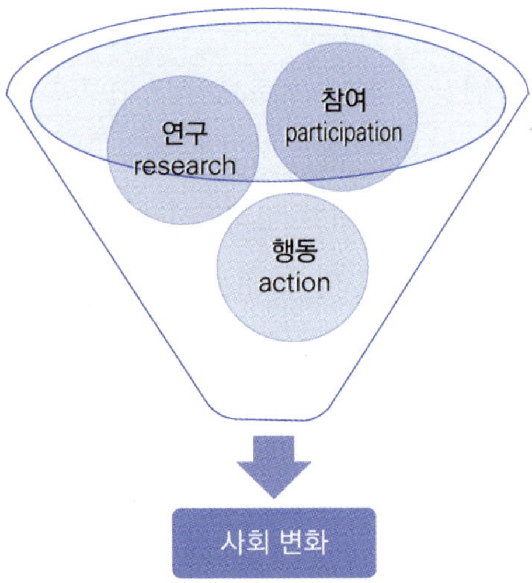

[그림 1-1] 참여적 행동 연구의 네 가지 구성 요소(Liebenberg, 2018)

첫째, 포토보이스는 참여적 행동 연구를 지향한다. 참여적 행동 연구를 구성하는 필수적인 네 가지 요소는 [그림 1-1]에서 보는 것처럼, 참여, 행동, 연구, 그리고 사회 변화이다(Liebenberg, 2018). 즉, 체계적인 연구 과정을 통해 사회 변화를 위한 행동을 유발하고 지식 발전을 목표로 이해관계자를 연구 과정에 참여시키는 것이 참여적 행동 연구의 핵심이다(Whyte et al., 1991). 참여는 사람들이 민주적 지식 생산 과정에 관여하는 것을 말한다(Bradbury & Reason, 2003). 이때 참여는 두 가지 측면을 고려할 수 있다. 그동안 사회 및 정치적으로 소외되었던 주변인들이 연구 참여자가 되어 직접 연구에 참여하는 것과 연구 참여자의 입장을 대변하고 사회 변화에 영향을 미칠 수 있는 힘을 가진 사람을 연구에 참여시키는 것이다. 참여자는 연구가 진행되는 전 과정에서 공동체에 대한 주체성을 갖고 자신들의 삶과 관련된 문제를 발견하고 토론을 통해 집단 지식을 형성한다. 최종적으로 연구를 통해 형성된 집단 지식은 사회 변화를 이끌어 내기 위한 행동으로 구체화된다.

둘째, 포토보이스는 지식 생산의 민주화에 기여한다. 이러한 특징은 기존의 연구가 학문적 권위를 가진 연구자 중심으로 이루어졌다는 성찰에서 기인한다. 기존에 진행된 질적 연구는 연구자가 참여자를 관찰하고 면담한 내용을 토대로 연구자의 관점에서 기술하고 해석하는 경향이 있었다. 즉, 연구자는 참여자로부터 연구 목적에 필요한 정보만을 취함으로써 참여자를 수동적인 존재로 간주하였다. 물론, 연구의 진실성, 타당도, 윤리성 등을 고려하여 일정 부분 연구 참여자 의견을 반영하고 연구 결과를 도출하고는 있지만, 연구 참여자가 연구에 관여하는 정도는 주로 자료 수집 단계에서 벗어나지 못하는 실정이다. 이처럼 기존 질적 연구에서 보였던 연구 참여자의 부분적 참여는 참여적 행동 연구를 지향하는 포토보이스와 크게 구분되는 점이다. 일반적인 질적 연구에서는 참여자가 찍은 사진은 연구자가 분석하고 해석하지만, 포토보이스는 연구 참여자가 직접 찍은 사진에 자신의 목소리를 담는다. 이러한 이유로 포토보이스는 참여자를 연구의 주체로 인식한다. 참여자를 연구의 중심에 두는 것은 그들에게 더 많은 의사결정 권한을 제공하기 위한 것이다(Sutton-Brown, 2014). 이러한 접근은 연구 참여자의 위상을 높이는 데 기여하고, 연구자의 역할 변화를 기대한다. 이 과정에서 연구자는 학문적 권위자보다는 참여자와 함께 지식을 생성하는 협력자 및 촉진자 역할을 수행해야 한다.

셋째, 포토보이스는 사회 문제 해결을 위한 행동을 촉진하고, 이를 통한 사회 변화를 지향한다(Kemmis & McTaggart, 2005). 포토보이스는 연구 시작 단계에서부터 공동체 문제를 확인하고, 이를 해결할 수 있는 힘을 가진 사람들을 염두에 둔다. 참여자들은 연구에 참여하는 과정에서 공동체 문제를 인식하고, 이와 관련된 지식을 습득하게 된다. 이러한 지식은 단순한 앎의 수준에서 머물지 않고 공동체 문제를 해결하기 위한 행동을 촉진하는 역할을 한다. 변화를 위한 행동은 연구 참여자들이 연대하여 한목소리를 낼 때, 그 힘이 더욱 커진다. 그렇기 때문에 연구 참여자들의 목소리는 좀 더 나은 삶을 요구하는 몸부림이자 문제 해결을 위한 정책 변화를 꾀하려는 정치 활동이다(Sutton-Brown, 2014).

3. 포토보이스의 장점

Wang과 Burris(1997)는 「Photovoice: Concept, methodology, and use for participatory」 연구에서 포토보이스가 가진 장점과 단점을

제시하였다. 이를 바탕으로 독자들의 이해를 도울 수 있도록 다양한 예시와 부가적인 자료를 추가적으로 제시하였다. 먼저 포토보이스의 장점을 살펴보도록 하자.

첫째, 연구자는 다른 사람의 관점으로 세상을 인식할 수 있는 가능성을 얻을 수 있다. 전통적으로 세상을 생생하게 묘사하는 수단을 통제했던 연구와 달리, 포토보이스는 사람들의 다양한 관점을 반영하여 있는 그대로의 삶을 드러낼 수 있다. 참여적 행동 연구는 사람들이 제공하는 정보를 전문적 지식의 원천으로 평가하기 때문에, 공식화된 과학 지식의 바깥에서 생산된 대중 지식에 대한 합법성을 인정한다.

[그림 1-2] Lewis Hine. Young Boy Coal Miner, 1909

[출처: https://wam.umn.edu/education/artful-writing/artwork/lewis-hine-young-boy-coal-miner-1909-13/]

둘째, 포토보이스는 '시각 이미지(visual images)'라는 강력한 수단으로 공동체 요구를 드러낼 수 있다. 사진을 중요한 자료로 사용하는 포토보이스의 이러한 장점은 루이스 하인(Lewis Hine)의 한마디로 요약된다. 그는 "말로 이야기할 수 있었다면, 나는 카메라를 들고 다니지 않았을 것이다."라고 표현함으로써, 사진에 담긴 메시지의 강력한 효과를 강조하였다. 그가 찍은 사진 한 점을 살펴보자. [그림 1-2]에서 보는 것처럼, 이 사진은 보는 이로 하여금 많은 생각을 유발한다. 낡은 작업복 차림의 지저분한 얼굴을 가진 사진 속 인물은 누가 보더라도 어린아이임을 알 수 있다. 10살에서 12살 정도로 보이는 이 아이는 탄광에서 일을 한다. 아이의 모자에는 어두운 탄광을 비춰줄 랜턴이 달려 있고, 주머니에는 씹는 담배 한 봉지가 보인다. 덩치가 작은 아이들은 좁은 탄광에서 일할 수 있는 유용한 일꾼으로 활용되면서 노동 현장으로 내몰리게 되었다. 하인(Hine)은 학교에 다니거나 한창 놀아야 할 어린아이들이 작업 현장에서 죽거나 다치는 어린이 노동의 실상과 부당함을 사회에 고발하기 위해 사진을 찍었다.

셋째, 포토보이스는 사회 취약 계층의 독특한 관점을 확인할 수 있다. Wang과 Burris(1994)의 포토 노벨라 연구에 참여한 중국 윈난 시골 여성들은 공식적인 교육을 받지 않았고, 가난하며, 가족을 위해 농사일을 해야 하는 상황에 처해 있었다. 연구에 참여한 시골 여성들은 숙명처럼 주어진 생존을 위해 일만 하다 보니 자신과 자녀의 건강과 돌봄을 소홀히 여겼다. 자신들의 일상을 사진으로 찍어 이야기 나눔으로써 평소에는 인식하지 못했던 건강, 돌봄, 복지 등과 같은 문제가 비로소 보이기 시작했던 것이다. 기존의 포토보이스 연구들도 사회 취약 계층의 다양한 관점을 반영하고 있다. 임윤서와 안윤경(2017)은 지방 출신 여대생 15명을 대상으로 수행된 포토보이스 연구 방법을 통해 서울에서 '지방 출신 여대생'으로 살아가는 현실을 조명하였다. 김시아 외(2019)는 범죄 경험이 있는 청소년의 일상을 포토보이스 연구를 통해 접근하였다. 오영범 외(2023)는 장애인 자립의 현실적 문제를 표면화하고 평생교육의 방향을 탐색하는 포토보이스 연구를 수행하였다. 이처럼 포토보이스 연구는 노동자, 어린아이, 여성, 장애인 등과 같이 사회 정치적으로 소외되었던 사람들을 대상으로 수행된 것을 확인할 수 있다.

넷째, 포토보이스는 다른 사회의 환경, 그곳에서 삶을 영위하는 사람들의 행동 배경에 대한 자료를 수집할 수 있다. 사람들은 카메라를 이용하여 환경(setting), 순간(moment), 생각(idea) 등을 기록할 수 있다. Wang과 Burris(1994)의 연구에서 윈난 여성들은 사진을 찍기 위해 시장, 우물가, 병원, 논, 밭, 담배 농장, 선거 장소, 약국 등에 카메라를 가지고 왔다. Wang과 Burris(1994)의 연구에서 참여자가 옥수수밭에서 잡초를 뽑는 여성의 사진을 [그림 1-3]과 같이 제시하였다. 이 사진은 윈난 여성들의 일상을 여실히 보여준다. 옥수수밭에서 괭이질을 하고 있는 여성 옆에 갓난아기가 누워 있는 것으로 보아, 아기를 돌봐줄 사람이 없는 상황에서 농사일까지 해야 하는 힘겨운 현실이 드러나고 있다. 괭이질로 인해 발생한 먼지는 아기의 호흡 기관에 부정적인 영향을 주어 건강에 위협이 된다. 갑자기 소나기라도 내린다면 그대로 비를 맞을 수밖에 없는 상황이라 저체온증을 유발하거나 감기에 걸릴 수 있다. 누구보다 안전한 장소에서 따뜻한 보살핌을 받아야 하는 어린 아기가 건강에 부정적인 영향을 미치는 환경에 노출되어 있음을 여실히 드러내고 있다. 실제로 Wang과 Burris(1994)의 연구에 참여한 시골 여성들은 아기가 혼자 누워 있는 옥수수밭에서 잡초를 뽑는 여성의 사진에 강한 반응을 보였다. 왜냐하면 사진의 장면은 평소에는 제대로 인식하지 못했던 그들의 일상이기 때문이다. 이 연구에서 사진은 중국 시골 여성들이 살아가는 생생한 모습을 보여줌으로써 고된 일상과 요구에 대해 토론할 수 있는 효과적인 도구가 되었다.

[그림 1-3] Hoeing Corn(Li Qiong Fen, 37)[출처: Wang & Burris, 1994]

다섯째, 포토보이스는 연구 참여자들의 요구 분석에서 프로그램 실행까지 연구가 진행되는 기간 동안 지속적인 참여를 유지할 수 있다. 연구 참여자는 공동체와 관련된 문제 인식, 문제 장면이 포착된 사진 촬영, 사진을 토대로 집단 토론을 하면서 내면화하는 비판적 지식 습득, 그리고 공동체 문제 해결을 위한 행동으로 이어지는 포토보이스 전 과정에 주도적으로 참여하게 된다. 이처럼 포토보이스 연구 참여자들은 사회 문제에서 비롯된 자신들의 요구를 인식하고, 효과적인 해결 방법을 탐색하며, 힘을 모아 행동으로 실천하면서 연구에 더 깊숙이 관여하게 된다. 이들이 직면하고 있는 현실적인 문제이기에 시간이 갈수록 연구 참여 의지는 점점 더 강해진다. 연구 참여자의 주체성 보장은 참여적 행동 연구의 한 유형인 포토보이스가 가진 독특한 특징이다.

여섯째, 포토보이스는 공동체 요구가 평가되는 동안, 프로그램의 목적을 재확인하고 재정의하는 방법을 제공한다. Wang과 Burris(1994)의 연구에 참여한 중국 윈난 시골 여성들은 친구들 및 이웃들로부터 사진을 찍고 있는 이유에 대한 질문을 종종 받았다. 이러한 질문을 통해, 연구 참여자들은 자신들이 하는 활동이 무엇이고 어떠한 목적을 위한 것인지 다시 확인하는 계기가 되었다. 그리고 참여자는 연구 목적에 부합하는 활동을 염두에 두고 수행함으로써 연구 상황을 재정의할 수 있다. 연구 참여자들이 목적을 재확인하고 재정의함으로써 삶을 영위하고 있는 공동체의 본질을 알기 위해 더욱 깊숙이 관여하게 된다.

일곱째, 포토보이스는 연구 참여자가 공동체 내 다른 사람들의 설명, 아이디어, 스토리를 파악함으로써 자신이 삶을 영위하고 있는 공동체에 대한 다양한 평가를 청취할 수 있다. 연구 참여자가 찍은 사진에는 공동체에 공존하고 있는 다른 사람이 포함되기도 한다. 이때 연구 참여자는 사진 속 인물에게 연구와 관련된 다양한 질문을 함으로써 평소 표면화되지 않았던 사회 문제를 인식할 수 있다. 또한 공동체에 대한 다양한 생각과 의견을 들을 수 있기 때문에 다른 관점을 가진 이질적인 존재들이 한 공동체에 공존하고 있다는 사실도 알게 된다. 포토보이스 연구 방법이 제공하는 참여와 소통의 기회를 통해 연구 참여자는 인식의 폭이 확산되는 배움의 순간과 마주하게 된다.

여덟째, 포토보이스는 사람 및 공동체에 실질적인 이익을 제공한다. 연구 참여자들의 사진에는 실제 자신들이 삶을 영위하는 사회적 맥락이 담긴다. 이 사회적 맥락에는 삶과 관련된 모든 것이 포함된다. 그중에는 인간의 삶에 도움이 되는 장면도 있지만, 사회 문제로 부각되는 아픈 장면이 있을 수도 있다. 포토보이스는 이러한 사회 문제에 더욱 관심을 둔다. 만약, 연구 참여자들의 삶에 부정적으로 작용하는 요소가 있다면 이러한 문제를 사진으로 담고, 문제를 개선하기 위한 목소리를 냄으로써 사회 변화 혹은 발전에 기여하는 것이 포토보이스의 궁극적인 목적이다.

[그림 1-4] Feeding a meal(Zhu Yu Zhen, Farmer, 42)
[출처: Wang & Burris, 1994]

아홉째, 포토보이스 연구를 통해 연구 참여자들은 공동체의 요구뿐만 아니라 공동체의 실체를 묘사할 수 있다. [그림 1-4]에서 볼 수 있는 것처럼, 엄마와 아빠를 포함한 집안의 모든 어른이 농사를 짓기 위해 들판으로 나간 상황에서 4살이 안 된 아이가 자기보다 더 어린 동생을 돌보고 있다. 이 사진은 중국 시골 여성들의 대화를 촉진하였고, 나아가 성찰을 유발하였다. 왜 이러한 상황이 생기는지, 이러한 상황을 통해 아이들은 어떠한 문제가 생길 수 있는지 등에 대한 다양한 대화를 나누게 되었다. 이를 통해 연구 참여자들은 아이 돌봄 문제, 가족 계획 정책, 아이들의 건강 등과 같은 다양한 문제를 발견하게 되었다.

열째, 연구 참여자들이 생산한 사진과 토론한 이슈는 사회적 행동을 촉진한다. 포토보이스가 지향하는 궁극적인 목적은 사회 변화다. 이러한 사회 변화는 문제를 인식한 사람들이 연대하고 협력하여 함께 목소리를 낼 때, 그 가능성이 커진다. 연구 참여자는 자신들의 삶과 관련된 문제를 발견하고, 이러한 문제를 개선하기 위한 대안적인 방법을 탐색하는 수준에 머물지 않는다. 이러한 문제를 개선하기 위해 사회적 행동으로 실천한다. 그동안 인식하지 못했던 문제에 순응하는 삶에서 벗어나 더 이상 침묵하지 않는 삶을 지향한다. 즉, 연구 참여자는 자신이 직면한 어려운 현실을 사회적 문제로 이슈화하고 사회적 책임으로 간주함으로써 모두가 공존하는 공동체의 정의 구현을 위해 목소리를 낸다.

4. 포토보이스의 단점

세상의 이치가 그렇듯 연구 방법으로서 포토보이스는 만병통치약이 될 수 없다. 포토보이스가 가진 장점의 이면에는 분명히 단점이 존재한다. 이러한 단점은 연구자가 실제 포토보이스 연구를 진행하면서 고려해야 할 점으로 인식하고 있어야 하고, 이러한 단점을 보완할 수 있는 대안적인 장치도 염두에 두어야 한다. 이러한 안전 장치는 포토보이스 연구에서 제기되는 타당도를 확보하는 방안과도 연계된다. 또한 사진과 관련된 윤리적 이슈와 직결되기 때문에 연구자는 포토보이스의 단점을 보완하기 위한 노력을 기울여야 한다.

첫째, 포토보이스에서 '사진'이라는 자료는 수집하기 쉬우나 분석을 통한 의미 도출의 어려움이 따를 수 있다. 연구 참여자의 현실을 잘 드러내 주는 의미를 도출하기 위해서는 부가적인 자료를 수집할 필요가 있다. 이러한 이유로 포토보이스 연구에서는 사진 외에도 포커스 그룹 토론 및 면담 같은 방법을 통해 다양한 자료가 수집된다. 연구자는 자료를 입체적으로 수집함으로써 연구 맥락을 더욱 풍부하게 드러내 줄 수 있을 뿐만 아니라 타당도를 높일 수 있다. 오영범(2023)은 포토보이스 연구 방법의 이론적 토대를 탐색한 연구를 통해 부가적인 자료 수집을 통한 삼각 검증, 사진의 현실성 및 진실성, 연구 참여자의 주체성 보장의 세 가지 타당도 확보 방안을 제시하였다. 이 외에도 연구의 타당도를 높일 수 있는 엄밀한 방법에 대한 심층적인 연구가 필요하다. 또한 저작권, 초상권 등과 같이 사진을 둘러싼 윤리적 문제에 대한 이론적 정립을 통해 타당도를 확보하는 방안도 고려해 볼 수 있다.

둘째, 포토보이스 연구 참여자들은 정치적 이슈와 관련하여 잠재적인 위험에 노출될 수 있다. 이익 집단 혹은 개인들 간의 권력 경쟁으로 표현되는 정치는 지향하는 가치와 관점에 따라 대립 구도를 형성하여 강한 권력으로부터 압박 혹은 피해를 당할 가능성이 있다. 예를 들어, 혁신학교 교육정책을 강하게 추진하는 교육청의 영향을 받고 있는 일단의 교사들이 포토보이스를 통해 혁신학교 정책의 문제를 제기하는 상황을 생각해 볼 수 있다. 이러한 정치적 대립과 갈등 상황을 줄이고 상호 이해에 기반한 건설적인 논의를 위해 연구 초기 단계에서부터 영향력을 행사하는 핵심 그룹과 접촉할 필요가 있다. 이러한 이유로 포토보이스 연구는 첫 단계에서부터 정책 입안자나 공동체에 영향을 미치는 사람을 초청할 것을 권장한다(오영범, 2023; Latz, 2017; Wang, 2006).

셋째, 포토보이스 연구 참여자의 개인적 판단이 의미를 표상하는 수준에 영향을 줄 수 있다. 즉, 포토보이스 연구의 전반적인 과정에서 카메라를 사용하는 사람, 연구 참여자가 찍은 사진, 토론용 사진을 선택하는 사람, 사진에 의미를 부여한 사람 등에 따라 연구 결과의 방향이 달라질 수 있다. 결국, 포토보이스 연구는 참여자가 사진을 찍고 문제를 발견하며 의미를 만들어가는 주체다. 이 주체가 어떤 사람들인지에 따라 연구 결과는 영향을 받을 수밖에 없다. 이에 연구 참여자의 개인적 판단 개입을 최소화할 수 있는 방안으로 연구자는 적당한 수의 연구 참여자 확보, 3차례 이상의 포토보이스 회기 확보, 사진을 토대로 한 집단 토론의 활성화 등의 장치를 마련할 수 있다. 특히, 연구 참여자들의 포토보이스 활동을 한두 차례에 걸쳐 제한적으로 실시하기보다는 3회기 이상 실시함으로써 연구 결과를 표상할 수 있는 다양한 사진을 확보하고 연구 참여자들의 의견을 심층적으로 수렴하는 노력이 필요하다.

참고문헌

김경오, 이규일(2013). 은퇴한 여자운동선수들의 사회적 장벽과 대안 모색: 포토보이스. **한국스포츠사회학회지**, 26(3), 25-52.

김경희, 김미옥, 정민아(2016). 발달장애 자녀를 둔 어머니의 양육과 성장 경험에 관한 포토보이스 연구. **한국가족복지학**, 54, 263-296.

김도헌(2016). 교육 분야 질적연구의 도구로서 사진에 관한 시론적 고찰. **교육인류학연구**, 19(2), 1-35.

김시아, 이성재, 정익중(2019). 범죄경험이 있는 그룹홈 청소년의 일상에 관한 포토보이스 연구. **한국사회복지학**, 71(4), 127-151.

김찬미, 이지하, 곽원준(2020). 포토보이스를 활용한 청소년 성소수자의 커밍아웃과 아웃팅 경험 분석. **사회과학연구**, 31(4), 231-255.

김태림, 이규일(2014). 학교스포츠클럽 활동 전담강사의 학교생활 경험과 적응행동: 포토보이스. **학습자중심교과교육연구**, 14(11), 93-117.

안희철, 김민아, 박경미(2016). 정신요양시설에 거주하는 정신장애인의 삶에 관한 포토보이스 연구. **정신건강과 사회복지**, 44(3), 120-149.

오영범(2023). 포토보이스 연구 방법의 이론적 토대 탐색: 개념 및 특징, 이론적 근거, 연구 절차, 타당도를 중심으로. **질적탐구**, 9(1), 1-34.

오영범, 심석순, 권순애, 장정은, 황현녀, 염동문(2023). 장애인 자립의 현실과 평생교육의 방향에 관한 포토보이스. **질적탐구**, 9(2), 131-164.

오영삼, 허원빈(2022). **포토보이스, 다르게 바라보기: 기호학을 통한 접근**. 서울: 학지사.

이미선, 김민아(2019). 포토보이스를 통해 양육을 결정한 미혼모의 삶 들여다보기. **한국가족복지학**, 66, 5-38.

이현, 곽주연(2019). 다문화가정 아동의 경험과 성장: 포토보이스 방법의 적용. **한국사회복지질적연구**, 13(3), 151-177.

임윤서, 안윤정(2017). 서울에서 '지방출신 여대생'으로 살아가기: 서울살이에 대한 포토보이스 적용. **아시아여성연구**, 56(2), 205-256.

정주영, 이미란(2022). 포토보이스를 활용한 베이비부머 은퇴자의 죽음준비 인식의 연구. **융합정보논문지**, 12(3), 171-177.

진영학, 오영범(2022). 코로나19를 경험하는 초등학생의 감정 탐색: 포토보이스 연구 방법을 적용하여. **학습자중심교과교육연구**, 22(16), 581-599.

최윤(2020). 포토보이스를 활용한 중증뇌병변장애 청년의 자립 의미에 관한 연구: 아픔과 그리움을 안고 어른으로 홀로서기. **생명연구**, 55, 259-282.

Bradbury, H., & Reason, P. (2003). Action research an opportunity for revitalizing research purpose and practices. *Qualitative Social Work, 2*, 155-175.

Bogdan, R. C., & Biklen, S. K. (2007). *Qualitative research for education: An introduction to theory and methods (5th ed)*. Boston, MA: Pearson.

Collier, J. (1957). Photography in anthropology: A report on two experiments. American *Anthropologist, 59*, 843-859.

Harkness, S. S., & Stallworth, J. (2013). Photovoice: Understanding high school females' conception of mathematics and learning mathematics. *Education Studies in Mathematics, 84*(3), 329-347.

Harper, D. (2002). Talking about pictures: A case for photo elicitation. *Visual Studies, 171*, 13-26.

Hergenrather, K. C., Rhodes, S. D., & Clark, G. (2006). Windows to work: Exploring employment-seeking behaviors of presons with HIV/AIDS through photovoice. *AIDS Education and Prevention, 18*(3), 243-258.

Hussey, W. (2006). Silvers of the journey: The use of photovoice and storytelling to examine female to male transsexuals' experience of health care access. *Journal of Homosexuality, 51*(1), 129-158.

Kemmis, S., & McTaggart, R. (2005). Participatory action research: Communicative action and the public sphere. In N. K. Denzin & Y. S. Lincoln (eds.), The Sage handbook of qualitative research (3rd ed, pp. 559-603). Thousand Oaks, CA: Sage.

Latz, A. O. (2017). *Photovoice research in education and beyond: A practical guide from theory and exhibition*. 김동렬 역 (2018). **포토보이스 연구 방법: 참여적 행동연구**. 서울: 학지사.

Liebenberg, L. (2018). Thinking critically about photovoice: Achieving empowerment and social change. *International of Qualitative Methods, 17*, 1-9.

Streng, J. M., Rhodes, S. D., Ayala, G. X., Eng, E., Arceo, R., & Phipps, S. (2004). Realidad Latina: Latino adolescents, their school, and a university use photovoice to examine and address the influence of immigration. *Journal of Interprofessional Care, 18*(4), 403-415.

Sutton-Brown, C. A. (2014). Photovoice: A methodological guide. *Photography & Culture, 7*(2), 169-186.

Wang, C. C., & Burris, M. A. (1997). Photovoice: Concept, methodology, and use for participatory needs assessment. *Health Education & Behavior, 24*(3), 369-378.

Wang, C. C. (2006). Youth participation in photovoice as a strategy for community change. *Journal of Community Practices, 14*(1-2), 147-161.

Wang, C. C., & Burris, M. A. (1994). Empowerment through photo novella: Portraits of participation. *Health Education Quarterly, 21*, 171-186.

Wang, C. C., Burris, M. A., & Ping, X. Y. (1996). Chinese village women as visual anthropologists: A participatory to reaching policymakers. *Soc, Sci, Mde, 42*(10), 1391-1400.

Wang, C. C., Cash, J. L., & Powers, L. S. (2000). Who knows the streets as well as the homeless? promoting personal and community action through photovoice. *Health Promotion Practice, 1*(1), 81-89.

Whyte, W. F., Greenwood, D. J., & Lazes, P. (1991). Participatory action research: Through practice to science in social research. *Participatory Action Research, 32*(5), 19-55.

제2장

포토보이스의 이론적 근거

2장에서는 포토보이스를 뒷받침하고 있는 세 가지 이론적 근거인 프레이리의 비판적 의식화 교육론, 페미니즘, 그리고 다큐멘터리 사진에 대해 구체적으로 살펴보게 될 것이다. 프레이리는 의식화를 교육의 목표로 제시하였다. 그는 사진을 활용한 토론 활동이 비판적 의식을 가진 사람으로 성장시킬 수 있는 유용한 방법이라고 강조하였다. 페미니즘은 여성의 지위 향상 및 평등을 지향하기 위해 여성을 억압하는 젠더 불평등과 사회적 인식에 대한 기술과 분석에 집중한다. 포토보이스의 출발이 되었던 Wang과 Burris는 여성이 연구의 대상이 아니라 적극적인 참여자가 되어야 한다는 관점에서 '포토 노벨라' 연구를 수행하였다. 다큐멘터리 사진은 사회 변화 및 개혁을 지향한다. 빈곤, 사회·정치적 부정, 전쟁, 범죄, 박탈, 재난 및 고통 등과 같이 논쟁거리가 되는 것, 문제시되는 것, 비참한 경험뿐만 아니라 휴머니즘을 유발하는 감동적인 것이 다큐멘터리 사진의 주제들이었다. 다큐멘터리 사진작가 Lewis Hine은 "만약 내가 이야기를 말로 할 수 있었다면, 나는 카메라를 들고 다니지 않았을 것이다."라고 언급하면서 사진의 강력한 전달력을 강조하였다.

포토보이스를 이해하기 위해서는 그 이론적 토대가 무엇인지 살펴볼 필요가 있다. 어떤 이론에 기반하고 있는지, 특정 이론이 지향하는 철학과 가치가 어떻게 연결되고 있는지, 그리고 어떠한 교육 이론의 영향을 받고 있는지 등에 대한 이론적 검토가 필요하다. Wang과 Burris(1994)는 초기 포토 노벨라 연구부터 현재 포토보이스의 이론적 토대가 되고 있는 것으로 프레이리의 비판적 의식화 교육론, 페미니즘, 그리고 참여적 다큐멘터리 사진 세 가지를 언급하였다(오영범, 2023; Latz, 2018; Liebenberg, 2018). 이에 본 장에서는 포토보이스의 이론적 근거가 되는 세 가지 이론에 대해 살펴보고자 한다.

1. 프레이리의 비판적 의식화 교육

프레이리는 배움의 목표를 비판적 사고 능력을 갖춘 의식화에 두었다(이경숙, 2016). 그는 인간을 길들이는 지식에서 해방되는 배움을 통해 세상 변혁에 기여할 수 있어야 함을 강조하였다. 이를 위해, 교육은 정치라는 인식을 강조하고 억압받는 이들을 위한 해방교육을 정당화하였다. 이러한 사실은 그가 인식하는 이데올로기적 담론에서 잘 드러난다. 프레이리는 이데올로기가 사실을 왜곡하고, 은폐하고, 조작함으로써 사람들로 하여금 현실을 사실과 다르게 인식하게 만드는 속성을 가지고 있다고 하였다(김부태, 2007). 이 과정에서 사진은 공동체 자체의 모습을 반영하고, 사람들의 삶에 영향을 미치는 사회 및 정치적 실체를 비춰주는 코드(code)와 같은 역할을 한다(Wang & Burris,

1994). 나아가 사진은 토론을 활성화할 수 있는 유용한 촉매제가 될 수 있다. 프레이리는 사회에서 소외된 사람, 억압받는 사람, 주변으로 밀려난 사람 등을 대상으로 사진을 교육 자료로 활용함으로써 비판적 의식을 갖춘 사람으로 성장하는 데 활용한 것이다. 또한 사회적 약자의 생활상이 드러난 사진을 활용하여 일반 학생들을 위한 의식화 교육에 활용하였다.

프레이리는 의식의 개념을 개인이 자신의 실체를 어떻게 해석하고 그 해석이 행동에 어떠한 영향을 미치는지 인식하는 작용으로 규정하였다. 그는 의식을 마술적 의식(magic consciousness), 순진한 의식(naive consciousness), 비판적 의식(critical consciousness) 세 가지 차원으로 구분하였다. 마술적 의식에 있는 사람은 자신을 본질적으로 열등하다고 여기기 때문에 조용히 존재하며 무의식적으로 현재 상태에 순응하는 삶을 산다. 순진한 의식은 삶을 살아가면서 부조리와 마주하고 불의를 알게 되어도 이해하거나 분석하려 들지 않고 현실에 안주하려는 상태를 말한다. 비판적 의식은 개인은 자신의 행동으로 사회 현실을 유지하거나 와해시킬 수 있음을 깨닫는 것으로, 부조리나 불의에 저항하거나 구체적인 행동을 통해 변화를 이끌어 내려는 의지를 보이는 상태를 말한다. 프레이리는 마술적 의식과 순진한 의식에서 벗어나 비판적 의식으로 나아가야 한다고 강조하였고, 비판적 의식 단계에 이르는 과정을 의식화라고 하였다. 결국, 프레이리 교육의 핵심은 의식화된 인간의 양성이라고 할 수 있다.

프레이리가 교육의 핵심으로 삼은 의식화된 인간은 사회 문제에 대한 비판적 의식을 갖고 이를 해결할 수 있는 실천력을 가진 인간이라 규정할 수 있다. 이러한 프레이리의 지향점은 자신의 삶 속에서 문제를 발견하고 이를 해결하기 위해 사진에 목소리를 담아 사회 변화를 이끌어 내는 포토보이스와 맥락을 함께한다. 포토보이스의 궁극적인 목적 역시 소외된 사람들의 삶의 질을 개선할 수 있는 정책을 제안하고 변화를 도모하는 것이기 때문이다.

2. 페미니즘

페미니즘은 성별에 의한 차별을 없애고 여성의 사회, 정치, 법률상의 지위 및 역할을 신장하고 평등을 지향하는 사상 혹은 활동이다(wikipedia, 2023.1.20.). 페미니스트는 페미니즘이 추구하는 여성의 지위 향상 및 평등을 지향하기 위해 여성을 억압하는 젠더 불평등과 사회적 인식에 대한 기술과 분석에 집중한다. 포토보이스의 출발이 되었던 Wang과 Burris의 '포토 노벨라' 연구도 이러한 인식에서 출발하였다. Wang과 Burris(1994)는 여성이 연구의 대상이 아니라 적극적인 참여자가 되어야 한다는 관점에서 '포토 노벨라' 연구를 수행하였다. 즉, 포토 노벨라는 취약한 환경 속에서 삶을 살아가는 중국 시골 여성들이 자신들의 공동체 삶에 대한 장점과 문제점, 보건 의료 혜택의 취약함 등과 같은 지식을 습득하고 문제점을 개선함으로써 삶의 질이 개선될 수 있는 행동을 유발하는 데 중점을 두었다.

페미니스트들은 여성을 세상의 행위자가 아니라 다른 사람의 행동 대상으로 가정하는 연구를 비판해 왔다(Wang & Burris, 1994; Wang et al.,

1996). 페미니스트는 여성을 자기 삶의 권위자로 간주하고, 여성을 착취하거나 억압하는 지식의 불공정성에 저항한다. 1960년대 페미니스트 의식화를 주도한 연구는 여성들의 경험에 대한 가치를 강조하였다(Wang & Burris, 1994). 페미니스트들은 여성들의 활동에 관한 사적이고 일상적이며 사소한 것은 개인적 경험이라기보다는 사회 및 정치적 산물로 간주한다(Frankenberg, 1988).

Weiler(1988)는 페미니스트 방법론을 특징짓는 세 가지 주제로 여성들의 주관적 경험에 대한 이해, 그 경험의 중요성에 대한 인식, 그리고 정치적 약속을 제시하였다. 첫째, 여성들의 주관적 경험에 대한 이해는 여성들에 관한 것(on women)이 아닌, 여성들에 의해(by women) 및 여성들과 함께(with women)를 지향한다. 또한 여성들의 경험에 기반하여 역량을 강화하고 그들이 습득한 지식의 가치를 존중하는 연구를 수행하는 데 있다(Wang et al., 1996). 여기서 사진은 연구자 및 참여자가 젠더와 관련된 권력, 표상, 그리고 목소리를 확인하는 중요한 역할을 한다. 이러한 이유로 여성들의 다큐멘터리 사진을 중심으로 전개되는 교육을 통한 역량 강화는 포토보이스의 중요한 활동으로 인식되고 있다. 둘째, 여성들이 겪는 경험의 중요성에 대한 인식은 여성의 기준에 입각하여 여성에 대한 지식을 구축하고 역량을 강화하는 등 여성이 자신의 삶에 대한 권한을 가진 주체라는 의미를 담고 있다. 여성들이 자신의 삶에 대한 주체성을 갖게 하는 방법은 먼저 여성들이 자신의 삶을 표현하고 다른 사람들과 비교함으로써 공통점과 차이점을 확인하게 한다. 그런 다음 집단 지식을 구축하고 여성들의 삶에 영향을 미치는 지배적인 제도에 관한 비판적 의식을 행동으로 실천한다.

이 과정에서 찍은 사진을 공적 공간에 전시함으로써 여성들의 목소리는 더 넓은 곳으로 퍼지게 된다. 셋째, 페미니스트 이론과 정책의 결합은 여성의 종속적인 사회적 위치를 개선할 수 있는 정치적 약속으로 이어진다. 예를 들어 여성은 공식적인 정치 체제에서 대표성의 제한, 노동의 대가에 대해 상대적으로 낮은 임금, 가족과 아이에 대한 전적인 책임 등으로 사회 정치적 소외뿐만 아니라 낮은 자존감을 경험하였다. 이로 인해, 페미니스트 이론은 지식은 경험적이고, 불평등한 젠더 관계 앞에서 정치적 의식을 개발한다는 가정에 근거하고 있다(Ramazanoglu & Holland, 1993). 포토 노벨라 연구에 참여한 중국 시골 여성들이 자신들의 건강과 노동의 실체를 기록하기 위해 카메라를 사용한 것은 여성들의 경험이 사회적 행동을 유발하는 촉매제로서 가치가 있음을 보여주었다(Wang et al., 1996). 이러한 연구를 통해 사회 및 정치적으로 주변화된 여성의 적극적인 참여는 페미니즘 사상의 흐름에서 비롯되었다.

Linton(1990)은 '페미니스트 연구 방법에 대해(Toward a feminist research method)'에서 페미니스트 활동 과정 및 내용에 관한 여섯 가지 특징을 제시하였다. 첫째, 여성은 적극적인 핵심 주체이다. 둘째, 협력적 연대 활동이 주된 운영 방법이다. 셋째, 현재의 억압에서 해방될 필요가 있다. 넷째, 여성에게 영향을 미치는 이슈를 확인하고 행동 전략을 개발한다. 다섯째, 사람들 및 활동 간, 혹은 생각과 관련하여 개방적, 포괄적, 접근 가능한, 창의적, 그리고 역동적인 과정이 존재한다. 여섯째, 갈등 가능성이 있거나 실제 충돌하는 다양한 경험에서 나온 여성의 생각, 이론, 경험, 그리고 행동 전략을 존중할 책임이 있다. 페미니즘이 여성들의 삶에서 일어나는 불평등한 사회적 현실에 주목하고 이를 변화시키려는 실천을 강조하는 것처럼, 포토보이스 역시 연구참여자들이 일상에서 마주하는 문제를 개선하기 위해 목소리가 담긴 사진을 전시함으로써 정책 입안자와 소통하고 사회 변화를 촉진하는 행동을 강조하고 있다(임윤서, 안윤정, 2017).

3. 다큐멘터리 사진

다큐멘터리란 사건이나 표상 등에 관한 사실적이고 믿을 만한 의식 작용을 예술적인 형식으로 기록하거나 묘사하는 일이다(박종현, 2009). '증거(evidence)'를 뜻하는 '다큐멘트(document)'를 통해 의미를 파악할 수 있는 것처럼, 다큐멘터리 사진은 발생했던 것의 증거로 명백하게 사용되었고, 어떤 상황을 객관적으로 서술 또는 재현하는 지위를 갖게 되었다(정영혁, 2003). 다큐멘터리 사진작가들의 주제는 주로 빈곤, 사회·정치적 부정, 전쟁, 범죄, 박탈, 재난 및 고통 등과 같이 논쟁거리가 되는 것, 문제시되는 것, 비참한 경험뿐만 아니라 휴머니즘을 유발하는 감동적인 것이었다(박종현, 2009; 정영혁, 2003).

[그림 2-1] Jacob Riis. One of four pedlars who slept in a cellar. 1980
[출처: 박종현(2009)]

최초의 다큐멘터리 사진작가로 알려진 매튜 브래디(Mathew B. Brady, 1823-1896)는 1861년에서 1865년까지 남북전쟁을 기록하며 전쟁의 참상을 대중들에게 알렸다(정영혁, 2003). 이후 사진은 사회비판의 도구로 활용되면서 사회 및 정치적으로 소외된 주변인들의 삶을 집중적으로 조명하고 이들의 열악한 삶을 개선하는 사회개혁의 수단으로 발전하였다(Wang & Burris, 1994). 사진을 사회비판의 도구로 활용한 대표적인 다큐멘터리 사진작가로는 제이콥 리스(Jacob Riis, 1849-1914)와 루이스 하인(Lewis Hine, 1874-1940)이 있다(박종현, 민병옥, 2013; 정영혁, 2003). 스웨덴에서 태어나 1870년 뉴욕으로 이민하여 빈민가에서 궁핍한 생활을 이어간 리스는 자신의 체험을 토대로 빈민층의 생활상을 알리기 시작하였다. 1890년에는 뉴욕 빈민가의 열악한 주택 상황과 교육 환경을 폭로하는 「How the other half lives」를 통해 빈민층의 삶을 개선하는 사회개혁에 공헌하였다. [그림 2-1]에서 보는 것처럼, 리스는 빈민층의 어려운 환경뿐만 아니라 빈민가의 범죄, 질병 문제를 공론화함으로써 사회개혁의 당위성을 주장하였다.

하인은 노동 착취를 당하는 하층민의 열악한 노동 현장을 집중적으로 사진에 담아 사회에 알림으로써 부당한 경제 체제를 비판하였다. 특히, 그는 1906년에서 1914년 동안 국립아동노동위원회 사진가로 활동하였다. [그림 2-2]에서 보는 것처럼, 하인은 아동들의 노동 현장을 담아 대중에게 알리고 이를 개선하기 위해 노력하였다. 결국, 사회 변화를 위한 그의 다큐멘터리 사진 덕분에 미국 의회에서 아동노동방지법이 제정될 수 있었다.

[그림 2-2] Lewis Hine. Girl worker in Carolina cotton mill, 1908
[출처: 박종현(2009)]

우리나라의 대표적인 다큐멘터리 사진 작가로는 김기찬과 최민식이 대표적이다. 김기찬의 주요 관심은 '골목'이었다. 그는 골목길을 서민 삶의 현장이자 공간이고 마당이라고 언급하면서 '골목 안 풍경'이라는 제목으로 7권의 사진집을 출간하였다. 즉, 골목은 유년 시절을 보낸 공간, 사춘기 시절의 방황을 겪은 공간, 20대의 뜨거운 사랑을 목격한 공간, 이웃 간의 친목 · 다툼 · 화해의 공간, 피로에 지친 직장인의 안도가 시작되는 공간 등으로 묘사되면서 과거에 대한 노스탤지어(nostalgia)가 재생되는 공간으로 인식되었다(박종현, 민병욱, 2013).

[그림 2-3] 김기찬, 서울 중림동, 1988[출처: 박종현, 민병욱(2013)]

최민식은 진정한 작가정신은 건강한 비판정신이며, 진정한 사진가는 언제나 소외된 계층의 편에 서야 함을 강조하면서 삶과 힘겨운 사투를 벌이는 가난하고 헐벗은 사람들을 사진에 담았다. [그림 2-4]에서 알 수 있는 것처럼, 그는 자갈치 시장의 할머니들, 단속반에 끌려가는 노점상의 아낙네들, 거리의 부랑자들과 고아들, 주름투성이인 노인의 얼굴, 땅바닥에 주저앉아 밥을 먹는 아이들 등과 같이 가난한 서민들의 체취와 숨소리에 관심을 두고 사진을 찍었다.

[그림 2-4] 최민식, 서울, 1957[출처: 박종현, 민병욱(2013)]

다큐멘터리 사진에 대해 공헌도가 높은 로이 스트라이커(Roy Stryker)는 "사진의 언어로 말할 수 있는 것들(the things to be said in the language of pictures)"이라는 표현으로 간결하면서 포괄적이고 강력한 다큐멘터리 사진에 대한 정의를 내렸다(Wang & Burris, 1997). 다큐멘터리 사진작가 Lewis Hine은 "만약 내가 이야기를 말로 할 수 있었다면, 나는 카메라를 들고 다니지 않았을 것이다(Wang & Burris, 1997)."라고 언급하면서 사진은 말로 전달하는 것보다 더 강력한 메시지와 의미를 담고 있음을 강조하였다. 다큐멘터리 사진에 이론적 토대를 두고 있는 포토보이스는 사회의 가장 취약한 사람들의 관점을 확인하였다. 특히, 다큐멘터리 사진은 있는 그대로의 사실성이 강조되기 때문에 이데올로기와 결탁하여 정치적 색채가 짙은 보도 자료와 구분된다. 다큐멘터리 사진은 현실 문제를 가장 사실적으로 표면화하는 강력한 방법으로 인식되면서 개인과 사회의 의식 향상을 통한 사회 변화에 주로 사용되어 왔다. 다큐멘터리 사진이 인간의 '의식 향상'을 지향하는 측면은 프레이리의 비판적 의식화 교육론과 유사할 뿐만 아니라 포토보이스의 사진에도 영향을 미쳤다.

참고문헌

김부태(2007). Paulo Freire의 신자유주의 교육 비판론 고찰. **한국교육**, 34(4), 3-27.

박종현(2009). 다큐멘터리 사진의 범주와 의미 정립에 대한 연구. **기초조형학연구**, 10(6), 155-163.

박종현, 민병욱(2013). 한국 다큐멘터리 사진에서 드러나는 민중의 삶. **기초조형학연구**, 14(4), 255-265.

이경숙(2016). 프레이리의 배움에 대한 소고. **교육철학**, 61. 51-78.

오영범(2023). 포토보이스 연구 방법의 이론적 토대 탐색: 개념 및 특징, 이론적 근거, 연구 절차, 타당도를 중심으로. **질적탐구**, 9(1), 1-34.

임윤서, 안윤정(2017). 서울에서 '지방출신 여대생'으로 살아가기: 서울살이에 대한 포토보이스 적용. **아시아여성연구**, 56(2), 205-256.

정영혁(2003). 기록으로서의 초기 다큐멘터리 사진에 관한 연구. Viscom, 4, 88-98.0

Frankenberg, R. (1988). White women race matters: The social construction of whiteness. Unpublished doctoral dissertation, Univ. of California, Santa Cruz, USA.

Latz, A. O. (2017). *Photovoice research in education and beyond: A practical guide from theory and exhibition*. 김동렬 역 (2018). **포토보이스 연구 방법: 참여적 행동연구**. 서울: 학지사.

Liebenberg, L. (2018). Thinking critically about photovoice: Achieving empowerment and social change. *International of Qualitative Methods, 17*, 1-9.

Linton, R.(1990). Toward a feminist research method, In A. M. Jaggar & S. R. Bordo(Eds.). *Gender/Body/Knowledge: Feminist reconstructions of being and knowing*(pp. 272-292). New Brunswick, NJ: Rutgers University Press.

Ramazanoglu, C., & Holland, J. (1993). Up against foucault: Explorations of some tensions bewteen foucault and feminism, In C. Ramazanoglu(Eds.). *Women's sexuality and men's appropriation of desire*(pp. 239-264). Routledge, London and New York: Taylor & Francis Group.

Wang, C. C., & Burris, M. A. (1994). Empowerment through photo novella: Portraits of participation. *Health Education Quarterly, 21*, 171-186.

Wang, C. C., & Burris, M. A. (1997). Photovoice: Concept, methodology, and use for participatory needs assessment. *Health Education & Behavior, 24*(3), 369-378.

Wang, C. C., Burris, M. A., & Ping, X. Y. (1996). Chinese village women as visual anthropologists: A participatory to reaching policymakers. *Soc, Sci, Mde, 42*(10), 1391-1400.

Weiler, K. (1988). *Women teaching for change: Gender, class, and power*. South Hadley, MA: Bergin and Carvey.

제3장

포토보이스의 연구 절차

3장에서는 포토보이스 연구를 진행하는 절차에 대해 살펴볼 것이다. Wang(2006), Hergenrather et al(2009), Latz(2018) 등이 제시한 포토보이스 연구를 수행하는 다양한 절차가 있다. 그러나 포토보이스 연구를 수행하는 연구자는 그 목적과 의도를 고려하고, 상황과 맥락에 따라 융통성 있게 적용할 수 있다는 점을 염두에 둘 필요가 있다. 여기서는 Latz(2018)가 언급한 8단계를 소개하였다. Latz(2018)는 포토보이스를 적용하는 절차로 확인(identification), 초대(invitation), 교육(education), 기록(documentation), 이야기하기(narration), 관념화(ideation), 발표(presentation), 확증(confirmation)의 8단계를 언급하였다. 각 단계에 대한 이해를 촉진하고 실제 연구로의 적용 가능성을 높이기 위해 국내 · 외에서 발표된 포토보이스 연구들을 예시로 활용하였다. 아울러, 연구를 수행하면서 적용할 수 있는 연구 참여 동의서, 연구 참여자 대상 교육 자료, 전시 방법 등과 같이 실제적인 예시를 제시하였다.

포토보이스 연구를 수행하는 정형화된 단계와 절차가 있는 것은 아니다. Wang(2006), Hergenrather et al(2009), Latz(2018) 등과 같이 포토보이스 연구를 먼저 수행한 선구적인 학자들이 제시한 단계가 있으나, 포토보이스 연구를 수행하는 연구자의 의도와 목적을 고려하고, 상황과 맥락에 맞게 융통성을 발휘할 수 있다. 또한 기존의 포토보이스 연구 절차를 수집하고 분석하여 새로운 것을 개발하여 적용할 수도 있다. 물론, 새로운 포토보이스 연구 절차를 개발할 때는 전문가 검토, 형성평가, 현장 적용 등과 같은 방법을 통해 타당화할 필요가 있다.

Wang(2006)은 포토보이스 연구 절차를 〈표 3-1〉과 같이 9단계로 제시하였다. Wang은 포토보이스 연구 방법의 이론적 토대를 구축한 선구적인 학자로 다양한 사례 연구에 기반하여 그 절차를 제시하였다. 이는 포토보이스 연구 방법을 적용하려는 연구자에게 실질적인 지침이 되었고, 포토보이스를 적용한 연구가 활성화될 수 있는 토대를 제공하였다. 무엇보다 두드러진 특징은 1단계에서부터 전시에 초청될 정책 입안자 혹은 지역사회에서 힘 있는 지도자를 염두에 두었고, 마지막 9단계에서도 연구 참여자들이 촬영한 사진을 이들과 공유할 것을 강조하고 있다는 점이다. 이것은 포토보이스의 기저에 깔려 있는 세 가지 이론적 기반인 프레이리의 비판적 의식화 교육, 페미니즘, 그리고 다큐멘터리 사진의 공통점이 연구 절차에 반영된 것이다. 즉, 사회 소외 계층이나 주변인의 어려운 상황과 힘든 현실을 알려 삶을 개선하고자 하는 정치적 의도가 스며든 것이다(오영삼, 허원빈, 2022; Hussey, 2006: Wang & Burris, 1997).

〈표 3-1〉 Wang(2006)의 포토보이스 연구 절차 9단계

구분	내용
1단계	사진 전시회에 초청될 정책 입안자나 지역사회에 영향력 있는 지도자 선택 및 모집
2단계	포토보이스 연구 참여자 모집
3단계	연구 참여자에게 포토보이스 방법 안내 및 토론 활성화
4단계	연구 참여 및 사진 공개 등에 대한 동의 요구
5단계	사진 촬영 주제 제시
6단계	연구 참여자에게 카메라 제공 및 사용 방법 안내
7단계	연구 참여자가 사진 촬영할 시간 제공
8단계	연구자와 연구 참여자 간의 사진에 대한 대화 및 토론
9단계	정책 입안자나 지역사회에 영향력 있는 지도자와 사진 공유 계획 수립

그러나 Wang이 제시한 절차는 각 단계의 주요 과업과 특징을 포괄할 수 있는 상징적인 용어로 표현되지 못한 한계가 있다. 즉, 각 단계를 제시하는 형태가 다소 장황한 서술적 행동 용어로 나열되어 있어 전체 단계가 한눈에 들어오지 않고, 단계 간을 구분하는 경계가 다소 모호하다는 단점이 있다. 또한 6단계 '연구 참여자에게 카메라 제공 및 사용 방법 안내'는 시대성이 뒤떨어지는 경향이 있다. 최근에는 연구 참여자가 가진 스마트폰을 활용하여 사진을 직접 촬영하고 온라인 공유 공간을 전시 공간으로 활용하는 경향이 있기 때문이다(송호관, 2022; 진영학, 오영범, 2022). 따라서 지금의 현실성이 반영된 연구 절차의 정립이 필요하다. 더불어, 질적 연구에서 가장 중요한 단계인 분석

방법 및 의미 도출 과정이 상대적으로 축소되어 있어 연구를 통해 숨은 의미 및 새로운 사실의 발견보다는 사진 촬영과 전시를 통한 '목소리 내기'에 중점을 둔 경향이 있다. 모든 단계는 유기적으로 연결되어 있기에 특정 단계의 중요도 및 충실도가 떨어지면 후속하는 단계에도 영향을 미칠 수밖에 없다. 사진 전시를 통해 연구 참여자들의 목소리에 강한 힘을 부여하기 위해서는 분석 단계에서 더욱 설득력 있는 증거로 기능할 수 있는 강한 의미를 도출할 수 있어야 한다.

Hergenrather et al(2009)은 포토보이스 연구 방법이 적용된 31편의 문헌을 분석하여 포토보이스 연구 과정을 공동체 문제 확인, 참여자 모집, 포토보이스 훈련, 카메라 제공 및 수업, 사진 과제 확인, 사진 토론, 자료 분석, 영향력 있는 대변인 확인, 포토보이스 결과 발표, 변화를 위한 행동 계획 수립의 10단계로 제시하였다. 이 10단계는 기존 포토보이스 연구에서 수행된 절차를 비교·분석하였고, 선행 연구에서 제시하고 있는 공통적이고 특징적인 요소에 기반함으로써 Wang(2006)이 제시한 단계보다 더욱 구체적이고 세분화된 특징이 있다. 이로 인해 절차가 다소 복잡하여 연구자가 내면화하기에는 다소 어려운 측면이 있다.

Latz(2018)는 포토보이스 연구 절차를 각 단계에서 수행하는 주요 과업 및 특징을 함축하는 핵심 용어 위주로 제시하였다. 구체적으로 파악, 모집, 교육, 기록, 서술, 관념화, 발표, 확증의 8단계 포토보이스 연구 절차를 제시하였고, 각 단계에서 수행해야 할 주요 과업을 대표할 수 있는 상징적인 단어를 부각함으로써 포괄적이고 명료하게 파악할 수 있다는 특징이 있다. 또한 Wang(2006)의 9단계, Hergenrather et al(2009)의 10단계에 비해 단계가 상대적으로 적어 연구자와 참여자가 쉽게 기억하고 적용할 수 있다는 장점이 있다. 여기에서는 Latz(2018)가 제안한 포토보이스 절차에 입각하여 각 단계를 설명하고자 한다. 그가 제시한 구체적인 단계는 [그림 3-1]과 같다. 각 단계의 특징에 대한 이해를 돕기 위해 국내·외에서 수행한 포토보이스 선행 연구 사례를 제시하였다. 다시 한번 더 강조하지만, Latz(2018)의 8단계는 포토보이스 연구 절차 중 하나이기 때문에, 연구자의 의도와 목적에 맞게 융통성 있는 방법으로 적용할 수 있음을 알려둔다.

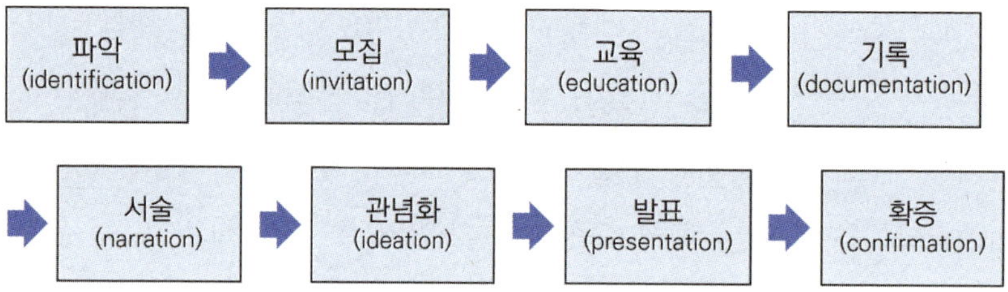

[그림 3-1] Latz(2018)의 포토보이스 8단계

1. 파악(identification)

파악 단계에서 수행해야 할 중요한 과업은 두 가지다. 첫째, 연구 목적, 대상, 장소 등과 같이 연구 수행의 전체적인 개요를 확인한다. 연구의 목적이 무엇인지, 연구에 참여할 대상은 누구인지, 그리고 연구가 수행되는 구체적인 장소는 어디인지 등에 대한 연구 수행의 설계가 이루어진다. 최윤(2020)은 중증뇌병변장애 청년들의 자립 의미를

장애청년 당사자들의 관점에서 이해하고 탐색하기 위해 포토보이스 방법을 적용하였다. 아동·청소년기를 장애인 거주시설에서 보내고, 성인이 된 후 자립하여 생활하고 있는 9명의 중증뇌병변장애 청년들이 연구에 참여하였다. 연구 참여자들은 휴대폰의 카메라 기능을 활용하여 연구와 관련된 사진을 촬영하였고, 찍은 사진을 바탕으로 개별 면담을 병행하였다. 연구 결과, '아픔과 그리움을 안고 어른으로 홀로서기'라는 상위주제와 이를 뒷받침하는 4개의 하위주제가 도출되었다. 오영범 외(2023)는 장애인 자립의 현실과 평생교육의 방향에 관한 포토보이스 연구[1)]를 시작하면서 〈표 3-2〉와 같이 연구 목적, 연구 문제, 연구 대상, 연구 장소를 파악하였다.

〈표 3-2〉 '파악' 단계에서 고민해야 할 것들

구분	세부 내용	비고
연구 목적	장애인이 실제 삶의 맥락에서 마주하는 자립의 현실을 살펴보고, 평생교육이 나아가야 할 방향 탐색	
연구 문제	• 장애인이 일상생활에서 직면하는 자립의 어려움은 무엇인가? • 평생교육이 장애인의 자립에 도움이 되는 것은 무엇인가? • 장애인의 자립을 위한 평생교육의 방향은 무엇인가?	연구 목적을 설정하고 이를 위한 세부적인 연구 문제 3개를 설정함
연구 대상	실제 자립하여 생활하고 있는 장애인	실제 8명 목적 표집
연구 장소	장애인 평생학교, 장애인의 일상생활 맥락(가정, 학교, 사회 등)	

1) 연구의 전 과정은 본 책 6장에서 확인할 수 있다.

둘째, 연구를 통해 드러난 문제를 해결하거나 상황을 바꿀 힘이 있는 사람들을 파악해야 한다. 만약 학교 폭력 피해자의 일상 혹은 감정에 대한 포토보이스 연구를 수행하고자 한다면 학교 폭력 관련 정책 입안자 혹은 학교 폭력에 관심 있는 정치인 등과 같이 변화를 이끌어 내고 상황을 바꿀 수 있는 힘을 가진 사람들을 파악할 필요가 있다. 평생 잊을 수 없는 트라우마가 된 학교폭력 피해자가 직면하는 문제가 무엇인지 알림으로써 학교폭력 예방, 피해자 치유, 가해자 처리 방안 등과 같이 현실적인 대안을 찾을 수 있다. 구체적인 대상으로는 교육부 혹은 교육청의 학교폭력 업무 담당자, 교육감 및 교육부 장관, 그리고 국회의원 등을 고려해 볼 수 있다.

2. 모집(invitation)

모집은 연구 참여자를 선정하는 단계다. 포토보이스 연구에서는 주로 의도적 표본 수집 방법(purposive sampling)을 활용한다. Wang(1999)은 포토보이스에 참여하는 연구 대상은 7~10명 정도가 이상적인 규모라고 하였다. 참여 인원이 너무 적으면 공동체와 관련된 다양한 문제 도출의 어려움과 문제를 개선하기 위한 연대의 목소리가 약해질 수 있다. 반면, 참여 인원이 너무 많으면 사진을 바탕으로 전개되는 포커스 그룹 토론과 면담의 집중도가 떨어질 수 있다. 그러나 연구 목적, 세부적인 연구 문제, 그리고 연구가 수행되는 상황이나 맥락 등에 따라 7명 미만 혹은 10명을 초과할 수도 있다. 결국, 연구 참여자

인원은 연구 문제에 관한 충분한 자료를 제공할 수 있느냐에 따라 결정해야 한다(임윤서, 2023). 〈표 3-3〉을 통해 국내·외에서 진행된 포토보이스 연구를 통해 참여자 인원을 확인할 수 있다.

이미선과 김민아(2019)는 양육을 결정한 미혼모의 삶을 들여다보기 위해 미혼모자공동생활가정에서 생활하고 있는 6명의 미혼모를 대상으로 포토보이스 연구를 수행하였다. 이들은 연구자와 함께 선정한 4개의 주제(임신 사실을 알고 난 후, 아이가 생긴 이후 나의 삶, 아이 양육의 어려움, 양육미혼모로서 바라는 점)에 따라 사진을 찍고 집단 토의를 병행하였다. 김찬미 외(2020)는 청소년 성소수자의 커밍아웃과 아웃팅 경험을 분석한 연구에서 만 17세에서 21세 사이의 성소수자 4명을 연구 참여자로 선정하였다. 구체적인 선정은 성소수자 온라인 커뮤니티와 SNS에 모집 공고문을 게시하여 이루어졌다. 연구 결과, '숨어서도 상처받는 내 모습', '커밍아웃: 두렵지만 후회는 없는', '아웃팅: 가장 피하고 싶은 날카로운 칼날', '그럼에도 불구하고 세상 속으로'라는 네 개의 주제가 도출되었다. Harkness와 Stallworth(2013)는 수학에 어려움을 겪는 4명의 여고생을 대상으로 수학에 대한 인식을 탐색하였다. 연구 참여자는 눈덩이 표집(snowball sampling) 방법으로 선정되었고, '수학은 무엇인가?', '이상적인 학습 환경은 무엇인가?', '수학 학습을 방해하는 것은 무엇인가?'라는 세 가지 질문에 따라 사진을 찍고 면담을 병행하였다. 연구 결과, 수학에 어려움을 겪는 여고생은 교사의 수학적 지식과 단절, 혼자서 수학 공부를 할 수 있는 자신감 부족, 그리고 수학 지식을 교사가 전수한 것이 아니라 개인적인 것으로 간주하는 것으로 나타났다.

〈표 3-3〉 포토보이스 연구 내용 및 연구 참여자 수

연구자	연구 내용	연구 참여자
김경희 외(2016)	발달장애 자녀를 둔 어머니의 양육과 성장 경험	발달장애 자녀를 둔 어머니 6명
임정아, 진영선 (2017)	청소년이 학교생활에서 느끼는 행복감	중학생 5명(남2명, 여3명)
임윤서, 안윤정 (2017)	서울에서 지방 출신 여대생으로 살아가기	지방 출신 여대생 15명
이미선, 김민아 (2019)	양육을 결정한 미혼모의 삶	6명의 양육 미혼모
김찬미 외(2020)	청소년 성소수자의 커밍아웃과 아웃팅 경험 분석	청소년 성소수자 4명 (17-21세)
Wang et al(2000)	노숙자들의 일상적인 삶에 대한 문제	노숙자 11명(남8명, 여3명)
Hergenrather et al(2006)	에이즈(AIDS) 환자의 구직 행동 탐색	에이즈 환자 11명
Poudrier & Mac-Lean(2009)	캐나다 Saskatoon 지역에 거주하는 유방암을 가진 여성 원주민의 경험	12명의 유방암 환자 (처음에는 15명 참가)
Harkness & Stallworth(2013)	여고생의 수학에 대한 경험과 인식	수학에 어려움을 겪고 있는 여고생 4명

3. 교육(education)

교육은 참여자에게 포토보이스 연구가 진행되는 전반적인 과정에 대해 설명하고, 포토보이스가 무엇인지, 연구 참여자의 역할은 무엇인지, 그리고 사진을 촬영하는 방법 등에 대해 안내하는 단계이다

(Latz, 2018; Wang, 1999). 연구자가 교육 단계에서 참여자를 대상으로 교육시키고 공유해야 할 내용은 크게 세 가지로 요약될 수 있다.

첫째, 연구자는 참여자에게 연구 목적, 내용, 방법 등에 대한 전반적인 개요를 알려주어야 한다. 참여적 행동 연구인 포토보이스는 연구 참여자의 주체성을 보장한다(Sutton-Brown, 2014). 기존의 질적 연구와 달리 포토보이스에서의 참여자는 공동 연구자 역할을 수행하는 능동적인 존재로 간주된다(Whyte et al., 1991). 연구 참여자는 사진 촬영 및 사진에 의미를 부여함으로써 연구 자료를 형성하고, 연구 목적과 관련된 의미를 도출하고 지식을 생산하는 데 주도성을 갖는다. 연구자와 연구 참여자의 협력적인 관계가 중요함을 시사한다. 양자 간의 협력 관계 구축은 신뢰에서 비롯되기 때문에 연구의 초기 단계에서부터 연구의 전반적인 내용을 공유할 필요가 있다. 연구자가 참여자와 신뢰를 구축하는 여러 가지 방법이 있지만, 무엇보다도 포토보이스를 수행하는 연구자는 참여자에게 실질적인 이득을 주기 위해 노력해야 한다. 연구 목적 달성에 필요한 소중한 자료와 정보를 제공해 주는 연구 참여자에게 그에 상응하는 혜택과 보상이 주어질 때 강한 신뢰를 형성할 수 있다. 이러한 신뢰가 바탕이 될 때, 연구 참여자의 중도 탈락률을 낮출 수 있다.

연구 참여 및 사진 공개 동의서

본 연구는 평생교육이 장애인의 자립생활에 미치는 영향을 알아보기 위한 것입니다. 이를 위해 여러분들은 사진을 찍고, 사진에 목소리를 담는 포토보이스 활동을 하게 될 것입니다. 또한 사진을 바탕으로 다양한 이야기를 나누고, 연구 목적과 관련된 면담과 토론 활동도 진행될 것입니다. 사진, 면담, 토론 등을 통해 습득한 자료는 연구 목적으로만 활용될 것이며, 연구에 참여하신 여러분들의 이름은 모두 가명으로 처리될 것을 약속합니다.

2022. 8. 10. 평생교육이 장애인의 자립생활에 미치는 영향 연구팀

▣ 아래 내용에 따른 동의 여부에 ✔표시해 주시기 바랍니다.

순	내용	동의함	동의하지 않음
1	본 연구에 참여 여부		
2	자신이 직접 찍은 사진 공개		
3	면담 내용 녹음 및 연구 목적 사용		
4	토론 내용 녹음 및 연구 목적 사용		
5	강의 및 교육적 목적으로 사진 및 면담 내용 사용		
6	사진 전시(온라인 전시 포함) 및 발표		

▣ 연구 참여자 정보

나는 연구자로부터 이 연구에 관한 설명을 충분히 들었다. 이를 통해, 이 연구의 목적은 무엇인지, 내가 하는 역할은 무엇인지 등에 대한 궁금증과 의문을 해소할 수 있었다. 따라서 나는 이 연구에 참여하고 직접 찍은 사진의 공개, 그리고 면담 및 토론 활동에서 녹음된 내 말이 연구 목적으로 활용되는 데 동의한다.

소 속	
성 명	(서명)
동의일	2022년 ( )월 ( )일, ( )요일

[그림 3-2] 연구 참여 및 사진 공개 동의서 예

둘째, 연구자는 연구 참여 및 사진 공개에 대한 동의서를 받아두어야 한다. 동의서는 연구 참여에 대한 동의, 연구 참여자가 찍은 사진 공개에 대한 동의, 면담 및 토론 내용에 대한 녹음과 연구 목적을 위한 사용에 대한 동의, 사진 전시(온라인 사진 전시 포함)에 대한 동의 등에 대한 내용으로 구성될 수 있다. 특히, 포토보이스는 연구 참여자가 찍은 사진이 중요한 자료가 되기 때문에 사진에 대한 저작권 및 초상권 등에 대한 각별한 주의가 요구된다. 그런데 연구 참여자가 찍은 사진에 다른 사람의 얼굴이 들어가는 경우가 있다. 이러한 상황을 대비하여 제3자를 고려한 사진 촬영 및 공개 동의서가 필요하다. 또한 연구 참여자가 미성년자일 경우는 부모 및 법적 후견인의 동의서가 별도로 필요하다. [그림 3-2]에 제시된 연구 참여 및 사진 공개 동의서 예시를 참고하여 적절하게 수정하거나 변경하여 활용할 수 있다.

셋째, 연구자는 연구 참여자에게 사진 촬영 방법에 대한 교육이 필요하다. 일회용 카메라, 폴라로이드 카메라, 필름 카메라, 그리고 디지털 카메라 등과 같은 모든 카메라가 포토보이스에 사용될 수 있다. 포토보이스 연구 초기에는 일회용 카메라, 필름 카메라, 디지털 카메라가 주로 사용되었으나(Harkness & Stallworth, 2013; Hergenrather et al., 2006; Wang et al., 2000), 최근에는 사진 촬영과 공유가 용이한 스마트폰 사용이 증가되고 있는 추세다(강선경, 최윤, 2021; 송호관, 2022; 진영학, 오영범, 2022). 어떤 카메라를 사용할지 영향을 미치는 변인은 많이 있으나, 예산, 연구 목적 및 문제, 연구 맥락, 연구 참여자 등을 고려하여 적당한 카메라를 선택할 수 있다. 포토보이스의 핵심은 사진의 질이 아니라 사진의 내용과 연구 참여자가 사진에 부여하는 의미에 있다(Wang, 1999). 따라서 카메라의 복잡한 기술 교육은 연구 참여자의 창의성을 저해할 수 있기 때문에, 카메라와 관련된 교육은 기본적인 카메라 작동 및 기능에만 초점을 두는 것이 좋다(Sutton-Brown, 2014). 또한 포토보이스에서의 사진은 연구 참여자가 자신들의 일상적인 경험을 다른 사람들과 소통하는 수단이기 때문에, 교육 단계에서는 연구 목적을 달성하기 위한 사진 촬영을 안내해야 한다. 사진에 대한 해석은 사진을 촬영한 사람과 이것을 보는 사람 간의 협상 과정이다(Pink, 2001). 따라서 연구 참여자는 자신이 전하고자 하는 메시지가 효과적으로 전달될 수 있도록 보는 사람의 반응도 고려할 필요가 있다.

4. 기록(documentation)

기록은 연구 참여자가 실제로 사진을 촬영하는 단계이다. 기록 단계에서는 연구 참여자가 사진을 찍을 수 있도록 명확한 주제를 제시하는 것이 중요하다. 연구자가 제안한 주제는 연구 핵심에 부합하면서, 그룹 토론 및 자료로부터 특별한 추가 질문이 나올 수 있을 만큼 폭넓어야 한다. 구체적인 형태는 질문, 지시문, 빈칸 채우기 등과 같은 형태로 사용된다. 예를 들면, '내 공부를 방해하는 요인은 무엇인가?', '우리 마을에서 환경 문제가 심각한 장소를 촬영하시오.', '내가 생각하는 독서는 (   )이다.' 등과 같은 형태로 제시될 수 있다(Latz, 2018). Wang et al(2000)은 노숙자의 삶을 논의하기 위해 미시간의 보호소에 거주하는 노숙자들과 포토보이스 연구를 수행하였는데, 노숙자는 많은 하위주제를 포괄하는 광범위한 주제이므로 노숙자의 생존기술, 노숙자에 대한 고정관념, 그리고 노숙자의 일상적인 문제를 사진과제로 제시하여 연구 참여자들이 촬영하도록 하였다. Hergenrather et al(2006)에 따르면 에이즈 환자의 구직 행동을 탐색하는 연구에서 연구자들은 참여자들에게 '취업이라는 단어를 들으면 무엇이 떠오르나요?', '취업에 유리한 점이 있나요?', '만약 당신이 취업이 된다면 불리한 것이 있을까요?', '당신의 취업에 영향을 미치는 사람들은 누구인가요?', '취업에 도움이 되는 것은 무엇인가요?', '취업을 방해하는 것은 무엇인가요?'와 같은 6개의 사진 과제를 제시하였다. 이 과정에서 연구자는 참여자들이 스스로 연구 질문을 정의하고 개념화하도록 격려하는 것이 좋다. 왜냐하면 참여자들이 연구 과정에서 주체성을 갖고 자신의 욕구를 직접 반영할 수 있기 때문이다.

[그림 3-3]은 연구 참여자에게 포토보이스 활동을 안내하는 예시자료다. 이때 어떠한 장면을 찍어야 하는지 구체적인 사진 촬영 주제를 제시하고, 사진에 의미를 부여하는 방법, 사진을 공유하는 방법, 그리고 사진 촬영 시 주의해야 할 점 등을 구체적으로 안내해 주어야 한다. 사진을 찍고 의미를 부여할 때는 구체적인 장면, 배경, 사물 등에 직접 의미를 부여할 수 있지만, 자신의 마음을 드러내 줄 수 있는 상징적이고 은유적인 표현도 가능하다는 점을 알려주어야 한다.

연구 목적에 부합하는 주제를 바탕으로 연구자는 참여자들에게 사진을 찍을 시간을 제공해야 한다. 사진 촬영은 포토보이스 연구 목적을 달성하는 과정에서 제기된 문제, 연구 참여자에 대한 접근, 그리고 연구 참여자의 시간 가용성, 소요 예산 등과 같은 요인의 영향을 받는다(Sutton-Brown, 2014). 특히, 참여자들은 소중한 시간을 내어 연구에 참여하고 포토보이스 연구에서 핵심이 되는 사진 자료를 생산하는 역할을 하기 때문에 이에 대한 적절한 형태의 보상이 필요하다. 연구 참여자에게 제공되는 보상은 적극적인 참여를 유도하고, 연구 목적에 부합하는 양질의 자료를 수집하는 데 도움이 된다. Hergenrather et al(2009)은 포토보이스를 적용한 31편의 논문을 분석한 결과, 연구 참여자들에게 제공되는 보상의 형태는 금전적 보상과 비금전적 보상으로 구분되고 있다고 밝혔다. 금전적 보상의 경우 각 세션마다 평균적으로 17달러(10달러에서 25달러)가 제공되었다. 반면, 비금전적 보상의 경우 디지털 카메라, 포토 앨범, 기프트 카드 등을 연구 참여자들에게 제공하였다.

포토보이스(Photovoice) 활동 안내

본 연구는 평생교육이 장애인의 자립생활에 미치는 영향을 알아보기 위한 것입니다. 이를 위해 여러분들은 사진을 찍고, 사진에 목소리를 담는 포토보이스 활동을 하게 될 것입니다. 여러분들의 포토보이스 활동은 더욱 질 높은 평생교육 서비스를 제공하는 데 도움이 될 것입니다. 아래 안내에 따라 참여해 주시면 감사하겠습니다. 2022. 8. 5. 평생교육이 장애인의 자립에 미치는 영향 연구팀

▣ 사진 촬영 주제: 혼자서 일상생활 하는 어려움

여러분은 다른 사람의 도움 없이 혼자서 일상생활을 해야 하는 경우가 있습니다. 가정, 학교, 사회 생활을 하면서 직면하는 어려움과 관련된 사진을 찍어 주세요.

▣ 사진과 관련된 글쓰기

❶ QR코드로 패들렛 접속	❷ 사진과 함께 글쓰기	❸ 사진 계속 올리기
https://padlet.com/50tigers0353/e6q0r9wu1otk85zz	ㅁ우측 하단에 버튼 클릭 ㅁ찍은 사진과 함께 글쓰기 - 사진에 제목 붙이기 - 사진이 어떤 장면인지 글로 표현하기 - 사진에 일상생활의 어려움에 대한 나의 생각과 느낌 등을 기록하기	ㅁ❶번과 ❷번의 방법으로 사진 계속 올리기 - 장애인으로서 혼자서 하는 일상 생활의 어려움 - 장애인으로서 혼자서 생활하는 데 문제가 발생하는 장면 등

▣ 주의 사항

- 반드시 내 스마트폰을 이용하여 내가 찍은 사진을 올립니다.
- **[저작권 문제]** 다른 사람이 찍은 사진이나 인터넷에 있는 사진은 사용하시면 안 됩니다.
- **[초상권 문제]** 가급적 다른 사람의 모습이 사진속에 들어가지 않도록 해주세요.
- 내가 찍은 사진을 앱을 이용하여 보정하거나 변형하지 않도록 해주세요.

▣ 안내

- 여러분이 찍은 사진을 바탕으로 다양한 이야기를 나눌 것입니다.
- 2022년 8월 10일(수)까지 사진과 여러분의 생각을 올려주시기 바랍니다.

[그림 3-3] 교육을 통한 포토보이스 활동 안내 예시

5. 서술(narration)

서술은 연구 참여자가 촬영한 사진에 의미를 부여하는 활동이다. 주로 서술 단계에서는 포커스 그룹 토론, 면담, 그리고 사진과 관련된 내러티브 만들기 등과 같은 구체적인 활동이 병행된다. 이에 대한 내용을 세부적으로 살펴보고자 한다.

〈표 3-4〉 SHOWeD 질문 기법(Shaffer, 1983) 및 PHOTO 질문 기법(Hussey, 2006)

SHOWeD 질문 기법	PHOTO 질문 기법
What do you **S**ee here?	Describe your **P**icture.
What is really **H**appening here?	What is **H**appening in your picture?
How does this relate to **O**ur lives?	Why did you take a picture **O**f this?
Why does this situation, concern, or strength exist?	What does this picture **T**ell us about your life?
What can we **D**o about it?	How can this picture provide **O**pportunities for us to improve life *with regard to healthcare*? (phrase in italics added by project facillitator to adapt specially to this project.)

첫째, 연구자는 연구 참여자들과 함께하는 포커스 그룹 토론으로 사진 속에 내재된 의미를 드러낼 수 있다. 연구 주제와 관련하여 참여자 각자가 찍은 사진을 토대로 심층적인 이야기를 나누는 가운데 공동체와 관련된 지식을 공유하고 문제를 발견하게 된다. 이때 연구자는 사진과 관련된 SHOWeD 질문 기법(Shaffer, 1983)이나 PHOTO 질문 기법

(Hussey, 2006)을 활용하여 포커스 토론 그룹을 진행할 수 있는데, 세부적인 질문 내용은 〈표 3-4〉와 같다. 연구자는 포커스 그룹 토론이 활성화될 수 있도록 열린 마음과 허용적인 태도로 연구 참여자의 생각, 의견, 관점 등을 최대한 수용하고 비판적 의식이 활성화될 수 있도록 촉진하는 역할을 수행해야 한다. 즉, 연구 참여자들이 삶을 영위하고 있는 공동체에 대한 지식을 향상하고 어떠한 문제가 있는지 표면화하며 이러한 문제를 해결하기 위해서는 어떻게 해야 하는지 등에 대한 집단 토론을 통해 소통, 연대, 성찰 등의 가치가 부각될 수 있도록 한다.

둘째, 연구자는 참여자를 대상으로 면담을 병행함으로써 사진 속에 숨은 의미를 발견하거나 연구 주제와 관련된 의미를 심층적으로 드러낼 수 있다. 사진이 핵심이 되는 포토보이스는 장기간의 몰입이 필요한 문화기술지와 비교할 때, 자료 수집의 상대적인 용이함으로 인해 연구의 타당도 약화의 우려가 제기되고 있다(Gubrium & Haper, 2013). 물론, 참여적 행동 연구의 성격을 가진 포토보이스는 연구자와 연구 참여자 간의 밀도 있는 상호작용을 특징으로 하지만, 면담과 관찰과 같은 자료 수집 활동을 병행함으로써 더욱 타당도 높은 연구 결과를 기대할 수 있다(Shell & Ferguson, 2009; O'Malley & Munsell, 2020). 또한 사진을 매개로 진행되는 면담은 참여자의 이야기가 선형성에서 벗어날 수 있는 촉매제가 된다(Latz, 2018). 일반적인 질적 연구에서와 마찬가지로 포토보이스에서도 다양한 방법으로 면담을 진행할 수 있다. 연구 참여자와 일대일로 진행하는 개별 면담, 일단의 그룹으로 진행하는 소집단 면담, 연구 참여자 전체가 참여하는 집단 면담 등의 형태를 취할 수 있다. 면담의 접근 방법 역시 구조화된 면담, 반구조화된 면담, 비구조화된 면담 방법을 고려할 수 있다. 이러한 면담 방법은 연구자가 추구하는 연구의 의도와 목적, 연구 맥락 등을 고려하여 선택적으로 활용할 수 있다.

코로나는 나의 학교생활에 어떤 영향을 주었을까?

- 사진으로 **《코로나와 학교생활》** 이야기하기 -

6-4반 ★김서윤(5)

사진에 해시태그 붙이기

이 사진을 찍은 이유는?

코로나와 나의 학교생활과 관련되서

#코로나와 나의 학교생활
#급식소 칸막이
#코로나를 이겨내요

사진 제목 만들기

학교급식소 칸막이

「코로나와 나의 학교생활」 이야기 쓰기

코로나19때매 학교도 못갔던적도 있어서 온라인수업도 하고 일주일에 가고 일주일 안가니깐 불편했기도 했고 급식소나 학교갈때 열 체크하고 자가진단도 해야하고 학교안에서 마스크도 써야되고 급식소에 칸막이도 설치가 되었지만 코로나가 학교생활 영향에 끼치니깐 불편했다

[그림 3-4] 의미 부여 활동의 예

셋째, 연구 참여자들은 자신들이 찍은 사진에 다양한 의미를 부여하는 글쓰기 활동을 수행할 수 있다(Latz, 2018). 사진에 제목 부여하기, 사진에 대한 설명하는 글쓰기, 여러 장의 사진을 활용하여 스토리 만들기 등과 같은 다양한 형태의 글쓰기 활동이 가능하다. [그림 3-4]에서 보는 것처럼, 진영학과 오영범(2022)이 수행한 코로나19를 경험하는 초등학생의 감정을 탐색한 연구에서는 초등학교 6학년 학생들이 찍은 사진에 제목을 부여하고 어떤 내용인지 설명하는 글을 쓰고, SNS 활동에서처럼 다양한 해시 태그를 다는 활동으로 자료를 수집하였다. Latz(2018)는 연구 참여자가 주도적으로 수행하는 사진과 관련된 글쓰기 활동은 추후에 전개될 전시 활동과 연계할 수 있다고 언급하였다.

6. 관념화(ideation)

관념화는 일반적인 질적 연구 방법에서 자료를 분석하는 단계와 같다(오영삼, 허원빈, 2022). 연구 참여자가 찍은 사진과 서술 단계에서 수집한 자료를 분석하는 단계로 실제 참여자들이 연구 주제와 관련하여 의미를 도출한다. 자료 수집, 분석, 의미 도출로 이어지는 일반적인 질적 연구 과정이 유기적으로 연결된 것처럼, 포토보이스에서도 각 단계가 독립된 활동이 아니라 상호 긴밀하게 연결되어 있다. 특히, 본격적으로 자료를 수집하고 분석하는 기록, 서술, 관념화의 세 단계는 더욱 체제적인 관점에서 접근할 필요가 있다.

Wang과 Burris(1997)는 선택하기(selecting), 맥락화하기(contextualizing),

성문화하기(codifying)의 3단계 분석 방법을 제시하였다. 선택하기는 연구 참여자들이 공동체의 요구와 장점을 가장 정확하게 반영하고 있는 사진을 선택하는 단계다. 이후에 전개되는 맥락화하기 단계의 토론 활동과 연결되기 때문에 연구 참여자들이 토론을 주도할 수 있도록 사진을 선택하도록 해야 한다. 즉, 연구 참여자들은 자신들이 찍은 사진 중에서 가장 중요하다고 생각하는 사진을 직접 선택한다. 맥락화하기는 사진이 담고 있는 의미를 이야기하는 단계다. 이 단계에서는 '개인 및 집단 경험 이야기하기(Voicing Our Individual and Collective Experience)'라는 의미를 가진 VOICE 방법에 따라 그룹 토론 활동이 일어난다. Wang과 Burris(1994)는 여성들의 목소리와 그들이 들려주는 이야기의 맥락 밖에 존재하는 사진만으로는 포토보이스의 본질을 구현할 수 없었기 때문에 사진을 바탕으로 토론 활동을 병행하였다. 성문화하기는 드러난 이슈, 주제, 혹은 이론을 확인하는 단계다. 이 단계에서는 그룹 토론을 통해 드러난 세 가지 유형의 이슈, 주제, 그리고 이론을 집중적으로 확인한다. 이 중, 행동으로 옮겨야 할 필요가 분명하고 촉박한 이슈는 성문화될 필요가 있다. 나아가 집단 토론을 통해 체계적으로 수집되고 분석된 자료에 기반하여 주제와 패턴을 성문화하거나 이론을 개발할 수 있다.

포토보이스 연구에서는 사진에 대해 연구 참여자와 연구자 간 해석의 차이가 존재할 수 있다(Barthes, 1998; Power, Norman, & Dupré, 2014). 이를 극복하기 위해 Tsang(2020)은 연구자의 해석에 기반한 사진 분석, 연구 참여자의 해석에 기반한 사진 분석, 상호 비교, 이론화로 진행되는 4단계 분석 전략을 제시하였다. 첫 번째 단계에서 연구자의 관점으로 사진을 분석하는 이유는 사진의 의미가 초기 단계에서부터 왜곡되는 것을 피하기 위한 것이다. 즉, 다음 단계의 연구 참여자 해석과 비교하여 다른 설명이 있는지를 검토하고 연구 참여자의 생각과 의견이 반영될 여지를 만들기 위한 의도가 숨어 있다. 상호 비교 단계에서는 연구자 및 연구 참여자의 관점에서 분석한 후, 연구자는 이 두 결과를 비교하게 된다. 이 단계의 목적은 현상에 대한 통합적 설명을 위해 연구자의 해석과 참여자 해석 간의 대화를 만들어내는 데 있다. 마지막으로 이론화 단계에서 연구자는 상호 비교를 통해 개발된 주제와 현상에 대해 설명하고 둘 사이의 관계를 토대로 지식을 생산한다.

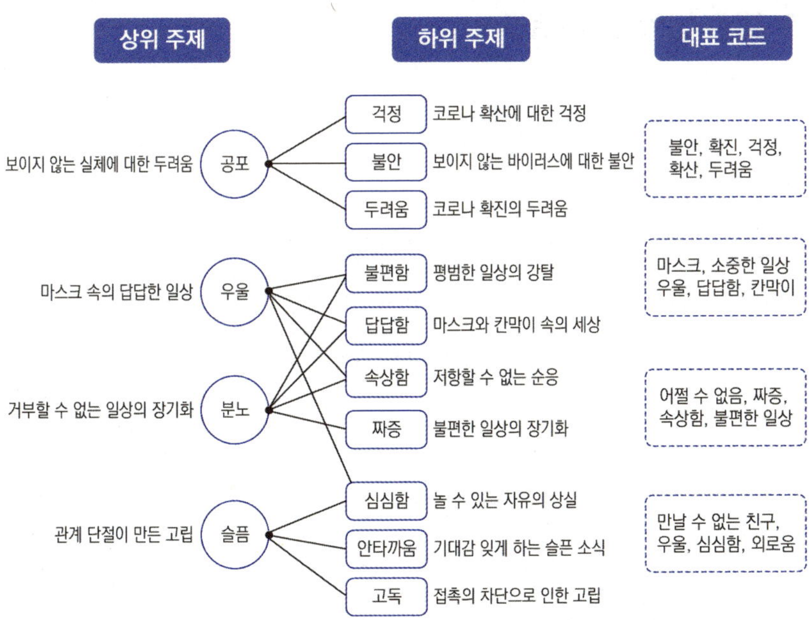

[그림 3-5] 포토보이스 연구에서 관념화의 예(진영학, 오영범, 2022)

이외에도 다양한 코딩 전략이 적용된 질적 자료 분석 방법이 가능한데 내용 분석, 근거 이론, 사례 분석, 비판적 성찰 등과 같은 자료 분석 방법이 적용될 수 있다(Hergenrather et al., 2009). 진영학과 오영범(2022)은 코로나19를 경험하는 초등학생의 감정을 탐색한 포토보이스 연구에서 초등학생 70명이 찍은 사진, 9명을 대상으로 실시한 면담을 실시하였다. 연구 결과, 코로나19 시대를 살아가는 초등학생들의 감정은 공포, 우울, 분노, 슬픔의 네 가지로 나타났다. 관념화 단계에서 수집한 자료를 토대로 분석의 흐름과 결과를 도식화하면 [그림 3-5]와 같다.

7. 발표(presentation)

발표는 연구 참여자들이 찍은 사진을 전시하는 단계로 기존의 질적 연구와 차별화되는 독특한 특징에 해당된다(Latz, 2018). 발표는 소외된 사람 혹은 주변인이 사회로 진입할 수 있는 통로와 같은 역할을 제공할 뿐만 아니라 현실적인 어려움에 직면한 연구 참여자들이 상황을 바꿀 수 있는 힘을 가진 사람들과 만나 소통할 수 있는 기회를 제공한다.

전시는 포스터, 안내 책자, 웹사이트, 디지털 스토리, 박물관 전시 등과 같이 다양한 형태로 진행될 수 있다(오영삼, 허원빈, 2022). 포토보이스가 지향하는 '사회 변화를 위한 행동'을 고려한다면 약속된 시간, 정해진 장소에서 관련된 사람들이 한데 모여서 진행되는 전시 방법이 효과적이다. 예를 들어, 연구 참여자들이 직접 찍은 사진에 제목과 핵심 내용이 담긴 포스터를 제작하여 벽면에 걸거나 이젤과 같은 도구를 활용하여 전시할 수 있다. 각 연구 참여자는 자신이 촬영한 사진 옆에서 전시에 참여한 사람들에게 무엇에 관한 사진인지, 어떠한 문제가 내포되어 있는지, 그리고 이러한 문제를 개선하기 위해서는 무엇이 필요한지 등을 설명할 수 있다. 전시와 함께 진행되는 연구 참여자의 발표는 포토보이스 연구 참여를 통해 습득한 지식을 활용하여 공동체의 삶과 관련된 문제를 개선할 수 있는 목소리를 내는 기회의 장이다. 이를 통해 포토보이스가 추구하는 궁극적인 가치를 실현할 수 있다.

[그림 3-6] 「장애인 자립의 현실과 평생교육의 방향에 관한 포토보이스 연구」 사진 전시회

오영범 외(2023)는 장애인 자립의 현실과 평생교육의 방향에 관한 포토보이스 연구 결과를 공유하는 사진 전시 및 토론회를 개최하였다. 사진 전시와 토론회는 이 연구가 시작되는 초기 단계부터 기획된 것이었다. 그리고 연구 참여자들에게도 사전 교육 단계를 통해 공지해 주었다. 사진 전시는 포토보이스 연구에 참여한 사람들이 자신의 생각과 의견을 드러내고 목소리를 낼 수 있는 기회의 순간이기 때문에 정책에 영향을 미치거나 장애인의 삶을 개선하는 데 기여할 수 있는 힘 있는 사람을 초청하는 것이 중요하다. [그림 3-7]에서 보는 것처럼, 토론회에는 실제 연구에 참여한 장애인 2명, 연구진 3명, 그리고 시의원 1명이 함께 참여하여 의견을 나누었다.

[그림 3-7] 「장애인 자립의 현실과 평생교육의 방향에 관한 포토보이스 연구」 토론회

최근의 포토보이스 연구에서는 온라인 공간을 이용한 전시도 이루어진다(송호관, 2022). 테크놀로지의 발달로 탄생한 스마트폰이 가진 장점을 살릴 수 있기 때문이다. 연구 참여자들이 SNS 활동에 익숙하다면 더욱 친근하게 사진을 찍고 온라인 공간에 공유할 수 있다. 페이스북, 인스타그램, 블로그 등과 같은 SNS에는 주로 사진과 텍스트가 결합된 형태로 게시물이 공유된다. 그렇기 때문에 SNS 활동을 하는 사람은 일상 속에서 포토보이스 활동을 한다고 할 수 있다. [그림 3-8]은 석사 과정에 재학 중인 대학원생을 대상으로 '내가 공부하는 이유는 무엇인가?'라는 주제로 사진을 찍고, 그 사진에 제목과 의미를 부여하여 온라인 공간인 패들렛에 공유한 장면이다. 이처럼 포토보이스에 연구 참여자의 스마트폰과 온라인 공간을 활용함으로써 기록, 서술, 관념화, 전시 단계를 연계하고 통합할 수 있다. 연구 참여자는 사진을 찍고, 사진에 의미를 부여하여 온라인 공간에 공유하면 그 자체가 전시의 효과를 창출할 수 있다. 이 과정에서 연구자는 탑재된 내용을 바탕으로 집단 토론 활동을 통해 사진 속에 숨은 연구 참여자의 내러티브를 심층적으로 이해할 수 있고, 누적되는 자료를 분석하여(관념화) 의미를 도출할 수 있다.

[그림 3-8] 패들렛을 통한 온라인 전시의 예

8. 확증(confirmation)

확증은 전시에 참여한 사람들이 연구 참여자들의 발표를 어떻게 인식하고 있는지 알아내는 단계이다(오영삼, 허원빈, 2022; Latz, 2018). 연구 참여자들이 포토보이스 활동을 수행하면서 지식을 습득하고 문제를 발견하였다면, 이러한 문제 해결을 위해 적극적으로 행동하고 변화를 이끌어낼 수 있어야 한다. 확증을 통해 연구 참여자들의 목소리가 발표에 참여한 사람들에게 잘 전달되었는지 혹은 참석한 사람들은

어떻게 인식하고 있는지 등을 확인하게 된다. 특히, 변화에 영향을 미칠 수 있는 힘과 권력을 가진 사람들에게 깊은 인상을 남기고 공감대를 형성하는 것이 중요하다. 정책 입안자, 국회의원, 기초 단체장 등과 같이 새로운 정책 수립과 기존 정책의 변화를 이끌어낼 수 있는 사람들을 통해 연구 참여자들의 실질적인 삶의 개선에 기여할 수 있기 때문이다.

확증 단계에서 연구자는 연구 결과에 대한 확산 방안을 고민해야 한다. 연구를 완료한 포토보이스 연구가 문제를 해결할 수 있는 대안이 되거나 혹은 후속 연구를 수행하는 토대가 되어야 한다. 진영학과 오영범(2022)이 수행한 '코로나19를 경험하는 초등학생의 감정 탐색' 연구를 통해 어린 초등학생들은 코로나로 인해 주로 부정적인 감정이 유발되는 것을 확인하였다. 이 연구 결과를 경상남도교육청 담당 부서에 알리고 아이들의 부정적인 감정을 해소할 수 있는 후속 연구의 필요성을 강조하였다. 그 결과, 경남교육정책연구소에서는 '코로나19 시기, 초등학교 저학년 심리·정서 지원 프로그램「마음밭 일구기」 개발' 연구를 수행하였다.

참고문헌

강선경, 최윤(2021). 코로나19 이후 변화한 가족의 일상생활에 대한 포토보이스 연구. **한국가족복지학**, 68(1), 313-345.

김경희, 김미옥, 정민아(2016). 발달장애 자녀를 둔 어머니의 양육과 성장 경험에 관한 포토보이스 연구. **한국가족복지학**, 54, 263-296.

김찬미, 이지하, 곽원준(2020). 포토보이스를 활용한 청소년 성소수자의 커밍아웃과 아웃팅 경험 분석. **사회과학연구**, 31(4), 231-255.

송호관(2022). 사회적 지지를 통한 초등학생의 긍정적 자기인식 탐색: 포토보이스 연구방법론 활용. **초등교육연구**, 35(1), 77-100.

오영범(2023). 포토보이스 연구 방법의 이론적 토대 탐색: 개념 및 특징, 이론적 근거, 연구 절차, 타당도를 중심으로. **질적탐구**, 9(1), 1-34.

오영범, 심석순, 권순애, 장정은, 황현녀, 염동문(2023). 장애인 자립의 현실과 평생교육의 방향에 관한 포토보이스. **질적탐구**, 9(2), 131-164.

오영삼, 허원빈(2022). **포토보이스, 다르게 바라보기: 기호학을 통한 접근**. 서울: 학지사.

이미선, 김민아(2019). 포토보이스를 통해 양육을 결정한 미혼모의 삶 들여다보기. **한국가족복지학**, 66, 5-38.

임윤서(2023). **포토보이스: 공감의 연구 방법**. 서울: 학이시습.

임윤서, 안윤정(2017). 서울에서 '지방출신 여대생'으로 살아가기: 서울살이에 대한 포토보이스 적용. **아시아여성연구**, 56(2), 205-256.

임정아, 진영선(2017). 청소년이 학교생활에서 느끼는 행복감: 질적연구방법 포토보이스(photovoice)를 활용. **청소년문화포럼**, 52, 133-162.

진영학, 오영범(2022). 코로나19를 경험하는 초등학생의 감정 탐색: 포토보이스 연구 방법을 적용하여. **학습자중심교과교육연구**, 22(16), 581-599.

최윤(2020). 포토보이스를 활용한 중증뇌병변장애 청년의 자립 의미에 관한 연구: 아픔과 그리움을 안고 어른으로 홀로서기. **생명연구**, 55, 259-282.

Gubrium, A., & Haper, K. (2013). *Participatory visual and digital methods*.

Walnut Creek, CA: Left Coast Press.

Harkness, S. S., & Stallworth, J. (2013). Photovoice: Understanding high school females' conception of mathematics and learning mathematics. *Education Studies in Mathematics, 84*(3), 329-347.

Hergenrather, K. C., Rhodes, S. D., & Clark, G. (2006). Windows to work: Exploring employment-seeking behaviors of presons with HIV/AIDS through photovoice. *AIDS Education and Prevention, 18*(3), 243-258.

Hergenrather, K. C., Rhodes, S. D., & Bardhoshi, G.(2009). Photovoice as community-based participatory research: A qualitative review. *American Journal of Health Behavior, 33*(6), 686-698.

Hussey, W. (2006). Silvers of the journey: The use of photovoice and storytelling to examine female to male transsexuals' experience of health care access. *Journal of Homosexuality, 51*(1), 129-158.

Latz, A. O. (2017). *Photovoice research in education and beyond: A practical guide from theory and exhibition*. 김동렬 역 (2018). **포토보이스 연구 방법: 참여적 행동연구**. 서울: 학지사.

O'Malley, L., & Munsell, S. E. (2020). Photovoice: An innovative qualitative method in research and classroom teaching: *Educational Research: Theory and Practice, 31*(1), 26-32.

Pink, S. (2001). *Doing visual ethnography*. Thousand Oaks, CA: Sage Publications.

Poudrier, J., & Mac-Lean, R. T. (2009). 'We've fallen into the cracks': Aboriginal women's experience with breast cancer through photovoice. *Nursing Inquiry, 16*(4), 306-317.

Power, N. G., Norman, M. E., & Dupré, K. (2014). Rural youth and emotional geographies: How photovoice and words-alone methods tell different stories of place. *Journal of Youth Studies, 17*(8), 1114-1129.

Schell, K., Ferguson, A. (2009). Photovoice as a teaching tool: Learning by doing with visual methods. *International Journal of Teaching and Learning in Higher Education, 21*(3), 340-352.

Shaffer, R. (1983). *Beyond the dispensary*. Nairobi: AMREF (The African Medical and Research Foundation).

Sutton-Brown, C. A. (2014). Photovoice: A methodological guide. *Photography & Culture, 7*(2), 169-186.

Tsang, K. K., (2020). Photovoice data analysis: Critical approach phenomenological approach, and beyond. *Beijing International Review of Education, 2*, 136-152.

Wang, C. C. (1999). Photovoice: A participatory action research strategy applied to women's health. *Journal of Women's Health, 8*, 185-192.

Wang, C. C. (2006). Youth participation in photovoice as a strategy for community change. *Journal of Community Practices, 14*(1-2), 147-161.

Wang, C. C., & Burris, M. A. (1994). Empowerment through photo novella: Portraits of participation. *Health Education Quarterly, 21*, 171-186.

Wang, C. C., & Burris, M. A. (1997). Photovoice: Concept, methodology, and use for participatory needs assessment. *Health Education & Behavior, 24*(3), 369-378.

Wang, C. C., Cash, J. L., & Powers, L. S. (2000). Who knows the streets as well as the homeless? promoting personal and community action through photovoice. *Health Promotion Practice, 1*(1), 81-89.

Whyte, W. F., Greenwood, D. J., & Lazes, P. (1991). Participatory action research: Through practice to science in social research. *Participatory Action Research, 32*(5), 19-55.

제4장

포토보이스의 타당도 확보 전략

4장에서는 포토보이스 연구의 타당도를 확보할 수 있는 몇 가지 전략에 대해 살펴볼 것이다. 포토보이스에서 핵심이 되는 자료는 사진이다. 그러나 사진만으로 연구의 풍부한 맥락과 연구자의 현실을 드러내기에 충분하지 않다. 포커스 그룹 토론, 면담 등과 같은 다양한 자료를 수집하여 의미 있는 결과 도출에 기여할 수 있어야 한다. 구체적으로 부가적인 자료 수집을 통한 삼각 검증, 사진의 현실성 및 진실성, 연구 참여자의 주체성 보장, 학문적 권위자의 검토, 그리고 심층적 기술(thick description) 전략을 활용하여 포토보이스의 타당도를 확보할 수 있는 방안을 살펴보고자 한다.

이 장에서는 포토보이스 연구의 타당도를 확보하는 전략에 대해 살펴보고자 한다. Gubrium과 Haper(2013)가 경고한 것처럼, 포토보이스가 가진 사용자 친숙함(user-friendliness)은 연구 현장의 맥락에서 장기간의 문화기술적 참여와 몰입을 대신할 수 있는 빠르고 쉬운 대체물로 오용되면서 연구 방법의 엄격함을 상실할 위험이 있다. 이러한 엄격함의 약화는 연구의 타당도에 심각한 영향을 미칠 수 있기 때문에, 본 장에서는 포토보이스에서 타당도를 확보할 수 있는 방법에 대해 알아보고자 한다. 오영범(2023)이 타당도 확보 전략으로 언급한 부가적인 자료 수집을 통한 삼각 검증, 사진의 현실성 및 진실성, 연구 참여자의 주체성 보장 외에도 학문적 권위자의 검토, 심층적 기술(thick description)을 추가하여 설명하고자 한다.

1. 부가적인 자료 수집을 통한 삼각 검증

연구자는 포토보이스에서 핵심이 되는 사진 자료와 함께 집단 토론, 사진에 의미 부여하기, 면담, 관찰 등의 자료를 수집하고 분석함으로써 연구의 타당도를 확보할 수 있다. 참여자는 연구 목적에 부합하는 과제에 따라 사진을 찍는다. 이 활동은 Latz(2018)가 언급한 포토보이스 8단계 중, 네 번째인 기록에 해당한다. 사진은 포토보이스에서 핵심이 되는 자료지만, 연구 참여자가 찍은 사진만으로 의미 있는 연구 결과를 도출하는 것은 사실상 어렵다. 연구자 단독으로 참여자가 찍은 사진을 해석하는 것은 불가능할 뿐만 아니라 연구 참여자의 주체성과 적극적인 참여를 강조하는 포토보이스 연구 방향과도 부합하지 않는다. 포토보이스에서는 연구 참여자들의 목소리가 중요하기 때문에 후속하는 서술 단계에서 사진을 토대로 한 집단 토론이 이어진다. 연구 참여자의 사진을 바탕으로 사진을 찍은 이유, 사진 속에 드러난 문제, 사진 속 장면 혹은 상황이 우리의 삶에 미친 영향, 그리고 공동체 문제를 개선하기 위한 노력 등에 대해 연구자와 참여자들은 심층적인 대화와 함께 토론하는 시간을 갖는다. 이러한 집단 토론 활동은 사진에 숨은 의도를 표면화하는 중요한 자료가 된다. 이때 연구자는 SHOWeD 질문 기법(Shaffer, 1983) 혹은 PHOTO 질문 기법(Hussey, 2006)을 활용하여 토론 촉진자 역할을 수행하면서 사진 속에 내재된 다양한 의미를 발견할 수 있다. 연구 참여자는 집단 토론 활동에 참여함으로써 공동체 삶과 관련된 집단 지식을 구축하고 비판적 의식을 함양하게 된다. 연구자는 토론 장면을 촬영하거나 녹음하여 자료를 수집하고, 사진 자료와 결합하여 분석함으로써 연구 목적에 부합하는 유의미한 결과를 도출할 수 있다.

연구 참여자는 사진에 제목 부여하기, 사진과 관련된 내용을 설명하는 글쓰기, 여러 장의 사진을 활용하여 스토리 만들기 등과 같이 사진에 의미를 부여하는 다양한 활동을 통해 추가적인 자료를 수집할 수 있다. 또한 포토보이스를 적용한 선행 연구들은 타당도를 고려하기 위해 면담, 관찰을 병행할 것을 제안하고 있다(Schell & Ferguson, 2009; O'Malley & Munsell, 2020). 포토보이스에서 다양한 자료 수집을 통해 타당도를 확보할 수 있는 구체적인 방법은 [그림 4-1]과 같다.

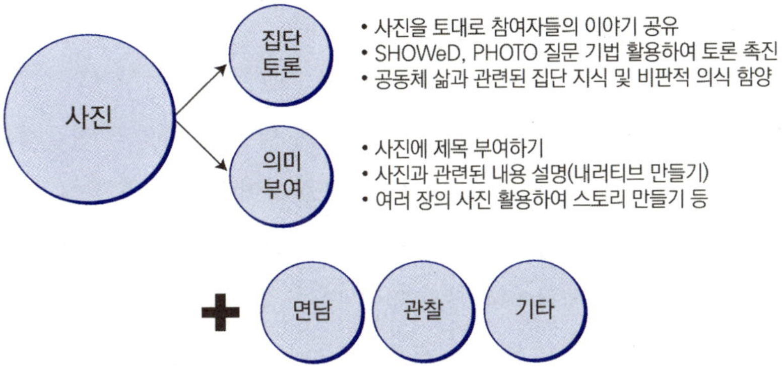

[그림 4-1] 다양한 자료 수집 방법을 통한 타당도 확보 방안

포토보이스 연구를 수행하는 연구자는 참여자의 목소리를 대변하고 힘 있는 사람들에게 전달함으로써 궁극적으로 정책의 변화를 이끌어 낼 수 있어야 한다. 참여적 행동 연구 성격을 가진 포토보이스는 연구자와 참여자 간의 긴밀하고 왕성한 상호작용에 기반해야 하기 때문에 면담, 관찰과 같은 부가적인 자료 수집 과정은 연구자와 참여자의 상호작용을 높이고 참여자로 하여금 연구 과정에 더욱 몰입하게 하는 효과가 있다. 왜냐하면 연구자는 참여자의 목소리에 더 많이 귀를 기울일 수 있는 기회를 갖게 되고, 연구를 통해 드러난 그들의 목소리를 정확하게 인지하여 더욱 분명하게 전달할 가능성이 높아지기 때문이다. 참여자 또한 연구자와의 상호작용 빈도와 시간이 늘어날수록 공동체 문제와 관련된 더 많은 지식을 습득하고 이를 해결하기 위한 실천 방안을 더 합리적으로 모색할 수 있다.

2. 사진의 현실성 및 진실성

포토보이스는 연구 참여자의 사진 속에 담긴 현실성과 진실성의 확인을 통해 타당도를 높일 수 있다. 현실성이란 사진을 통해 연구 참여자가 삶을 영위하고 있는 공동체의 현실이 반영되는 정도를 말하고, 진실성이란 조작이나 거짓 없이 연구 참여자가 직접 찍은 사진이 사용되었는지를 말하는 것으로 연구의 윤리성과도 연결된다.

포토보이스 연구에서 활용되는 사진이 현실성과 사실성을 갖기 위해서는 〈표 4-1〉과 같이 여섯 개 요소에 따른 질문에 대답할 수 있어야 한다. 이 요소들은 포토보이스의 특징, 이론적 근거, 연구 절차상에서 반복적으로 강조되고 있는 내용에 근거하여 제시한 것이다. 즉, 현실성을 위해 사진은 현재 연구 참여자가 일상을 영위하고 있는 공동체를 표현하고 있어야 하고(반영성), 그 맥락 속에서 어떠한 문제가 일어나고 있으며(맥락성), 이러한 문제가 연구 참여자와 어떠한 관계를 형성하고 있는지 혹은 미치는 영향은 무엇인지를(관계성) 담고 있어야 한다(Hergenrather et al., 2009; Latz, 2018; Wang, 2006; Wang & Burris, 1997). 또한 진실성을 위해서는 연구 참여자가 직접 찍은 사진인지(직접성), 조작되거나 꾸미지 않은 있는 그대로의 사진인지(사실성), 그리고 인물이 나오는 경우 초상권 및 사용에 대한 동의를 구하였는지(윤리성)에 대한 질문에 대답할 수 있어야 한다(Latz, 2018; Wang & Redwood-Jones, 2001). 이러한 여섯 개 요소는 포토보이스 연구 결과를 효과적으로 드러내 줄 수 있는 사진 선택의 기준으로 삼을 수 있다.

〈표 4-1〉 포토보이스에서 사진의 현실성과 사실성을 파악할 수 있는 질문

범주	요소	관련 질문
현실성	반영성	• 사진에 연구 참여자의 일상생활이 반영되고 있는가?
	맥락성	• 사진에 포착된 맥락은 어떠한 문제를 내포하고 있는가?
	관련성	• 사진 속 장면(문제)은 연구 참여자의 삶과 어떠한 관계가 있는가?
진실성	직접성	• 연구 참여자가 직접 찍은 사진인가?
	사실성	• 조작되거나 꾸미지 않은 있는 그대로의 사진인가?
	윤리성	• 인물이 나오는 경우, 초상권 및 사용에 대한 동의를 구하였는가?

포토보이스의 이론적 토대가 되는 다큐멘터리 사진의 가장 중요한 요소는 사실성이다. 다큐멘터리 사진은 정치적 이데올로기와 결탁한 보도 자료와 구분되고, 휴머니즘을 앞세워 프로파간다(propaganda)를 전파함으로써 타인을 설득하는 그래프 저널리즘과도 구분되며, 대상에 대한 지식과 성찰 없이 막연한 호기심과 환상을 갖고 서구인의 욕망을 충족했던 이국 정서주의와도 엄격히 구분된다(박종현, 2009).

3. 연구 참여자의 주체성 보장

포토보이스 연구에서 타당도를 확보할 수 있는 방법으로 연구 참여자의 주체성이 얼마나 보장되었는지 확인하는 것이다. 포토보이스는 참여적 행동 연구의 한 형태로 연구 참여자의 주체성을 강조한다. 연구 참여자의 주체성을 바탕으로 사회 문제와 관련된 집단 지식을

형성하고, 인식된 문제 해결의 동력이 되는 사회 변화를 위한 행동을 촉진하며, 그리고 연구에 대한 소유권을 공유함으로써 지식 생산의 민주화를 지향한다(Kemmis & McTaggart, 2005; Latz, 2018). 이로 인해 참여자를 연구에 필요한 자료만을 제공하는 수동적인 존재로 인식하기보다는 연구의 전 과정에 걸쳐 문제를 인식하고 사회 변화를 위한 지식을 창출하는 능동적인 존재로 간주해야 한다(Liebenberg, 2018; Sutton-Brown, 2014). 이에, Latz(2018)가 언급하고 있는 포토보이스 각 단계에서 수행해야 할 연구 과업에 따라 연구 참여자의 주체성을 확인할 수 있는 주요 질문을 〈표 4-2〉에 제시하였다.

〈표 4-2〉 포토보이스 연구 절차에 따른 연구 참여자의 주체성 확인 사항

단계	관련 질문
모집	• 연구 참여자는 연구에 자발적으로 참여하였는가? • 연구 참여자는 공동체 문제에 대해 정확히 인지하고 있는가?
교육	• 연구 참여자는 전반적인 연구 내용에 대해 숙지하고 있는가? • 연구 참여자는 포토보이스 연구 방법이 무엇인지 알고 있는가? • 연구 참여자는 사진 촬영하는 방법을 알고 있는가?
기록	• 연구 참여자는 주어진 과제에 맞는 사진을 촬영하였는가?
서술	• 연구 참여자는 주도적으로 사진에 의미를 부여하였는가? • 연구 참여자는 집단 토론 활동에 적극적으로 참여하였는가?
관념화	• 연구 참여자는 연구자(들)와 협력하여 연구 결과를 도출하였는가? • 연구 참여자의 사진과 목소리가 연구 결과에 잘 반영이 되었는가?
발표	• 연구 참여자는 전시를 통해 그들의 목소리를 알리고 있는가?
확증	• 연구 참여자의 목소리가 사회 변화를 이끌어 냈는가?

포토보이스 연구를 수행하는 연구자는 위 질문들을 중심으로 참여자가 공동체 문제를 인지한 정도, 참여자가 연구 과정에 참여한 정도, 참여자와 연구자와의 협력 정도, 연구 참여자가 지식 생성 활동에 참여한 정도, 문제를 해결하기 위해 행동으로 실천한 정도 등을 점검할 수 있다. 연구자는 위 질문을 다양한 방법으로 활용할 수 있다. 연구가 진행되는 과정에서 각 단계가 마무리될 때마다 연구자는 위 질문을 토대로 면담을 실시함으로써 연구 참여자의 주체성 반영 정도를 확인할 수 있다. 또한 연구자는 참여자가 자가 점검할 수 있도록 체크리스트 형태로 제작하거나 5점 리커트 척도 형태의 설문지로 구조화하여 연구가 종료된 후에 참여자의 주체성 정도를 파악할 수 있다.

4. 학문적 권위자의 검토

포토보이스 연구의 타당도를 확보하기 위해 학문적 권위를 가진 사람의 검토를 받을 수 있다. 포토보이스에 관한 이론적 지식뿐만 아니라 실제 연구를 수행할 수 있는 실천적 지식을 갖추고 있는 사람 혹은 권위 있는 학술지에 다년간 포토보이스 논문을 게재한 실적이 있는 사람 등을 학문적 권위자라고 할 수 있다. 초보 연구자의 경우, 이들의 선(先)경험으로부터 포토보이스 연구를 진행하는 방법, 연구를 추진하면서 고려해야 할 점, 타당도를 높일 수 있는 전략 등에 대한 조언을 구할 수 있다. 왜냐하면 학문적 권위자는 이미 포토보이스와 관련된 다양한 연구를 수행하면서 시행착오를 경험하였을 뿐만 아니라 자신이 겪은 실수를 되풀이하지 않기 위한 전략을 수립하면서 다음 연구를 진행하기 때문이다. 따라서 이들의 검토 의견은 초보 연구자의 실수를 줄이는 데 기여한다. 즉, 타당도를 높이는 연구 성과를 창출할 수 있다.

5. 심층적 기술

포토보이스 연구 결과를 심층적으로 기술하는 방법은 포토보이스의 타당도를 높이는 데 기여한다. 포토보이스 참여자는 연구 주제와 관련된 사진을 찍고 의미를 부여하는 활동을 하게 된다. 의미를 부여하는 활동은 다양한 형태의 글쓰기 혹은 면담, 토론 등과 같은 내러티브 형태로 이루어진다. 포토보이스에서 연구자는 참여자의 주체성을 보장하기 위해 연구 의미를 도출하는 작업을 연구 참여자와 함께 수행한다. 그러나 심층적인 기술 혹은 학술적으로 분석하는 글쓰기는 연구 참여자와 함께하는 데 어려움이 있다. 결국, 글쓰기로 연구를 완성하는 것은 연구자의 몫이다. 이때 연구자는 참여자의 사진과 의미를 부여한 결과를 바탕으로 연구자의 주장을 뒷받침할 수 있는 선행 연구의 인용, 연구 참여자가 제공한 정보를 바탕으로 예상되는 논리적 추측 등을 동원하여 기술하고 분석할 수 있다. 진영학과 오영범(2023)이 수행한 코로나19를 경험하는 초등학생의 감정을 탐색한 연구에서 심층적 기술의 예시를 살펴보도록 하자.

코로나로 인해 친구들과 얼굴을 보고 먹을 수 없고 칸막이가 세워져 있는 채로 먹어야 해서 이 사진을 찍었다. 코로나는 친구들과 맨날 붙어 다니는 나에게 친구들과 떨어져 있는 학교생활을 하게 했다. 급식을 먹기 위해 줄을 서 있을 때 코로나가 생기고 나서는 친구들과 띄워져서 서있어야 해서 살짝 심심하고 외로웠다.

(6학년 1반 김○○의 포토보이스 중에서)

코로나로 인해 아이들은 집에 머무는 시간이 늘어났다. 친구를 만나 놀 수 없는 상황이 더해져 디지털 기기가 주요 놀이 도구로 대체되는 상황이 더욱 심화되었다(이정연 외, 2020). 아이들의 무료함과 외로움을 달래는 수단으로 스마트폰 사용이 증가하고 있는 상황이다. 또한 아이의 스마트폰 중독 수준은 부모의 스트레스를 심화시키는 중요한 요인이 되고 있다(주석진, 2021). 아이들의 컴퓨터 및 인터넷 사용 문제로 인해 부모와 자녀 간의 갈등이 증가되고 있다는 보고가 이를 뒷받침한다(김창환, 2021; 전민경, 2020). 즉, 코로나19는 아이들을 가정에 머물도록 함으로써 심심함과 외로운 감정을 유발하였고, 아이들은 이를 해소하기 위해 스마트폰 사용 시간이 증가하였고, 이로 인해 스마트폰 과의존에 빠지게 만들고 부모와의 갈등 요인이 되고 있는 것이다. 우선적으로 아이들에게 또래와의 단절된 관계를 이어줄 수 있는 대안이 요구된다. 아이들이 가정에서 무료함과 고독감을 느끼고 슬픔 혹은 우울 같은 더욱 심화된 감정으로 빠지지 않도록 할 수 있는 대안 역시 필요하다.

참고문헌

박종현(2009). 다큐멘터리 사진의 범주와 의미 정립에 대한 연구. **기초조형학연구**, 10(6), 155-163.

Gubrium, A., & Haper, K. (2013). *Participatory visual and digital methods*. Walnut Creek, CA: Left Coast Press.

Hergenrather, K. C., Rhodes, S. D., & Bardhoshi, G.(2009). Photovoice as community-based participatory research: A qualitative review. *American Journal of Health Behavior, 33*(6), 686-698.

Hussey, W. (2006). Silvers of the journey: The use of photovoice and storytelling to examine female to male transsexuals' experience of health care access. *Journal of Homosexuality, 51*(1), 129-158.

Kemmis, S., & McTaggart, R. (2005). *Participatory action research: Communicative action and the public sphere*. In N. K. Denzin & Y. S. Lincoln (eds.), *The Sage handbook of qualitative research* (3rd ed, pp. 559-603). Thousand Oaks, CA: Sage.

Latz, A. O. (2017). *Photovoice research in education and beyond: A practical guide from theory and exhibition*. 김동렬 역 (2018). **포토보이스 연구 방법: 참여적 행동연구**. 서울: 학지사.

Liebenberg, L. (2018). Thinking critically about photovoice: Achieving empowerment and social change. *International of Qualitative Methods, 17*, 1-9.

O'Malley, L., & Munsell, S. E. (2020). Photovoice: An innovative qualitative method in research and classroom teaching: *Educational Research: Theory and Practice, 31*(1), 26-32.

Schell, K., Ferguson, A. (2009). Photovoice as a teaching tool: Learning by doing with visual methods. *International Journal of Teaching and Learning in Higher Education, 21*(3), 340-352.

Shaffer, R. (1983). *Beyond the dispensary*. Nairobi: AMREF (The African Medical and Research Foundation).

Sutton-Brown, C. A. (2014). Photovoice: A methodological guide. *Photography & Culture, 7*(2), 169-186.

Wang, C. C. (2006). Youth participation in photovoice as a strategy for community change. *Journal of Community Practices, 14*(1-2), 147-161.

Wang, C. C., & Burris, M. A. (1997). Photovoice: Concept, methodology, and use for participatory needs assessment. *Health Education & Behavior, 24*(3), 369-378.

Wang, C. C., & Redwood-Jones, Y. A. (2001). Photovoice ethics: Perspectives from flint photovoice. *Health Education & Behavior, 28*(5), 560-572.

제5장

포토보이스의 가능성

5장에서는 포토보이스 연구 방법의 확장 가능성을 살펴보고자 한다. 먼저, 포토보이스는 자기 경험 연구에 대한 실증적 자료를 뒷받침할 수 있는 유용한 방법으로 활용할 수 있다. 자문화기술지와 자전적 내러티브는 개인의 경험을 바탕으로 의미를 도출하는 질적 연구 방법이다. 이러한 연구 방법을 적용할 때는 기억 혹은 회상자료, 성찰 저널, 관찰, 대화 등과 같이 한 개인을 둘러싼 맥락에서 수집 가능한 모든 것이 연구 자료화된다. 여기에 사진은 개인의 기억 자료에 대한 사실성을 뒷받침하는 명확한 자료로 기능하여 타당도 신장에 기여할 수 있다.

포토보이스는 온라인 공간의 문화 현상을 탐구하는 효과적인 방법이 될 수 있다. 페이스북, 카카오톡, 밴드, 블로그 등과 같은 SNS는 주로 사진과 텍스트가 결합된 형태로 공유된다. 개인의 관심 영역을 반영한 저널로 활용되기도 하고, 공동의 관심사 혹은 취미를 가진 사람들이 소통하고 공유하기 위한 공간으로 활용하기도 한다. 한 개인 혹은 특정 그룹에서 활용하고 있는 다양한 형태의 SNS는 '온라인 포토보이스'의 가능성을 열어 준다.

1. 자기 경험 연구에 대한 실증적 자료

자문화기술지와 자전적 내러티브는 개인의 특수한 경험을 바탕으로 의미를 도출하는 질적 연구 방법이다. 이러한 연구 방법을 적용할 때는 기억 혹은 회상자료, 성찰 저널, 관찰, 대화 등과 같이 한 개인을 둘러싼 맥락에서 수집 가능한 모든 것이 연구 자료화된다. 여기에 사진은 개인의 기억 자료에 대한 사실성을 뒷받침하는 명확한 자료로 기능하여 타당도 신장에 기여할 수 있다. 연구자의 머릿속에 존재하는 기억을 인용할 때, 관련된 사진을 활용하면 그 자체가 자전적 포토보이스 같은 효과를 구현해 준다. 이러한 맥락에서 연구자가 과거에 찍어둔 사진과 이에 의미를 부여한 텍스트는 중요한 연구 자료로 활용될 수 있다. 한 장학사의 마라톤 경험에 관한 자전적 내러티브 연구(오영범, 2022)[1]에서 사진의 활용 방법을 살펴보고, '자전적 포토보이스'와 같은 새로운 연구 방법을 모색해 볼 수 있다.

가. 건강 회복 및 유지를 위한 변화의 필요

내가 달리는 이유는 점점 잃어가는 건강을 회복하기 위한 의지의 결과다. 건강 상실에 대한 위기감을 인식하고 이를 극복하기 위한

1) 여기서는 자전적 내러티브 연구에 사진이 어떻게 활용되었는지에 대한 예를 살펴보기 위해 연구자가 달리는 이유에 대한 연구 결과 부분만 살펴보고자 한다. 논문의 전체 내용은 다음을 참고하기 바란다. 오영범(2022). 나는 왜 달리는가?: 한 장학사의 마라톤 경험에 관한 자전적 내러티브. 내러티브와 교육, 10(3), 129-157.

수단으로 달리기를 선택한 것이다. 지금보다 젊은 시절, 변함없을 것만 같았던 신체 건강은 세월의 흐름과 함께 조금씩 그 힘이 약해졌다. 더구나 장학사가 되면서 사무실에 앉아 있는 시간이 많아졌고, 앉아서 보내는 시간이 늘어날수록 두 발을 사용하여 움직일 수 있는 시간은 줄어들었다. 교사 시절에는 그나마 체육 시간을 이용하여 학생들과 함께 움직이거나 아이들을 인솔하여 교내외 다양한 장소로 이동하면서 자연스럽게 움직일 수 있었다. 그러나 장학사가 된 지금은 상황이 달라졌다. 대부분의 시간을 앉아서 보낸다.

공무원인 장학사는 8시간 동안 공식적인 업무를 수행한다. 출장 혹은 외부에서 일어나는 업무 추진 및 지원을 제외하면 많은 시간을 사무실의 정해진 자리에 앉아서 보낸다. 세 시간의 오전 업무를 마치면 점심을 먹고, 다시 자리에 앉아야 한다. 현장의 교육 지원을 위한 고유 업무 외에도 전화 응대, 민원 해결, 업무 협의 등의 일에 몰입하다 보면 두세 시간은 금방 지나간다. 예상치 못한 다른 일의 개입으로 시일이 촉박한 업무가 늦어지면 시간 외 근무는 불가피하다. 앉아 있는 시간의 증가를 의미한다. 이와 같은 생활이 반복되면서 몸은 점점 비대해졌고 간헐적으로 보내오는 이상 신호는 나를 불안하게 만들었다.

> 새로운 업무를 파악하려면 일정한 시간과 노력이 필요하기에 야근이 불가피할 때가 많다. 약 3개월간, 움직임 없이 일에만 집중하다 보니 체중이 6kg나 불었다. 가끔씩 뒤통수가 갑자기 당기는 기분 나쁜 증상도 찾아왔다. 걱정스러운 마음에 병원을 찾았다. 의사는 혈관에 지방이 쌓이면 혈액 순환이 원활하지 않아 생

길 수 있는 증상으로 계속 방치하면 위험할 수도 있음을 경고하였다. 그러면서 꾸준한 운동과 식이요법으로 체중 감량을 권장하였다.

(2018년 10월 6일 연구자의 개인 저널 중에서)

위기감과 함께 옛 기억이 떠올랐다. 30대 중반, 건강을 자신하며 일에 몰두한 적이 있었다. 일에 대한 열정과 성취 지향성이 뜨겁게 불타올랐을 때다. 퇴근 시간이 빠른 날은 밤 10시, 심지어 12시까지 일을 하는 경우가 허다했다. 거의 1년 6개월 동안 일만 하다 결국 탈이 나고 말았다. 대상포진이 찾아온 것이다. 대상포진은 귀 안쪽에 자리 잡아 신경을 마비시켜 버렸다. 이로 인해 얼굴 반쪽이 마비되어 오른쪽 입술 부위가 위로 올라가 비뚤어졌고, 오른쪽 눈은 전혀 깜빡이지도 않았다. 의사는 최소 한 달 동안 편안하게 쉴 것을 권했지만, 나는 마스크를 쓴 채 계속 출근하고 말았다. 지금 생각하면 참으로 어리석은 선택이었다. 회복을 위해 치료하고 안정을 취해야 할 판에 나는 누군가가 내 업무를 대신해야 한다는 미안함과 내 일은 내가 한다는 책무성으로 불편한 몸을 이끌고 출근을 이어갔다.

신체 건강과 함께 정신 건강도 약해졌음을 느꼈다. 지속적으로 밀려드는 과도한 업무, 스트레스를 유발하는 예측 불가능한 민원, 그리고 장학사로서 현장 교육 지원을 잘 해내고 싶은 마음이 혼재되어 나의 정신 건강을 위협하고 있었다. 이러한 일상이 형식적인 틀 안에서 반복되고 지속되면서 어느새 나는 매너리즘에 젖어 들고 있었다.

> 변화가 필요했다. 다소 무기력해진 생활에서 벗어날 수 있는 작은 변화. 그래서 걷기로 했다. 저녁을 먹고 간편한 복장으로 밖에 나와 걷기 시작했다. 특별히 정해둔 목적지 없이 가고 싶은 대로 발걸음을 옮겼다. 평소 자주 걷던 익숙한 길, 그리고 걸어본 적 없는 낯선 길도 걸었다. 최근 조성된 공원을 한 바퀴 돌며 동네의 변화된 모습도 감지하였다. 이렇게 한 시간 정도 걷다 보니 신기하게도 기분이 나아졌다. 마음이 우울하거나 복잡할 때 가벼운 산책이나 운동이 기분 전환에 효과적이었다는 기억. 몸이 피곤할 때 가벼운 운동이 오히려 피로 해소에 도움이 된다는 경험.
>
> (2018년 10월 6일 연구자의 개인 저널 중에서)

매너리즘은 새로운 일에는 관심이 없고, 현상을 변화 없이 그대로 유지하려는 경향을 말한다(김미희, 2017). 과도한 업무로 인해 나를 포함한 주변을 돌아볼 여유가 부족한 장학사의 업무 특성, 매일 반복되는 틀에 박힌 일상이 나를 매너리즘에 몰아넣은 것이다. 매너리즘에서 벗어나기 위해 밖으로 나와 걸어 보았다. 걷기는 우울했던 마음을 완화하고 기분을 개선해 주는 효과가 있었다. 머리도 맑아지고 상쾌한 기분까지 들었다. 나는 걷기의 긍정적인 면을 직접 체험하고 나서 의도적으로 시간을 내어 본격적으로 걷기로 다짐했다. 이때의 걷기가 나를 달리기의 세계로 이끈 계기가 되었다.

> 꾸준히 한 달간 걸었다. 그러다 보니 나만의 걷기 코스가 생겼다. 매일 반복되는 같은 길도 걸을 때마다 그 느낌은 사뭇 달랐

> 다. 어떤 날은 거리의 모습에 시선이 꽂혀 지나가는 사람들의 표정, 도로를 달리는 자동차, 건물에 있는 다양한 상점 등이 눈에 들어왔고, 어떤 날은 계절의 변화, 날씨 상태, 공기에서 전해지는 냄새 등에 나의 감각이 집중되기도 했다. 비록 내가 생활하는 작은 동네에서 일어나는 제한된 장면이지만 삶의 다양한 역동성을 느낄 수 있었다. 다리는 걷기에 익숙해졌고 힘도 생겼다. 그래서 가볍게 뛰어보기로 했다.
>
> (2020년 4월 23일 연구자의 개인 저널 중에서)

본격적으로 달리기 시작한 날, '절대 무리하지 않기'를 가장 중요한 원칙으로 삼았다. 걷기와 달리기를 직접 체험하면서 그 차이점도 알게 되었다. 달리기는 걷기에 비해 상대적으로 동적인 유산소 운동이다. 걷기는 편안한 마음으로 사색하며 식후에도 가볍게 즐길 수 있다. 반면, 달리기는 계속 떠오르는 상념도 자연스럽게 제거될 정도로 몰입도가 높고, 에너지 소모량이 많다. 걷기와 달리기는 비용 부담 없이 누구나 즐길 수 있는 경제적인 운동으로 시공간의 제약을 받지 않는다는 공통점이 있다. 걷기와 달리기 같은 유산소 운동은 혈관 건강에 긍정적인 영향을 미치고(김종인, 정해천, 원준연, 가성순, 오복실, 2014), 우울증 및 인지기능 향상에도 효과가 있다(한진희, 이재은, 박정환, 이상희, 강현식, 2014)는 연구 결과는 달리기로 건강을 회복하겠다는 나의 의지를 더욱 강화시켰다. 달리기 관련 유튜브를 검색한 결과, 「생로병사의 비밀: "런" 다시 달리기」는 달리기가 건강에 좋은 점을 세부적으로 전해주고 있다.

달리기는 여러 가지로 몸에 좋은 운동이다. 심장이 활발히 뛰게 되면서 더 커지고 강해진다. 특히, 좌심실이 더욱 발달한다고 한다. 또한 천식과 폐기종을 감소시키고 폐를 튼튼하게 만든다. 꾸준한 달리기는 체중 조절에도 좋은 운동이다. 내장 지방을 줄여 성인병에도 좋다. 또한 뼈의 무기질이 손상되는 것을 방지하고 뼈를 더 튼튼하게 만든다. 혈관의 크기와 수, 탄력을 증가시켜 혈압을 적정 수준으로 유지할 수 있게 해준다. 혈액의 질도 좋아지는데 특히 적혈구의 양이 증가하여 피의 산소 운반 능력이 향상되면 혈전의 부피가 늘어나면서 근육의 부피도 함께 늘어나는 것이다. 뿐만 아니라 당뇨병과 암을 예방하고 두뇌 발달과 노화 예방에도 도움을 준다.

(https://www.youtube.com/watch?v=sEmSjI2D650)

나. 마음을 정화하고 치유하는 여과기

내가 달리는 이유는 마음속에 생긴 부정적인 감정을 해소해 주고 긍정적인 것으로 전환해주는 효과 때문이다. 인간은 누구나 일상생활을 영위하다 보면 다양한 형태의 스트레스와 마주하게 된다. 스트레스는 개인과 가족의 안녕뿐만 아니라 경제적 생산성에도 부정적인 영향을 줄 정도로 정신 건강에 위협적이다(김혜성, 2009). 특히 직무 스트레스는 비효율적인 의사결정, 사고의 증가와 이로 인한 불필요한 비용 및 민원 발생 등으로 이어져 조직 생산성에도 부정적인 영향을 미친다(장미, 2009).

달리기는 우울한 기분을 달래는 데 효과적이다. 흔히 우울을 마음의 감기라고 표현한다. 단순한 감기도 대수롭지 않게 방치하면 큰 합병증을 유발할 수 있는 것처럼 우울한 기분이 잦거나 지속되면 정신 질환성 우울증으로 심화될 수 있다. 따라서 우울증을 사전에 예방하거나 조기에 처방하는 것이 중요하다. 이때 달리기는 우울증을 예방함과 동시에 좋은 처방전이 된다(Csikszentmihalyi et al., 2019). 인간의 뇌는 다양한 형태의 신경전달물질을 만들어 내는데, 이 물질은 인간의 감정에 영향을 미친다. 그중에서 세로토닌은 우울한 기분을 해소하는 기능을 갖고 있다. 세로토닌이 왕성하게 분비되면 활기찬 기분을 만들어 자신감을 유발하지만, 부족하면 불안하고 우울해진다.

> 달리기를 일정 시간 동안 지속하면 우리의 몸은 연료가 더 필요함을 인지하고 지방을 태워 에너지를 만든다. 지방이 연소되면 혈류 속에 트립토판이라는 아미노산을 만들어 내는데, 트립토판이 바로 세로토닌 생성의 주성분이다. 즉, 우리가 달리게 되면 지방이 연소되면서 트립토판을 만들어 내고, 그 결과 세로토닌이 왕성하게 분비되면서 우울한 기분이 해소되는 것이다.
>
> (https://blog.naver.com/ohyb50/221972957513)

장학사로서 사무실에서 일하다 보면 다양한 사람들과 목소리로 만난다. 수화기를 타고 들려오는 목소리는 감정을 담고 있어, 첫마디만 듣고도 전화한 이유를 짐작할 수 있다. 그런데 상대의 감정에 내 마음도 영향을 받는다. 그나마 궁금증을 해소하기 위한 전화는 업무담당자로서 보람을 느낀다. 덕분에 궁금증이 해소되었다는 감사의 말까지 들으면 마음도 뿌듯해진다. 문제는 화가 잔뜩 묻어 있는 목소리다. 이미 분노의 마음을 키워 전화한 터라 자신이 어디의 누구인지 밝힐 이유도 없다. 오로지 감정에 따라 하고 싶은 말을 쏟아낼 뿐이다. 그래도 이해하기 위해 마음의 문을 열어도 쉽게 납득되지 않는 경우가 있다. 불쾌감을 주는 민원인을 응대하고 나면 마음에 웅덩이가 하나 생기는 기분이다. 그리고 그 웅덩이에는 오염수가 고여 계속 썩어가는 느낌이다. 고이지 않고 계속 순환해야 썩지 않고 자연 생태계와 같은 자정 능력을 발휘하는 법이다. 이런 날은 꼭 달린다. 달리다 보면 마음에 고여 있던 오염수가 정화되고, 웅덩이도 메워지는 느낌이다. 달리는 순간만큼은 오늘 무슨 일이 있었는지조차 생각할 겨를이 없다. 오로지 달리기 그 자체에만 몰입하기 때문이다.

> 몰입하면 긍정적인 감정은 더 강렬해지고 좌절처럼 부정적인 감정은 희미해진다. 그리고 일상생활에서 수시로 스멀스멀 고개를 드는 스트레스 요인도 잊게 된다. 몰입 경험 그 자체에 완전히 빠져들면서 주변 사람들도 전혀 인식하지 못한다.
>
> (Csikszentmihalyi et al(2019)「달리기, 몰입의 즐거움」 38쪽)

실제로 달리기는 스트레스 해소에 효과가 큰 운동이다. 누군가가 나에게 달리면서 위의 인용문 같은 효과가 실제로 있었냐고 묻는다면 나는 주저하지 않고 그렇다고 대답할 수 있다. 악성 민원의 여운이 지속되어 마음이 요동칠 때, 나약한 생각이 밀려와 자신감이 떨어질 때, 한 시간 정도 달리고 나면 마음은 안정을 되찾고 자신감이 생기는 경험을 했기 때문이다.

악성 민원으로 인해 스트레스 지수가 높은 날은 가급적 달리려고 한다. 왜냐하면 달리기는 마음에 생긴 상처를 치료해주는 효과가 탁월하기 때문이다. 마음에 상처를 입은 상황은 머릿속에서 쉽게 사라지지 않는다. 가끔씩 문득 떠올라 괴롭힐 때도 있다. 상처가 깊은 경우는 더 오랫동안 머물며 나를 힘들게 한다. 나는 이 상처를 치유하기 위해 달린다.

여유로운 금요일 저녁. 3일간의 연휴가 시작되는 설레는 마음으로 동네를 달렸다. 코스에 변화를 주어 오르막을 달렸다. 역시 달리기 몰입감을 높이는 데 오르막이 최고다. 오르막은 평지보다 훨씬 힘이 든다. 달리기 자체에만 집중하기 때문에 아무 생각도 없다. 나는 이 순간이 너무 좋다. 불쑥 머릿속을 파고드는 생각하고 싶지 않은 생각을 의도적으로 생각하지 않으려 애쓸 필요 없이 자연스럽게 아무 생각도 나지 않는다.

(2022년 9월 30일 페이스북에 탑재한 연구자의 사진과 글)

달리기는 장학사 업무 수행 과정에서 마주한 스트레스 해소에만 도움 되는 것이 아니었다. 사무실에 함께 공존하고 있는 다양한 사람과의 관계에서 비롯된 화학적 변화, 홀가분한 마음으로 퇴근했는데 평소와 다른 집안 분위기를 감지하고 나서의 무거운 감정, 그리고 알 수 없는 나의 마음 등. 머리를 무겁게 하고 마음을 복잡하게 만드는 여러 가지 일들. 나는 달리기가 이러한 감정을 정화해 준다는 사실을 알게 되었다. 마치 흐르는 물 위에 종이배를 띄워 보이지 않는 곳까지 보내는 것처럼 바람 속을 달리며 묵은 감정들을 훨훨 날려 버린다. 평소 같으면 억지로 보내려 애써도 자꾸만 찾아와 괴롭혔던 생각도 뛰고 나서부터는 날려버릴 수 있게 되었다.

달리다 문득 든 생각

언제나 따라다니는 이 육신을 끌고 다니는 것보다 마음의 작은 짐이 때론 걷기조차 어렵게 만든다는 것을......

달리다 보면 바닥에 찰싹 달라붙어 좀처럼 떨어지지 않던 축축한 낙엽 같은 마음도 바짝 말려 바람 속에 훨훨 날려버리게 된다.

(2022년 2월 2일 페이스북에 탑재한 연구자의 사진과 글)

나에게 달리기는 생각이 만들어 낸 쓰레기를 소각하고 묵은 감정을 흘려보내는 시간이다. 달리다 보면 집요하게 달라붙어 있는 잡념도 접착력이 약해진다. 달리기는 나의 뜨거워진 감정의 온도를 낮추는 냉각기와 같다. 또한 마음을 정화시켜 주는 필터 기능도 갖고 있다. 마음에 안착하려는 스트레스와 부정적 감정을 날려버리니, 어찌 달리지 않을 수 있겠는가.

다. '나'에게 몰입, '나'를 찾아가는 시간

내가 달리는 이유는 현재의 '나' 자신에게 몰입하는 과정을 통해 점진적으로 새로운 '나'를 발견하는 의미 있는 시간이기 때문이다. 달리기는 오롯이 나에게 집중하는 시간이다. 두 발을 움직여 목표 지점까지 도달하는 모든 과정은 나의 자발적인 의지에서 나온다. 힘든 순간이 찾아왔을 때, 멈추고 싶은 나와 계속 달리려는 나의 갈등 사이에서 선택하는 주체는 나다. 달리는 날의 컨디션, 날씨, 전날의 운동 강도, 코스 등을 총체적으로 고려하여 목표 거리를 설정하고 어떻게 달릴지 결정하는 주체도 결국은 나다. 이처럼 달리기는 나 자신에게 최대한 집중시켜 자신과 끊임없는 대화의 길로 안내한다.

장학사 업무가 시작되는 순간, 현장 교육과 관련된 다양한 사람과 연결된다. 학교 현장을 지원하고 교육 사업을 추진하기 위해 공문서를 발송하고, 현장에서 생긴 다양한 문제를 해결하기 위해 전화, 이메일, 홈페이지, 대면 등과 같은 다채널을 이용하여 소통한다. 또한 문제 발생을 사전에 예방하고 현장 지원의 최적화된 조건을 찾기 위해 조직 내에서 다양한 방식으로 협의하고 결정한다. 이러한 과정에서 많은 사람과의 만남은 불가피하다. 사람들 속에서 많은 일을 추진하고 관여하다 보면 혼자만의 시간을 가지고 마음을 가라앉혀 자신을 들여다볼 겨를이 없다. 이때 달리기는 자신과 마주하는 기회를 제공한다. 나에게 달리기는 타인과의 만남에서 벗어나 오로지 나 자신과 만날 수 있는 시간이다.

> 혼자 있고 싶다는 생각은 변함없이 항상 내 안에 존재하고 있었다. 그런 까닭에 하루에 1시간쯤 달리며 나 자신만의 침묵의 시간을 확보하는 것은 나의 정신 위생에 중요한 의미를 지닌 작업이었다. 적어도 달리고 있는 동안은 누구와도 얘기하지 않아도 괜찮고, 누구의 얘기도 듣지 않아도 된다. 그저 주위의 풍경을 바라보고, 자기 자신을 응시하면 되는 것이다. 그것은 무엇과도 바꿀 수 없는 귀중한 시간이었다.
>
> (Murakami(2009) 「달리기를 말할 때 내가 하고 싶은 이야기」 35~36쪽)

한 교육지원청에서 근무하던 때, 지역사회에서 개최하는 마라톤 대회 소식을 접했다. 달리기를 막 시작했을 무렵이라 추억을 만들고 도전도 할 겸 하프 코스(21.0975km)에 신청했다. 2~3일에 한 번씩 시간을 내어 10km를 달리며 연습했다. 연습을 지속한 덕분에 10km는 가볍게 뛸 정도의 수준이 되었다. 10km를 뛸 수 있으니 그 느낌으로 다시 10km를 달린다고 생각하면 하프도 어렵지 않을 거라 생각했다. 그러나 대회장에 나가 달리면서 내 생각이 틀렸음을 알게 되었다. 생각한 대로 몸이 따라주면 좋지만 우리의 신체는 운동 시간이 증가함에 따라 에너지는 점점 떨어지기 마련이다. 출발에서 완주까지 힘을 균등하게 나누고 일정하게 유지할 수 있는 능력이 중요한데, 대회장의 분위기에 압도되어 초반에 오버페이스를 하고 말았다. 더구나 나는 10km 위주로 연습했지 하프는 달려본 적이 없는 상태였다.

> 대회장은 참가자들로 가득했다. 마라톤 마니아가 이렇게 많은지 새삼 깨달았다. 모두 내공이 상당해 보였다. 아름다운 몸을 가진 참가자들이 나의 시선을 사로잡았다. 오랜 세월 달리기라는 조각도로 다듬어 온 근육질의 미끈한 다리와 군더더기 없는 몸은 부럽기까지 했다. 그들이 내뿜는 아우라에 괜한 열등감이 들기도 했으나 축제 같은 행사장 분위기를 최대한 즐기면서 몸풀기에 집중했다. 사람들은 생각보다 빨랐다. 분위기에 휩쓸려 나도 모르게 빠르게 달리기 시작했다. 많이 달리지도 않았는데 이내 숨이 가빠왔다. 평소 페이스보다 더 빨리 달린 게 분명했다. 10분쯤 달리자 속도가 느려졌다. 그런데 뒤따라오던 사람들이 하나둘 나를 앞질러 가기 시작했다. 처음에는 몇 명인지 셀 수 있었지만, 나중에는 셀 수가 없었다. 누나뻘로 보이는 50대 중년 여성이 나를 추월했고, 20대 초반으로 보이는 아가씨가 건강한 모습을 뽐내듯 힘찬 뜀박질로 나를 앞질러 나갔다. 심지어 백발의 어르신도 젊은이 못지 않은 건강미를 자랑하며 앞으로 나아갔다. 결국, 17km 지점에서 달리기는 걷기로 바뀌고 말았다. 걷다가 달리고, 달리다가 걷기를 반복했다.
>
> (2019년 4월 10일 연구자의 개인 저널 중에서)

정말 힘들었다. 아무 생각도 나지 않았다. 그럼에도 불구하고 반드시 완주하겠다는 강한 의지를 불태우며 달렸다. 포기하고 싶다는 나약한 생각이 일어날 때마다 '할 수 있다', '해내야 한다'는 의지를 붙잡는 것 외에는 별도리가 없었다. '마라톤은 달리는 경기이지 걷는 경기가 아니다.'라고 말한 소설가 무라카미 하루키가 떠올랐다. 풀코스를 완주한 소설가 앞에서 하프 코스를 걷기와 달리기로 반복하는 내 모습이 부끄럽다는 생각이 들자 더욱 겸손한 자세로 세상을 살아야겠다는 마음이 찾아왔다. 더 이상 기록은 중요하지 않았다. 피니시 라인에 가까워지자 응원단의 힘찬 격려 소리가 들려왔다. 가족의 모습이 시야에 들어오자 최소한 걷는 모습으로는 들어가고 싶지 않다는 생각에 이를 악물고 달렸다. 우여곡절 끝에 2시간 25분 38초의 기록으로 완주했다.

나의 첫 마라톤 참가 경험은 나에게 많은 생각을 안겨주었다. 첫째, 나의 부족함을 깨달았다. 하프 코스를 완주하겠다는 목표를 세웠으면 이를 위한 노력과 연습을 해야 했다. 10km 위주로 연습했으니, 나의 달리기 능력은 그 수준에 맞춰져 있었던 것이다. 현재의 달리기 수준보다 한 단계 더 높은 수준을 원한다면 그에 맞는 연습이 이루어져야 한다. 달리기 수준을 높이기 위한 유일한 방법도 지속적인 노력과 반복되는 연습임을 알게 되었다. 둘째, 달리기에 대한 더 강한 동기가 생겼다. 마라톤 대회장에서 함께 달린 수준 높은 러너들은 나에게 부러움과 동경의 대상이 되었다. 나도 언젠가는 그들과 나란히 달려 보고 싶다는 강한 의욕이 꿈틀거렸다. 하프 코스를 달리고 나서 며칠 동안 남아 있던 종아리의 강한 통증이 사라진 후, 회복 운동으로 달리기 수준을 높이는 첫걸음을 내딛기 시작했다. 셋째, 세상을 향한 작은 겸손을 배웠다. 나는 건강 회복의 수단으로 달리기를 시작하면서 마라톤 대회에 참여하였고, 이것은 나의 경험을 확장하는 계기가 되었다. 대회에 참가하기 전, 마음속에 새겼던 생각이 실제로 실현되지 않았던 어려움, 생각한 바를 달성하기 위한 부단한 노력의 필요성, 수준 높은 러너들을 직접 마주하면서 그들이 흘렸을 땀의 양과 노력을 생각하면서 거대한 세상과 그 속에서 살고 있는 작은 나를 새롭게 발견하게 되었다.

시간이 나면 달렸다. 시간이 나지 않을 때도 의도적으로 시간을 내어 달렸다. 한 달에 100~150km를 달리며 나만의 시간을 갖고 있다. 2018년 11월부터 달리기 시작했으니, 현재까지 거의 4년 동안 지속해 오고 있는 셈이다. 많은 변화도 일어났다. 체중이 84kg에서 72kg으로 감량되면서 건강을 회복하였고, 생활의 여유와 자신감도 생긴 것을 느낀다. 개인적 차원의 건강은 장학사의 직무수행에도 긍정적으로 연결되었다. 무엇보다도 전직 마라토너 이봉주 선수가 말한 것처럼, 마라톤을 통해 '정직'의 미덕을 알아 간다. 정직의 가치를 알게 되면서 그렇지 못한 사회 현실도 더 또렷하게 나에게 부각되고 있었다. 자신의 노력과 땀보다는 힘과 권력을 이용하여 사회적 반칙을 일삼는 소위 힘 있는 자들의 정직하지 못한 모습을 보면서 강한 저항 의식도 함께 자라는 나를 발견한다.

달리면서 가장 정직한 인생의 룰을 깨달았다. 이봉주 선수의 말이다. 땀 흘린 만큼 오랫동안 멀리까지 달릴 수 있다. 편법과 속임수가 통하지 않아 반칙에 휘슬을 불어줄 심판도 필요 없다. 오로지 내 안에서 솟아나는 나약함과 끊임없이 싸워 이겨내야 한다. 주말에는 하루 종일 달린다. 달리기 책을 읽고, 유튜브 달리기 방송을 보고, 달리기 글을 쓴다. 그리고 밖에 나가 달린다.

(2020년 5월 23일 페이스북에 탑재한 연구자의 사진과 글)

달리기는 연습한 시간이 말해준다. 기껏 일주일 정도 달렸다고 해서 멀리 그리고 오랫동안 지속할 수 있는 몸과 정신이 만들어지지 않는다. 시간을 갖고 꾸준히 노력할 때 다리 근육이 증가하고 심폐지구력도 좋아진다. 흘린 땀의 양에 비례하여 달리기 좋은 상태로 변한 자신의 모습을 확인할 수 있다. 오랜 정성을 들여야 수확할 수 있는 열매와 같다. 겨울 눈보라를 견딘 후, 봄 햇살에 꽃이 피고 여름의 강렬한 태양과 함께 비, 바람을 맞아가며 비로소 가을에 결실을 맺는 것처럼. 공기를 가르며 달리는 바람 속에 몸을 담금질할 때 달리기 수준은 비로소 한 단계 성장한다.

라. 성취와 도전에서 오는 희열과 성장

내가 달리는 이유는 마라톤 대회에 참가하여 완주를 해냈다는 성취감에서 오는 희열과 지속적인 도전을 통해 성장하고 있는 나 자신을 발견할 수 있기 때문이다. '완주'라는 자기 극복의 종착점에 이르고 나면 꿀 같은 성취감에 취해 고통스러웠던 달리기 여정은 이내 잊어버리게 된다. 성취감은 할 수 있다는 자신감뿐만 아니라 해냈다는 만족감을 낳는다. 이러한 만족감은 새로운 도전으로 이어지는 선순환 구조를 형성하며 나를 계속 달리기의 세계로 이끌고 있었다.

달리다 보면 더 이상 달릴 수 없을 정도의 고통이 찾아올 때가 있다. 멈추고 싶은 유혹과 계속 달려보자는 의지 사이에 일어나는 갈등의 순간이다. 달리기를 멈추면 순간의 고통에서 벗어날 수 있지만, 완주와는 멀어진다. 반대로 고통을 이겨내며 계속 달린다면 완주의 기쁨과 함께 성취감을 만끽하게 될 것이다. 고통의 순간과 마주하였을 때 일어나는 이러한 내적 갈등을 달려본 사람은 안다. 그리고 러너라면 고통을 극복해 가며 결승점에 도달하였을 때, 고통조차 잊게 만든 희열의 순간과 마주하게 된다는 사실을.

안개 자욱한 낙동강변을 따라 창원통일 마라톤 버추얼 레이스 10km를 달렸다. 40대 들어 마라톤을 다시 시작하면서 최고 기록을 세웠다. 49분 18초. 드디어 40분대로 진입한 것이다. 몸이 가볍고 다리에 힘이 붙는 게 느껴지더니 기록으로 나타난다.

(2020년 11월 15일 페이스북에 탑재한 연구자의 사진과 글)

장학사 업무 추진 과정에서도 회피하고 싶은 아픈 순간이 있다. 폭풍 같았던 순간이 지나고 안정된 상태에서 돌이켜보면 꼭 고통만을 안겨주진 않았다. 업무 전문성, 문제해결 능력, 갈등 조정 역량 등이 높아졌고, 유사한 업무 추진 시 예상되는 문제를 미리 예방할 수 있는 선견지명도 생기는 등 나를 한 단계 더 성장시킨 계기가 되었다. 또한 우리를 괴롭히는 골치 아픈 문제는 어디서나 존재하기 마련이기에 이를 회피하는 것은 근본 해결책이 아니라는 삶의 지혜도 알아간다.

마라톤 완주에 대한 희열은 대회 때마다 느낀다. 무엇보다 생애 첫 하프 마라톤을 완주했던 제18회 합천벚꽃마라톤대회 경험은 아직도 생생하다. 그 당시 하프 마라톤 완주의 여운은 한동안 지속되었다. 종아리 근육은 뭉쳐 발을 디딜 때마다 통증이 밀려왔다. 장시간 움직임이 없다가 일어나 걸을 때면 더 큰 고통이 느껴졌다. 그런데 희한하게도 그 고통에는 달콤함이 함께 묻어 있었다. 다리 통증은 하프 코스를 완주해 냈다는 성취감의 증거였기 때문이다.

하프 마라톤 완주로 자신감은 더욱 솟구쳤다. 완주하는 것이 결코 쉬운 일이 아니었기 때문에 나에게는 특별함 그 자체였다. 나 자신과의 약속을 지키고 내가 설정한 목표를 달성해 냈다는 짜릿한 쾌감이자 목표를 달성하기 위해 꾸준히 연습한 결과에 대한 만족감이었다. 특별한 보상을 얻기 위한 것이 아니라, 좀 더 건강하고 행복한 삶을 영위하기 위해 나 자신의 내부에서 비롯된 자각이었기에 그 의미는 더 특별했다. 마라톤을 통한 성취감과 희열을 맛보고 나서는 달려야 할 명분이 더욱 또렷해졌다. 그리고 달리기를 지속해야 할 강한 의지도 생겨났다. 혹시라도 나의 내부에서 달리지 못할 핑계가 만들어지거나 달리기에 대한 의지가 꺾일 때면 그 나약함을 이겨내기 위해 강한 동기를 불어넣었다.

> 하기 싫은 핑계는 무수히 많다. 바빠서, 귀찮아서, 컨디션이 별로라서...... 오늘은 엄청 더운 날씨가 달리지 못할 좋은 핑곗 거리가 되기에 충분했다. 무더위가 달리지 못할 이유라면, 나는 아마 달리기를 지속하지 못할 것이다. 땀으로 흠뻑 젖고 나니 강한 쾌감이 밀려온다. 덕지덕지 붙어 있던 마음속 찌꺼기도 사라진 기분이다. 달리기로 창작의 에너지를 얻는 무라카미 하루키의 글이 떠오른다.
>
> (2022년 7월 16일 연구자의 개인 저널 중에서)

> 매일 달린다는 것은 나에게 생명선과 같은 것으로, 바쁘다는 핑계로 인해 건너뛰거나 그만둘 수는 없다. 만약 바쁘다는 이유만으로 달리는 연습을 중지한다면 틀림없이 평생 동안 달릴 수 없게 되어 버릴 것이다. 계속 달려야 하는 이유는 아주 조금밖에 없지만 달리는 것을 그만둘 이유라면 대형 트럭 가득히 있기 때문이다. 우리에게 가능한 것은 그 '아주 작은 이유'를 하나하나 소중하게 단련하는 일뿐이다. 시간이 날 때마다 부지런히 빈틈없이 단련하는 것.
>
> (Murakami(2009) 「달리기를 말할 때 내가 하고 싶은 이야기」 115~116쪽)

본격적으로 마라톤에 입문하기 전의 나를 돌아본다. 퇴근하고 집에 오면 저녁을 먹고 휴식을 취한다. 하루 동안의 피로감은 식후 포만감이 더해져 아무것도 하기 싫은 귀찮음에 빠진다. 처음에는 소파에 앉아 있다가 결국 드러눕고, 스마트폰을 들여다보며 결국 나도 모르게 잠들어 버린다. 잠들지 않고 스마트폰만 보더라도 한두 시간은 금세 가버린다. 이제는 이런 나의 나태함을 물러낼 수 있는 의지가 생겼다. 스마트폰 속으로 빠지느니 차라리 한 시간 동안 10km를 달리는 것이 더 의미 있는 일임을 알기 때문이다.

나는 마라톤을 통해 이전보다 몸과 정신이 강해졌음을 느낀다. 처음에 1km도 달리기 힘들었던 내가 5km, 10km를 달리고 하프 코스도 여러 차례 완주한 것만 해도 괄목할만한 성장이다. 거리를 조금씩 늘려가고 더 오래 달리면서 성취감을 통한 희열을 맛본 것이다. 조금씩 도전하면 이룰 수 있다는 자신감도 생겨났다. 이 자신감은 나를 계속 도전하게 만들고 성장하게 하는 촉매제가 되고 있다.

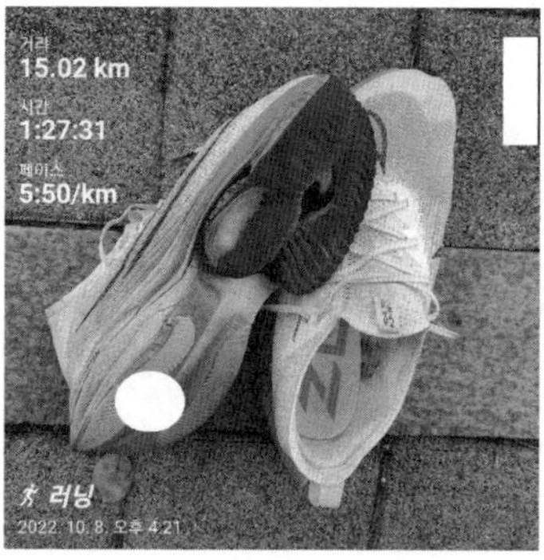

42.195km 풀코스를 신청했다. 마라톤을 시작하며 기초 기본을 다진 후에 도전하리라 마음먹었던 풀코스 도전. 몸도 장거리 달리기에 적합하게 만들어 왔다. 고통을 즐기는 정신도 단련이 되었다. 풀코스를 96번 완주한 선생님께 상담한 결과 현재 내 상태면 충분히 가능하다는 긍정적인 말을

들었다. 그동안 어떻게 준비해야 하는지 조언도 아끼지 않았다. 올해가 가기 전에 작은 목표가 생겼다.

(2022년 10월 8일 페이스북에 탑재한 연구자의 사진과 글)

당연히 더 큰 도전은 마라톤 풀코스, 42.195km를 완주하는 것이다. 달리기는 연습한 시간과 땀이 말해준다. 더 오래 달린 만큼, 더 많은 땀을 흘린 만큼, 더 많은 노력을 쏟은 만큼 강한 힘으로 멀리까지 나아갈 수 있다는 것을 그동안의 경험으로 체득하였다. 결코 짧은 시간에 달성할 수 있는 목표가 아니다. 그렇지만 해낼 수 있다는 '나' 자신에 대한 믿음은 확고하다. 설정한 목표에 도달하기 위해 어떠한 과정을 거쳐야 하는지, 힘든 과정을 인내하고 골인했을 때의 성취와 희열을 알기 때문이다. 더불어, 고통을 즐거움으로 승화해 주는 마라톤의 참가치를 알게 되었다.

흔히, 인생은 마라톤에 비유된다. 달려보니 알 것 같다. 목표 지점에 도달하는 과정이 결코 쉽지 않다는 사실을. 순간의 고통을 인내해가며 한 걸음 한 걸음 내딛다 보면 언젠가 두 다리 쭉 뻗고 편안한 휴식을 취할 수 있는 목적지에 도달하게 되는 마라톤의 경험을 통해 인생을 배운다. 숨이 넘어가는 고통, 더 이상 달릴 수 없을 정도의 다리 통증, 그리고 나약한 자신과의 갈등을 극복해 가며 더욱 단단한 나와 마주한다는 것을 알게 되었다.

(2021년 1월 12일 연구자의 개인 저널 중에서)

독일의 철학자 니체는 '나를 죽이지 못하는 고통은 나를 더 강하게 만든다.'고 하였다. 고통의 경험이 인간을 더 강한 존재로 만드는 데 기여한다는 것을 의미한다. 인간은 누구나 고통을 회피하고 싶어 한다. 동시에 인간은 삶 속에서 자아를 실현하고자 하는 존재다. 그러나 자신이 뜻한 바를 이루기 위해서는 힘든 순간을 극복하는 부단한 노력이 따라야 한다. 자신의 목표를 달성하는 과정에서 어느 정도의 고통은 결코 피할 수 없다. 즉, 뭔가를 이루기 위해 내가 가는 길에서 '고통'이라는 장애물을 만나는 것은 자연스러운 일이다. 고통은 기쁨, 슬픔, 행복, 우울, 분노 등과 같이 우리의 삶을 구성하는 필수적인 요소이기 때문이다. 당장 눈앞에 보이는 쾌락을 추구하다 보면 결국 고통의 블랙홀에 빠지게 되고, 내가 원하는 목표와의 거리는 더욱 멀어져 의도치 않은 삶을 살지도 모른다. 반대로 고통 뒤엔 희열이 온다. 니체의 말처럼 고통이 인간을 더 강하게 만든다면 고통을 즐기는 연습을 통해 성장의 길로 나아갈 수 있다.

2. 온라인 공간의 문화 현상 탐구

오늘날 우리의 일상이 된 SNS는 디지털 기술이 구현해 주는 포토보이스라고 할 수 있다. 페이스북, 카카오톡, 밴드, 블로그 등과 같은 SNS는 주로 사진과 텍스트가 결합된 형태로 공유된다. 개인의 관심 영역을 반영한 저널로 활용되기도 하고, 공동의 관심사 혹은 취미를 가진 사람들이 소통하고 공유하기 위한 공간으로 활용되기도 한다.

한 개인 혹은 특정 그룹에서 활용하고 있는 다양한 형태의 SNS는 '온라인 포토보이스'의 가능성을 열어 준다. 특히, SNS에 공유된 자료는 별도의 전사가 필요 없는 순수한 자료로 기능한다. 다만, 온라인 정체성과 실제 현실의 실체가 다를 수 있기 때문에 이러한 차이를 보완하기 위해 현장 면담 혹은 토론 등과 같은 부가적인 자료 수집이 병행될 필요가 있다. 여기서는 한 초등학교 교사들의 SNS 활용 특성을 조명한 연구(오영범, 2016)[2)]를 통해 '온라인 포토보이스'의 가능성을 탐색해 보고자 한다.

가. 공유와 소통을 통한 관계의 확장 및 의사결정의 공간

공유와 소통을 통한 관계의 확장 및 의사결정의 공간은 초등 교사들이 밴드를 사용하는 과정에서 다양한 것을 상호 공유하고 오프라인 중심의 관계를 온라인으로까지 확장시켜 줄 뿐만 아니라 밴드가 새로운 의사결정의 공간으로 활용되고 있는 특징을 의미한다.

구름초등학교 교사들은 그들이 직면하고 있는 업무뿐만 아니라 자신들의 사적인 일상까지도 밴드를 통해 상호 공유하고 있었다. 그들은 공적 공간에서 교사로서 교육적 기능과 역할을 수행한다는 동일한 목적을 달성하기 위해 모였고, 학교라는 교육공동체를 원활하게 움직

---

2) 여기서는 '온라인 포토보이스'의 가능성을 살펴보기 위해, 한 초등학교 교사들이 사용한 SNS인 '밴드' 활용 특성에 대한 연구 결과 부분만 제시하였다. 논문 전체 내용은 다음을 참고하기 바란다. 오영범(2016). 한 초등학교 교사들의 SNS 활용 특성에 관한 인터넷 질적 연구: '밴드'를 중심으로. 교육공학연구, 32(2), 293-325.

이는 데 필요한 업무를 상호 공유하고 있었다. 특히, 모든 구성원들이 알 필요가 있거나 중요도가 높은 공지성 내용, 긴급하게 처리해야 할 성질의 업무 등을 밴드를 통해 공유하고 있었다. 여름방학을 마치고 개학하는 날, 교사들과 학생들은 오랜 공백기로 인해 학교생활에 대한 민감성이 떨어질 수 있다. 즉, 교사들은 하루 일과가 어떤 내용으로 어떻게 움직이는지에 대한 구체적인 사항을 모를 수 있기 때문에 학교 주요 업무 및 일과를 조율하는 교무부장은 미리 밴드에 탑재하여 공유하기도 하였다. 이를 통해, 교사들은 자신의 스마트폰을 활용하여 개학 날의 학교 일과를 즉시 확인하였고 개학 날 학교에서의 동선을 고려하거나 교육적 활동을 원활하게 수행하는 편의를 제공받을 수 있었다. 이처럼 밴드는 교사들이 업무와 관련된 정보를 신속하게 확인하는 효율성을 제공함으로써 업무 수행의 효과성을 촉진하는 데 기여하고 있었다.

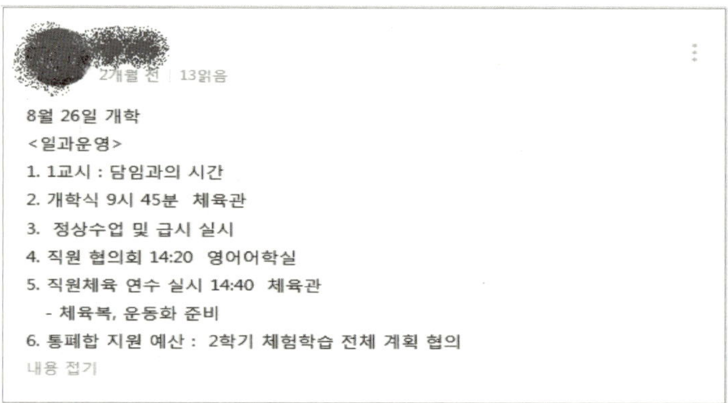

[그림 5-1] 밴드를 통한 업무 공유

구름초등학교 교사들은 밴드를 통해 자신들의 개인적 일상까지도 공유하고 있었다. 학교 밖에서 일어나는 자신들의 사적인 일상들을 온라인에 공유함으로써 오프라인 만남을 이어주는 새로운 이야깃거리가 되고 있었다. 그들은 각자의 일상을 보내면서 특별히 기억에 남는 장면을 밴드에 공유하였다. 그런 다음, 학교에서는 밴드의 공유 내용을 토대로 더욱 자세한 이야기를 나누면서 친밀한 관계로 발전하고 있었다. 즉, 밴드는 오프라인 인간관계를 보다 확장해 주는 기능을 수행하였다(이상수 외, 2012; 이준 외, 2013; Lenhart & Madden, 2007). 교사들은 대체로 동일한 학교라는 공간적 맥락에서 함께 근무하는 동료로 만나 주로 공식적 관계를 지향한다. 그런데 밴드라는 SNS는 구름초등학교 교사들이 자신들을 둘러싼 일상적 삶의 맥락에서 일어나는 사적인 부분까지도 상호 공유함으로써 비공식적 관계 형성에도 기여하고 있었다. 이처럼 밴드는 공식적 관계와 비공식적 관계가 적절하게 조화될 수 있는 매개물로 작용하며 보다 발전적이고 상호 긍정적인 인간관계로 성장하는 데 도움을 제공함으로써 오프라인 인간관계를 확장시켜주는 역할을 하고 있었다.

> 밴드를 하면서 더 친해진 것 같아요. 누군가가 주말에 밴드에 올린 내용으로 우리가 막 이야기 나누잖아요. 그러면서 서로에 대해 관심을 가지게 되고, 더 잘 알아가는 것 같아요. 그리고 밴드에 올리는 사람도 우리와 함께 공유하고 나누고 싶으니까 올리지 않을까요? 특히, 우리 학교처럼 작은 학교에서 가족 같은 분위기를 만드는 데 밴드가 많은 도움이 되는 것 같아요.
>
> (2015년 4월 27일 L교사와의 인터뷰 중에서)

밴드는 구름초등학교 교사들의 의사결정을 위한 공간으로도 활용되고 있었다. 이것은 밴드 자체가 가진 기술적인 기능으로 구체화된 것이다. 한 교사가 다양한 의견을 수렴하기 위해 글을 올리면 댓글달기의 기능을 통해 각자의 의견을 표현하거나 투표하기 기능을 활용함으로써 다수결의 원칙에 입각한 민주적인 의사결정을 이끌어내고 있었다. 구름초등학교에는 학교 특색활동의 일환으로 학생 그룹사운드가 운영되고 있었다. 이를 담당하는 교사는 대회 출전을 위해 팀 이름을 정해야 할 필요성을 느끼고 모든 교사들의 의견을 수렴하기 위해 밴드의 투표하기 기능을 활용하였다. 업무 담당자 입장에서 주도적으로 결정할 수도 있지만, 다양한 의견 수렴을 통해 모두의 공감대를 이끌어내고 민주적인 방법으로 결정하자는 취지였다. 그렇게 함으로써 업무 담당자뿐만 아니라 다른 교사들도 학교 그룹사운드에 보다 관심을 가지고 그 구성원들을 격려하는 분위기를 조성할 수 있었다. 이러한 의사결정 기능은 '밴드' 자체에서 제공하고 있는 기능을 통해 구체화되고 있어 기존의 다른 유형의 SNS 관련 연구를 통해 부각되지 못했던 측면이라고 할 수 있다. 이처럼 구름초등학교 교사들은 '밴드'에서 제공하는 의사결정 기능을 활용하여 온라인을 통해 의견을 수렴하는 모습을 보이고 있었다.

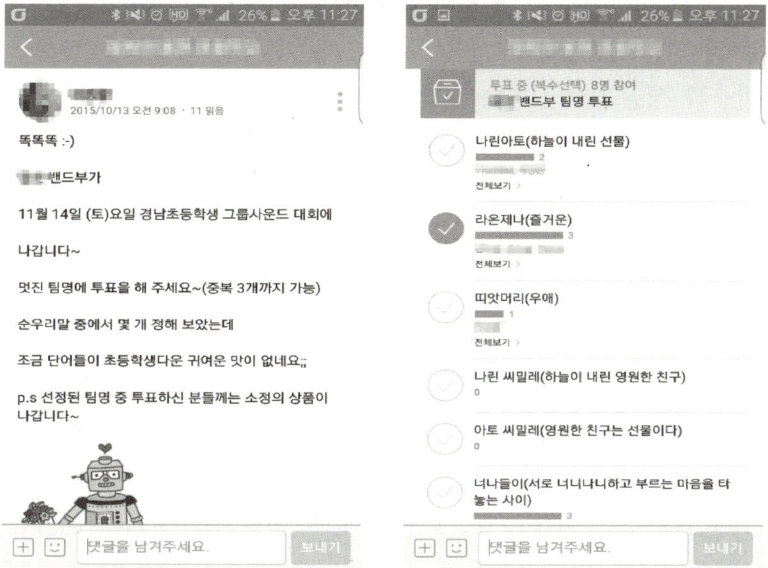

[그림 5-2] 밴드 투표하기 기능을 통한 의사결정

이처럼 밴드는 구름초등학교 교사들에게는 상호 공유 및 소통을 위한 유용한 SNS 도구로 활용되고 있었다. 공유 대상으로는 학교 업무와 관련된 공식적인 내용뿐만 아니라 학교 밖 개인들의 맥락이 반영된 비공식적인 내용 모두가 포함되었다. 특히, 공식적인 관계로만 머물러 있을 수 있는 구름초등학교 교사들은 밴드를 통해 개인들의 사적인 영역까지도 공유하고 소통함으로써 보다 친밀한 관계로 발전하는 긍정적인 모습을 보여주었다. 특히, 밴드만이 가진 댓글 달기와 투표 기능은 구성원들의 소통을 촉진함으로써 보다 합리적이고 민주적인 의사결정을 이끌어내는 데도 기여하고 있었다.

나. 학습과 성찰을 촉진하는 비형식적 온라인 연수 공간

학습과 성찰을 촉진하는 비형식적 온라인 연수 공간은 구름초등학교 교사들이 밴드를 통해 유용한 지식이나 정보를 공유함으로써 학습이 촉진되고, 특정 교사의 교육적 철학과 실천이 다른 교사들의 잠재된 성찰을 부각시키는 자극제로 기능함으로써 비형식적인 온라인 연수 공간으로 재탄생되고 있는 특징을 말한다.

구름초등학교 교사들은 밴드를 통해 학습이 이루어지고 있었다. 여기서의 학습은 주로 비형식적 학습을 말한다. 즉, 학습에 대한 자발적 의지에 기인하여 스스로 필요한 정보를 탐색하고 습득하는 과정이 아니라 누군가가 올려주는 지식이나 정보를 공유하는 가운데 자연스럽게 학습이 촉진되는 것을 의미한다(오영범, 2014, 2015). 그런데 밴드를 통해 습득되는 비형식적 학습의 내용으로는 교사의 역할을 수행하는데 반드시 알고 있어야 하는 수업, 생활지도, 학급경영, 행정 처리 등과 같은 업무 관련 내용뿐만 아니라 한 개인으로서 삶을 살아가는 맥락에서 유용하게 활용할 수 있는 지식이나 정보에 해당하는 비업무 관련 내용 모두를 포함한다. 결국, 구름초등학교 교사들이 사용하고 있는 밴드는 다른 유형의 SNS처럼 학습 영역을 보다 확장시켜 주는 기능을 수행하고 있었다(강인애, 임병노, 박정영, 2012). 이러한 것은 SNS의 교육적 활용에 대해 탐색한 기존의 연구들과도 맥락을 함께한다(Pearson, 2010).

업무 관련 내용은 주로 교직원들이 행정 업무 수행 과정에서 필수적으로 숙지하고 있어야 하는 사항, 최근의 이슈가 되고 있는 교육 관련 법령이 새롭게 제정되거나 개정된 내용 등에 관한 것이었다.

이처럼 교사들이 기억력의 한계로 인해 새롭게 학습한 것을 업무에 반영하지 못하거나 구체적인 방법에 대한 것을 모를 경우, 이를 용이하게 찾을 수 있는 수단으로 밴드를 활용함으로써 업무 처리의 효과성과 효율성에 기여하고 있었다. 비업무 관련 내용은 학교라는 공적 공간에서 교사의 직분으로 수행해야 하는 교육과 관련된 내용이 아니라 개인들의 삶에 보탬이 되는 유용한 정보나 생활 속에서 작은 지혜를 발휘할 수 있는 정보를 말한다. 어느 날, 한 교사는 핸드폰으로 전화를 걸 때 통신비를 절약할 수 있는 특별한 방법을 안내하였고, 이와 같은 정보를 접한 교사들은 새로운 사실을 알게 되었다는 신기함과 유익한 정보 제공에 대한 감사한 마음을 댓글로 반응하기도 하였다.

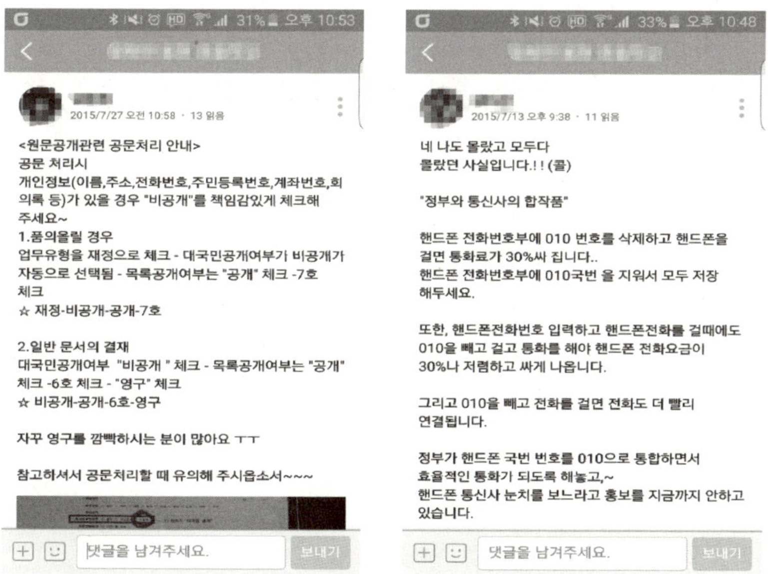

[그림 5-3] 밴드를 통한 비형식적 학습의 촉진

구름초등학교 교사들은 밴드 활동을 통해 학습의 효과뿐만 아니라 반성적 성찰 활동도 촉진되고 있었다. 교사들에게 있어 반성적 성찰은 전문성 신장의 중요한 요인이다(Schon, 1983). 한 교사의 모범 사례가 다른 교사들의 마음을 움직이기도 하고, 수업에서 활용된 특별한 전략과 방법이 나의 수업에 새로운 아이디어를 제공하기도 한다. 이러한 이유로 최근에는 온라인 교사공동체를 통해 성찰의 촉진 사례나 성찰을 이끌어내는 요인을 분석한 연구들이 수행되기도 하였다(서경혜, 2011; 오영범, 2014; Duncan-Hawell, 2008). 온라인 교사공동체는 교사들에게 반성적 성찰이 구현되는 장으로 활용되기도 하고, 누군가 탑재한 성찰적 게시물이 다른 사람의 성찰을 촉진하는 요소가 되기도 한다. 이처럼 구름초등학교 교사들이 사용하는 밴드는 온라인 교사공동체와 같은 역할을 나타내고 있었다. 그런데 개인적 수준의 성찰 활동은 온라인에 게시되고 공유되면서 집단 성찰로 확산되는 모습을 보이고 있었다. 이러한 구성원들 간의 성찰적 공감대는 질적으로 한 단계 성숙한 실천을 수행하는 직접적인 원동력이 되고 있었다(오영범, 2015; 장은정, 장혜정, 2013).

터널

아침 출근길
차량 증가로 언제나 정체되는 터널
나는 오늘 혹시라도 늦을까하는 조급함
원활하지 않은 소통에 대한 짜증이 아닌
갑자기 숨이 막히는 공포와 밝은 빛을 찾
아 빨리 벗어나야 한다는 두려움을 느꼈다.

만약 이 터널이 붕괴된다면
내가 사랑하는 이에게 전화라도 할 수 있는
찰나의 시간이 주어질까?
만약 이런 짧은 시간이 주어진다면
나는 어떤 말로 마지막을 준비해야 할까?
어쩌면 이런 찰나도 없을지도 모른다.
(중략)

터널 밖으로 나오자
평소 잊고 있었던
바쁘다는 핑계로 돌아보지 못했던
나를 둘러싼 것들이 소중하게 보인다.
사소한 것에 목숨 걸지 말자 다짐한다.

불쾌감만 안겨 주었던
이 터널이
오늘은 가르침을 준다.

[그림 5-4] 밴드를 통한 개인 및 집단 성찰의 촉진

아침 출근길의 어느 날, 연구자는 항상 지나치는 터널 속에서 평소와는 다른 감정을 느꼈다. 평소 터널에서의 교통 체증은 연구자로 하여금 빨리 학교에 도달해야 한다는 조급함과 혹시라도 늦지는 않을까 하는 불안감이 교차하면서 유쾌하지 않은 감정을 유발하였다. 그러나 평소와는 달리 연구자는 터널로부터 작은 깨달음을 얻었다. 터

널 속에서 갑작스런 죽음의 공포로 인해 평소 돌아보지 못했던 것들에 새로운 의미를 부여함으로써 삶의 소중한 일부로 인식하게 된 것이다. 연구자는 이러한 느낌을 시로 표현하여 밴드에 탑재하였고, 이를 본 동료 교사들은 각자의 마음속에서 연구자와 같은 심리적 공감대를 형성하는 장면을 볼 수 있었다. 바로, 개인의 성찰이 밴드를 통해 공유됨으로써 집단 성찰로 확산되는 순간이었다.

[그림 5-5] 밴드를 통한 반성적 성찰

구름초등학교 교사들의 교육 활동을 통해서도 반성적 성찰의 측면이 부각되고 있었다. 한 6학년 담임교사가 자동차를 주제로 교육과정 재구성에 기반한 프로젝트 학습을 계획하고 실행하였다. 그는 자신이 담당하는 학생들을 대상으로 프로젝트 수업을 실시하게 된 배경, '자동차'를 주제로 설정한 이유, 어떤 교과의 어떠한 내용들이 재구성의 바탕이 되었는지, 그리고 수업에 대한 평가는 어떻게 계획하고 실행하였는지에 대한 구체적인 내용을 자신의 블로그에 기록하였고, 밴드를 통해 이것을 공유하였다. 한 교사의 특색 있는 교육 활동이 밴드를 통해 공유되면서 다른 교사들에게는 새로운 성찰을 촉진하는 자극제가 되고 있었다. 마침 교사들의 교육과정 재구성 역량이 강조되는 교육계의 요구와 맞물리면서 과연 어떻게 해야 하는지에 대한 구체적인 방법을 잘 모르는 다른 교사들에게 유용한 사례로 작용한 것이다. 밴드를 통해 이를 확인한 다른 교사들은 실제 면대면에서 6학년 담임교사와 만났을 때, 프로젝트 학습에 대한 계획서를 요구하거나 실제 학생들의 반응이 어떠했는지를 묻기도 하는 장면을 관찰할 수 있었다. 이처럼 구름초등학교 교사들은 밴드를 통해 교육적 실천에 필요한 방법과 전략을 상호 공유하면서 교사로서 전문성 신장에 필요한 성찰도 촉진되는 모습을 보이고 있었다(오영범, 2014).

구름초등학교 교사들이 사용하는 밴드의 특징으로 온라인 연수 공간의 모습을 발견할 수 있었다. 즉, 오프라인 면대면 연수에 참여한 한 교사가 연수를 통해서 배운 것, 생각하고 느낀 점 등을 밴드에 공유함으로써 다른 교사들에게 간접 학습의 기회를 제공할 뿐만 아니라 이를 통해 다양한 의견을 교류하는 온라인 연수 공간으로 기능하는 특징을 말한다. 연수 외에도 교육청 주관으로 운영되는 세미나, 워크숍 등에 참여하면서 접하는 내용들을 밴드를 통해 공유하면서 구름초등학교 교사들은 다른 교사의 경험을 간접 경험하고 있었다.

특히, 이러한 공유는 그들의 자발적 활동에 바탕을 두고 있다.

> 우리 학교 밴드는 온라인 연수 공간 같다는 생각이 들어요. 우리 학교 샘들은 연수를 가면 누가 올리라고 하지 않아도 그 연수에 대한 주요 내용도 올려주니까요. 그 내용을 바탕으로 다양한 의견이 교환되기도 하잖아요.
>
> (2015년 9월 4일 H교사와의 인터뷰 중에서)

다. 마음 나누기로 신뢰를 구축하는 정서적 교감 공간

마음 나누기로 신뢰를 구축하는 정서적 교감 공간은 구름초등학교 교사들이 사용하는 밴드가 서로의 마음을 공감하는 상호작용을 통해 신뢰를 형성해가면서 정서적으로 교감하는 특징을 나타내는 것을 말한다. 마음을 나누는 활동은 사람이 가질 수 있는 다양한 유형의 감정적 상태에 반응함으로써 심리적 공감대를 형성하고 있음을 의미한다 (Krasnova et al., 2008; Quinn & Oldmeadow, 2013).

구름초등학교 교사들은 밴드를 통해 마음을 나누고 있었다. 한 5학년 교사는 회의 시간 동안, 어두운 표정으로 고개를 숙인 채 화장지 조각에 무언가를 쓰고 있었다. 업무 관련 내용으로 서로 이야기를 주고 받는 중에도 그녀는 똑같은 행동을 보이고 있었다. 회의를 마친 순간, 그녀는 화장지 조각만을 남긴 채 벌떡 일어나 연구실을 빠져나갔다. 옆 자리에 있던 다른 교사가 그녀의 흔적을 발견하고 무엇이 적혀 있는지 알려주었다. 화장지 조각을 가득 메운 'stress'는 그녀의 마음을 반영해 주고 있었다. 그즈음 그녀는 고된 학교 업무와 사춘기로 접어든 학생들의 생활지도로 인해 다소 피로해 보이는 모습을 보이고 있었기에, 다른 교사들은 그녀의 마음을 충분히 이해하고 있었다. 6학년 교사는 그녀의 심리적 스트레스를 함께 공감하기 위한 의도로 사진을 찍어 밴드에 탑재하였고, 이를 본 다른 교사들은 그녀에게 위로하는 댓글을 남겼다.

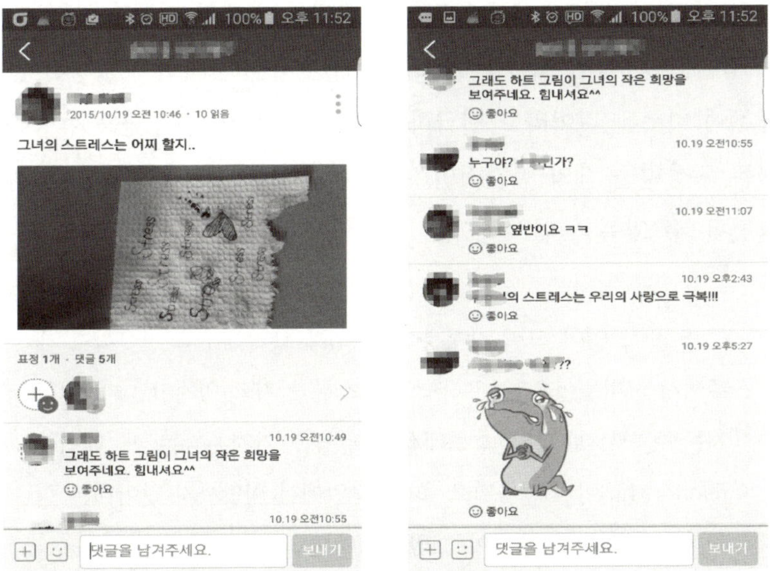

[그림 5-6] 밴드를 통한 마음 나누기

밴드를 마주한 5학년 교사는 자신의 지친 마음을 동료들이 함께 공감해주고 위로해 준 데 대해 기분이 한결 나아졌다며 감사함을 표현하였다. 이처럼 밴드는 정서적 지지와 심리적 공감대를 형성해주는 기능이 있었다. 이것은 SNS가 다른 사람들과의 사회적 실재감(social presence)을 구현함으로써 정서적 공감 및 유대감을 강화하고 촉진한다는 연구 결과와 맥을 함께한다(오영범, 2014, 2015).

밴드를 통한 마음 나누기는 상호 간의 신뢰를 촉진함으로써 공동체의 유대를 보다 강화시켜 주는 역할로 발전하고 있었다. 위의 예시처럼 한 구성원의 심리적 위축 혹은 피로감을 함께 근무하고 있는 동료로부터 위로를 받음으로써 항상 함께하고 있다는 공감대 형성이 상호 간의 신뢰를 더욱 촉진하게 만드는 효과를 발휘한 것이다. 스트레스로 힘들었던 5학년 교사는 동료들의 작은 관심은 사전에 형성된 관계 때문에 비롯된 것이라고 언급하였다. 즉, 하나의 공동체를 형성하고 있는 구성원들 간의 인간적인 관심과 배려가 보다 신뢰로운 관계로 발전할 수 있음을 암시한다.

> 별 생각 없이 그린 낙서를 의미 있게 생각해주고 반응까지 해주어서 고마웠어요. 누구나 스트레스를 가지고 있지만 다 표현하지는 못하는데 남의 스트레스에 관심을 가져준다는 게 대단한 relationship이지 않을까요. 하트 그림에서 희망까지 찾아내는 섬세하고 희망적인 해석이 재밌기도 하구요.
>
> (2015년 11월 17일 M교사와의 인터뷰 중에서)

구름초등학교 교사들은 신뢰를 바탕으로 긍정적인 관계를 형성해 가면서 밴드를 정서적 교감을 나누는 공간으로 활용하고 있었다. 이러한 모습은 그들의 교사라는 직업적 특성이 반영되면서 밴드가 온라인 교사공동체로 활용되는 특징적인 면을 보이고 있었다. 특히, 교육 활동 중에 포착되는 시선을 끌만한 흥미로운 장면, 교육적 공감대를 형성할 가치가 있는 장면 등을 밴드에 탑재하여 공유함으로써 각자가 가진 견해와 정서로 그 장면을 해석하는 교감이 이루어지고 있었다. 구름초등학교에서는 소규모 학교의 장점을 활용하여 가족 같은 학교 분위기를 조성함으로써 최근 문제가 되고 있는 학교폭력을 사전에 예방하기 위한 활동의 일환으로 행복 가족 제도를 운영하고 있었다. 이를 위해, 행복 가족은 한 달에 한 번씩 '행복 맞이의 날'을 통해 소통, 배려, 협력 등의 요소들이 가미된 다양한 교육 활동을 수행하였다. 어느 행복 맞이의 날, 연구자는 재미있는 사진을 찍어 밴드에 올렸다. 6학년 한 남학생이 자기 가족의 동생들을 양팔에 안은 채 놀아주는 장면이었다. 이를 본 교사들은 사진에 대한 각자의 생각과 느낌을 공유하면서 대견하다는 칭찬을 늘어놓았다. 더불어, 행복 맞이의 날 운영에 대한 교육적 효과성에 대한 긍정적인 담화도 이루어졌다. 심지어 사진 속의 6학년 학생을 1학년 때부터 함께 생활하며 지켜본 한 교사는 그 학생과의 과거 추억까지 회상하면서 불쑥 성장하여 의젓해진 모습에 대한 대견한 마음을 표현하기도 하였다. 이처럼 밴드는 물리적으로 분산되어 있는 구성원들의 마음을 한데 모을 수 있는 정서적 교감 공간으로 거듭나고 있었다. 이러한 교감 활동은 면대면 만남의 순간에 지속적으로 이야기를 이어감으로써 상호 친밀도를 높이고 관계를 강화해주고 있었다.

각자 주말 동안에 있었던 것을 밴드에 공유하잖아요. 그러면 월요일에 다시 만났을 때 더 자세한 이야기를 나누면서 다시 공감하잖아요. 그래서 서로 더 친분이 쌓여가는 것 같아요. 할 이야기도 많아지니까요. 우리 학교 선생님들이 좋은 관계를 유지하고 있는 이유는 밴드를 통해서 감정을 진솔하게 이야기 나누기 때문일 거예요. 학교에 와서도 서로 친하게 지내면서 함께 한 활동들은 사진으로 남겨서 또 밴드에 공유하고 댓글도 달면서 서로의 생각과 느낌을 나누니까요. 우리들만의 밴드가 좋은 관계를 유지시켜 주고 있음은 틀림없어요.

(2015년 9월 15일 F교사와의 인터뷰 중에서)

[그림 5-7] 정서적 교감 공간으로서의 밴드

이처럼 밴드는 구름초등학교 교사들이 서로의 마음을 나누는 과정을 통해 신뢰를 더욱 두텁게 하고 정서적으로 교감하는 온라인 공간으로 활용되고 있었다. 밴드에 공유되는 하나의 내용에 대해서 각자 다른 생각과 감정을 표현하고 교류함으로써 풍성한 감성 스테이션으로 자리 잡고 있었다. 이러한 정서 교감을 통해 이들은 더욱 두터운 친분을 유지 및 강화하고 있었다.

라. 수평적 동질성과 초청에 의해 수용되는 폐쇄적 공간

수평적 동질성과 초청에 의해 수용되는 폐쇄적 공간은 밴드가 사전에 어느 정도 친밀도가 형성된 오프라인 만남을 바탕으로 더욱 친분을 강화하기 위한 수단으로 활용되는 특징을 의미한다. 또한, 온라인 공간으로의 밴드에 새로운 회원이 진입하기 위해서는 '동질성 확보'라는 전제하에 모든 구성원들의 동의하에 초청이 이루어지는 밴드 자체가 가진 기술적인 속성을 말한다. 이러한 기술적인 속성으로 인해 다른 종류의 SNS에 비해 다소 폐쇄적인 특성을 지니고 있었다.

먼저, 구름초등학교 교사들이 사용하는 밴드는 동질적인 구성원들로 이루어진 온라인 공동체라는 점이다. 학교공동체를 구성하고 있는 대상으로는 교사, 관리자, 행정직원, 비정규직원 등이 있다. 그런데 구름초등학교의 밴드는 주로 교사들이라는 동질성을 확보한 집단들이 만든 온라인 공동체라고 할 수 있다. 실제로 이들은 사전 친밀성과 함께 동질성을 확보하고 있는 교사들끼리만 사용할 수 있는 폐쇄적 공간으로 생각하고 있었다. 즉, 동일한 학교라는 기관에서 직업적 생활을 영위하고는 있지만, 업무 수행의 차별성으로 구분되는 행정직원이나 다소 권위적인 위치에 있는 교장, 교감과 같은 관리자와는 거리감을 유지하려는 경향을 보이고 있었다. 사전에 친분이 확보되어 있으면서 비슷한 위치와 역할을 수행하는 데서 발생하는 공감대를 바탕으로 그들은 친분을 더욱 강화하고 유지하기 위해 밴드를 활용하고 있었다.

> 행정실과는 항상 보이지 않는 벽이 있는 것 같아요. 아마 행정실에서도 그렇게 느끼고 있을걸요. 굳이 그 사람들과 함께 밴드를 해야 할 필요는 없을 것 같아요. 밴드는 우리들만이 편하게 자유롭게 이야기를 나눌 수 있는 공간이 될 필요가 있어요. 만약 행정실에서도 밴드에 참여하면 지금처럼 선생님들의 자유로운 활동이 어려울걸요. 친한 친구들 사이에 낯선 사람이 있으면 어색한 것처럼요.
>
> (2015년 9월 15일 K교사와의 인터뷰 중에서)

구름초등학교 교사들은 밴드에 자신들과 친밀감이 떨어지는 사람들이 가입하는 것을 원하지 않고 있었다. 이것은 밴드의 폐쇄적인 특징을 구현해 주는 기술적인 속성 때문이다. 만약 누군가가 구름초등학교 밴드에 가입하기를 원한다면 기존에 밴드에 참여하고 있는 회원 중의 한 명으로부터 초청 메시지를 받아야 가능하다. 그런데 초청 메시지를 받기 위해서는 앞서 밝힌 것처럼, 동질성 및 친밀성 확보와 함께 기존 밴드 회원들의 암묵적 동의가 전제되어야 한다.

구름초등학교에서는 약 9개월여 동안 학교장이 공석인 채로 있어 왔고, 그 자리를 교감이 교장 직무를 대행하는 체제로 운영되었다. 교육청에서는 학교장의 오랜 공석을 메우기 위해 2015년 7월 17일 자로 새로운 교장을 부임시켰다. 부임 초기, 기존의 교직원들과 친분을 맺기 위한 학교장의 노력과 새로운 교장을 받아들이고 긍정적인 학교공동체를 만들어 보려는 교사들의 노력이 맞물리면서 그녀도 밴드에 가입하게 되었다. 사실 교사들은 밴드에 관리자가 함께 공존한다는 것을 불편해할 수 있다. 위에서 밝힌 것처럼, 밴드에 학교장이 참여할 수 있었던 것은 그녀가 교사들과 한데 어울리기 위한 자발적인 노력과 업무 수행 과정에서 교사들의 생각과 의견을 존중하는 민주적인 경영 방식 때문에 가능했다. 만약, 그녀가 권위 의식을 가진 전통적인 성향의 관리자였다면 밴드에 초청받지 못했을지도 모른다.

> 사실 처음에는 교장 선생님과 밴드를 함께 한다는 것이 좀 불편했어요. 이제 우리는 밴드 활동 다 했구나 생각했어요. 그런데, 교장선생님이 우리와 가까워지기 위해 노력도 하고 나름 많은 점에서 배려하고 있다는 것을 알았어요. 이런 성향의 교장선생님이라면 밴드를 같이 하는 것도 괜찮은 것 같아요.
>
> (2015년 9월 15일 K교사와의 인터뷰 중에서)

폐쇄적인 속성을 가진 밴드는 다른 유형의 SNS와도 차별성을 보인다. 페이스북은 나와 친구를 맺고 있는 친구의 친구까지도 하이퍼링크 기능을 활용하여 방문할 수 있다. 물론 공개 옵션에 따라 개방성의 정도가 달라질 수 있으나, 전체 공개로 설정하였을 경우에는 자신이 관심 있는 특정인을 검색하여 그 사람이 올린 게시물을 확인하고 소통할 수 있다. 페이스북은 개인을 중심으로 나와 친분 있는 사람들과 점진적인 네트워크를 형성하기 때문에, 밴드와 비교할 때 다소 개방성이 강한 SNS에 해당된다. 반면, 밴드는 면대면 실생활에서 어느 정도의 친분이 형성된 일단의 그룹이 보다 자신들의 친분을 강화하고 유지하기 위한 수단으로 활용되기 때문에 폐쇄성이 강한 SNS라고 할 수 있다. 또한 페이스북은 자신이 관심 있는 누군가에게 친구 요청 메시지를 보냄으로써 보다 적극적인 관계 확장성의 기능을 부여하지만, 밴드는 자신이 특정 밴드에 가입하기를 원한다면 기존의 구성원으로부터 초청 메시지를 받아야 가능하다. 실제 구름초등학교 교사들이 처음 밴드를 만들 때 그 당시의 친밀성이 바탕이 되었고, 구름초등학교 집단의 성격이 드러나는 이름을 부여함으로써 그들만의 온라인 공동체가 만들어진 것이다. 그리고 교사들만을 대상으로 초청 메시지를 보냈다.

F교사: 우리 밴드 하나 만들까요?

연구자: 그럴까? 근데, 밴드가 왜 필요하지?

F교사: 우리 학교 샘들 정말 관계가 좋잖아요. 밴드 사용하면 더 친해질 것 같은데요. 우리 이야기가 남아 있으니 좋은 추억도 되구요.

연구자: 그래. 좋은 생각이다. 만들자!

F교사: 제목은 '행복한 구름초등학교'로 만들었어요.

연구자: 누구누구 초대할 거야?

F교사: 선생님들만 해야 하지 않을까요?

(2015년 3월 9일 F교사와의 대화 중에서)

이처럼 밴드는 어느 정도 수평적인 동질성과 친밀성이 확보된 교사들이 자신들의 친밀성을 보다 강화하고 유지하기 위한 수단으로 운영되고 있었다. 또한, 새로운 회원을 영입하기 위해서는 기존 구성원들의 암묵적인 동의하에 초청 메시지를 보내는 과정을 거쳐야 하기 때문에 다소 폐쇄적인 성격을 보이고 있었다. 밴드의 폐쇄성은 오히려 함께 공존하고 있는 구성원들의 응집력을 더욱 강화하는 요인으로 작용하였다.

참고문헌

강인애, 임병노, 박정영(2012). '스마트 러닝'의 개념화와 교수학습전략 탐색: 대학에서의 활용을 중심으로. **교육방법연구**, 24(2), 283-303.

김미희(2017). 정신과 간호사의 매너리즘 경험. **정신간호학회지**, 26(3), 301-312.

김혜성(2009). 직무 스트레스와 생활사건 스트레스가 직장인 우울에 미치는 영향. **정신건강과 사회복지**, 32, 346-373.

김종인, 정해천, 원준연, 가성순, 오복실(2014). 유산소 운동이 중년흡연남성의 혈관건강에 미치는 영향. **디지털복합연구**, 12(4), 349-356.

서경혜(2011). 온라인 교사공동체의 협력적 전문성 개발: 인디스쿨 사례연구. **한국교원교육연구**, 28(1), 133-161.

오영범(2014). 온라인 교사공동체 전문성 발달의 특징에 관한 질적 사례 연구. **평생학습사회**, 10(4), 113-137.

오영범(2015). 초등학교 교육과정과 수업설계의 자원으로서 스마트폰: 아동들의 교육적 경험. **한국교육**, 42(1), 167-195.

오영범(2016). 한 초등학교 교사들의 SNS 활용 특성에 관한 인터넷 질적 연구: '밴드'를 중심으로. **교육공학연구**, 32(2), 293-325.

오영범(2022). 나는 왜 달리는가?: 한 장학사의 마라톤 경험에 관한 자전적 내러티브. **내러티브와 교육연구**, 10(3), 129-157.

이상수, 강정찬, 오영범, 이유나(2012). 소셜네트워크 사이트 참여 동기 분석에 기초한 소셜 네트워크 기반 학습 설계 원리. **교육방법연구**, 23(4), 729-754.

이준, 구양미, 이윤옥, 김지경, 임진숙(2013). 초등학교에서 SNS의 교육적 활용 가능성과 효과: 교사와 학생의 인식을 중심으로. **교육정보미디어연구**, 19(1), 25-54.

장미(2009). 항공사 객실승무원의 직무스트레스, 사회적지지, 자기효능감과 우울의 관계. 석사학위논문. 이화여자대학교.

장은정, 장혜정(2013). 웹 기반 토론과 SNS 기반 토론에서 사회적 실재감, 몰입, 만족도 및 자기평가 차이. **교육공학연구**, 29(1), 1-25.

한진희, 이재은, 박정환, 이상희, 강현식(2014). 12주간 유산소 운동이 노인의 체력과 우울증 및 인지기능에 미치는 영향. **운동과학**, 23(4), 375-385.

Csikszentmihalyi, M., Duranso, C. W., & Latter, P.(2017). *Running flow*. Human Kinetics. 제효영 역(2019). **달리기, 몰입의 즐거움**. 서울: 샘터.

Duncan-Howell, J.(2009). Online professional communities: Understanding the effects of membership on teacher practice. *The International Journal of Learning. 16*(5), 601-613.

Krasnova, H., Hildebrand, T., Günther, O., Kovrigin, A., & Nowobilska, A.(2010). *Why participate in an online social network: an empirical analysis*. Retrieved from http://aisel.aisnet.org/cgi/viewcontent.cgi?article=1268&context=ecis2008

Lenhart, A., & Madden, M.(2007). *Teens, privacy, & online social networks*. Pew Internet and American Life Project Report.

Murakami, H.(2007). *When I talk about when I talk about running*. Bungei Shunju. 임홍빈 역(2009). **달리기를 말할 때 내가 하고 싶은 이야기**. 서울: 문학사상.

Pearson, A. F.(2000). Real problems, virtual solutions: Engaging students online. *Teaching Sociology, 38*(3), 207-214.

Quinn, S., & Oldmeadow, J. A.(2013). Is the igeneration a 'we'generation? Social networking use among 9-to 13-year-olds and belonging. *British Journal of Development Psychology, 31*, 136-142.

Schon, D. A.(1983). *The reflective practitioner: How professionals think in action*. New York: Basic Books.

제2부

포토보이스의 실제

제2부에서는 포토보이스 관련 연구 세 편을 소개하였다. 첫 번째 연구는 '장애인 자립의 현실과 평생교육의 방향에 관한 포토보이스'로 실제 자립 생활을 하고 있는 장애인 8명을 대상으로 연구가 이루어졌다. 두 번째는 코로나19를 경험하는 초등학생의 감정을 탐색한 연구로 기존의 성인 중심 감정을 조명했던 연구에서 벗어나 어린 초등학생의 감정을 탐색하였다는 데 의의가 있다. 세 번째는 국내 교육학 분야의 연구동향을 분석한 연구로 2014년부터 2022년까지 발표한 논문을 선정하여 8개 분석 기준에 입각하여 분석하였다. 사회 소외 계층 혹은 약자를 대상으로 진행된 포토보이스 연구의 실제를 통해 사회과학 분야의 다양한 연구에 적용할 수 있는 아이디어를 얻을 수 있을 것이다.

제6장

장애인 자립의 현실과 평생교육의 방향에 관한 포토보이스

본 연구는 장애인 자립의 현실과 평생교육의 방향을 알아보는 것이 목적이다. 이를 위해 참여적 행동 연구의 하나인 포토보이스 연구 방법을 적용하였다. 연구 목적 달성을 위해 세 가지 연구 문제를 설정하였다. 첫째, 장애인이 일상생활에서 직면하는 자립의 어려움은 무엇인가? 둘째, 평생교육이 장애인의 자립에 도움이 되는 것은 무엇인가? 셋째, 장애인의 자립을 위한 평생교육의 방향은 무엇인가? 연구에 참여한 8명의 장애인은 일상생활 속에서 경험을 사진으로 찍었고, 사진에 다양한 의미를 부여하였으며, 포커스 그룹 토론을 통해 심층적인 이야기를 나누었다. 수집한 자료는 Wang과 Burris(1997)가 제시한 선택하기, 맥락화하기, 성문화하기의 3단계 분석 방법에 따라 분석하였다.

세 가지 연구 문제에 따라 드러난 연구 결과는 다음과 같다. 첫째, 장애인이 일상생활에서 직면하는 자립의 어려움은 공간 접근 및 이동의 어려움, 비장애인에게 최적화된 생활 도구, 일상생활 서비스의 한계로 나타났다. 둘째, 평생교육이 장애인의 자립에 도움이 되는 것은 자립에 필요한 기술 및 지식 습득, 다양한 상호작용을 통한 사회성 함양, 사회적 참여 기회를 통한 자존감 상승, 주도적 삶을 위한 자율성 강화로 나타났다. 마지막으로 장애인의 자립을 위한 평생교육의 방향은 직업교육의 강화, 자기관리를 위한 다양한 교육 기회 제공, 비장애인들과의 교류의 장 확대로 나타났다.

1. 연구의 필요성 및 목적

인간은 누구나 한 주체로서 자신의 삶을 스스로 살아내고 살아갈 수 있는 역량이 필요하다. 즉, 남에게 의지하거나 종속되지 않고 스스로의 힘으로 설 수 있는 자립이 필요하다. 자신의 삶에 대한 주인의식을 갖고 다른 사람의 도움 없이도 주도적으로 삶을 영위할 수 있는 주체성인 '자립'은 물리적 · 심리적 독립에 필요한 전제 조건이 된다. 인간은 태어나면서부터 장기간 지속되는 배움과 돌봄을 통해 점진적으로 자립의 과업을 달성해 나간다. 그러나 특별한 돌봄이 필요한 장애인에게 자립은 어려운 과업이 될 수 있기 때문에 장애인의 자립은 당사자나 가족에게 한정된 문제가 아니라 지역사회와 국가가 함께 동참해야 한다. 2006년 UN 총회에서 채택한 장애인 권리협약(Convention on the Rights of Persons with Disabilities)은 장애인 자립 생활의 필요를 더욱 촉발하는 계기가 되었다(최윤, 2020). 장애인 권리협약 제19조 자립적 생활 및 지역사회에의 동참[1])은 장애인의 자립 생활을 위한 세

1) 제19조 자립적 생활 및 지역사회에의 동참
이 협약의 당사국은 모든 장애인이 다른 사람과 동등한 선택을 통하여 지역사회에서 살 수 있는 동등한 권리를 가짐을 인정하며, 장애인이 이러한 권리를 완전히 향유하고 지역사회로의 통합과 참여를 촉진하기 위하여 효과적이고 적절한 조치를 취한다. 여기에는 다음의 사항을 보장하는 것이 포함된다. (가) 장애인은 다른 사람과 동등하게 자신의 거주지 및 동거인을 선택할 기회를 가지며, 특정한 주거 형태를 취할 것을 강요받지 아니한다. (나) 장애인의 지역사회에서의 생활과 통합을 지원하고 지역사회로부터 소외되거나 분리되는 것을 방지하기 위하여 필요한 개별 지원을 포함하여, 장애인은 가정 내 지원서비스, 주거 지원 서비스 및 그 밖의 지역사회 지원 서비스에 접근할 수 있다. (다) 일반 국민을 위한 지역사회 서비스와 시설은 동등하게 장애인에게 제공되고, 그들의 요구를 수용한다.

가지 조항을 명시하고 있다.

장애인 생활과 복지에 대한 패러다임이 자립생활모델로 전환되면서 장애인의 자립과 관련한 연구가 활성화되었다. 장애인 자립과 관련된 연구는 그 개념 이해와 함의, 자립생활모델 탐색, 그리고 자립 프로그램 개발 등과 같은 이론 및 개발 연구(김미옥, 정민아, 2017; 박수경, 이선우, 임나래, 2019; 이익섭, 최정아, 이동영, 2007; 최윤영, 2005), 장애인 자립생활과 관련된 변인 간의 관계를 조명한 양적연구(이채식, 2013; 전희정, 서동희, 2019), 자립의 과업에 직면한 장애인 당사자들의 실제 경험에 바탕을 둔 다양한 형태의 질적연구(권자영, 배은미, 박향경, 2021; 김미영, 조현미, 구춘영, 변은경, 2022; 박진영, 2011; 임은주, 황정하, 2023; 최윤, 2020) 등이 이루어졌다. 위의 장애인 자립과 관련된 선행연구는 다음과 같은 연구 시사점을 제공하였다. 첫째, 장애인 자립에 대한 이론적 토대를 구축하였고, 이론에 기반한 자립생활모델 및 프로그램을 개발함으로써 장애인 자립의 기반을 조성하고 연구 활성화에 기여하였다. 둘째, 장애인 자립과 관련된 변인들 간의 관계를 집중적으로 조명하는 양적연구와 장애인 당사자가 삶 속에서 실제 겪은 경험에 기반한 질적연구를 통해 자립 현상과 의미를 더욱 미시적으로 들여다보는 계기가 되었다. 그러나 위의 연구들은 장애인이 자립과 관련된 현실적인 문제, 이러한 문제를 해결하기 위한 대안을 그들의 생생한 목소리를 통해 들려주지 못하는 한계가 있다. 물론, 질적연구를 통해 일정 부분 장애인의 목소리가 전해지고 있으나, 주로 연구자의 입장에서 연구 결과를 기술하고 분석하며 해석하는 입장을 취하고 있다. 연구 참여자인 장애인은 연구에 필요한 정보를 제공할 뿐, 실제 연구 결과와 그들의 삶을 개선할 수 있는 대안 제시에는 적극적인 목소리를 내지 못하는 한계를 갖고 있다. 이러한 한계를 극복할 수 있는 대안으로 포토보이스 연구 방법이 부각되고 있다.

포토보이스는 1997년 Wang과 Burris가 체계적인 연구 방법으로 정립하였다. 외국에서는 여성, 장애인, 이민자, 성소수자, 노숙자 등과 같이 사회 취약 계층을 대상으로 연구가 활성화되어 왔다(Booth & Booth, 2003; Hussey, 2006; Poudrier & Mac-Lean, 2009; Streng, Rhodes, Ayala, Eng, Arceo, & Phipps, 2004; Wang, Cash, & Power, 2020). 반면, 국내에서는 포토보이스 연구 방법이 적용된 「사회복지사들이 표현하는 "일과 나"」(이재희, 라미영, 방실, Canape, 2012)를 시작으로 사회복지학, 교육학, 체육학, 여성학 등을 중심으로 점진적으로 활성화되고 있는 추세다.

포토보이스는 참여자가 연구 시작부터 마무리까지 주체성을 갖고 적극적으로 참여하고 소통하며 협력하는 참여적 행동 연구(participatory action research)의 한 유형이다(오영범, 2023; Latz, 2018; Wang & Burris, 1997). 참여적 행동 연구는 참여자가 제공하는 정보를 연구자가 분석하고 해석하는 기존 연구 방식에 대한 성찰에서 비롯되었다. 즉, 참여자는 연구 목적 달성에 필요한 자료를 제공하는 수준에 머물고 그들의 시각과 언어는 굴절되어 연구자의 언어로 변용됨으로써 지극히 수동적인 역할로 제한되었다(임윤서, 2023). 참여적 행동 연구는 참여자를 연구의 전반적인 과정에 적극적으로 참여하게 함으로써 소통과 연대를 통한 사회 변화를 이끌어내는 주체로 간주한다. 연구, 참여, 행동, 사회 변화는 참여적 행동 연구를 구성하는 핵심적인 요소로(Liebenberg, 2018), 참여자는 연구에 깊숙이 참여하고 그들의 삶과 관련된 문제를 개선하기 위해 소통하고 연대하고 협력하는 행동을 통해 사회 변화를 이끌어 내는 것이 참여적 행동 연구가 지향하는 궁극적인 목적이다(오영범, 2023; Whyte, Greenwood, & Lazes, 1991). 이를 통해 연구자와 참여자는 공동 연구자로서 협력하여 지식을 생산한다. 따라서 참여적 행동 연구는 지식 생산의 민주화에 기여한다(Bradbury & Reason, 2003).

장애인을 대상으로 진행된 포토보이스 국내 연구는 정신장애인, 중증장애인, 중고령 여성장애인, 지적 장애인 등을 대상으로 이루어졌다(김민아, 이선혜, 서진환, 송명매, 김정은, 2016; 김태건, 임경원, 2018; 박경미, 김민아, 2017; 손성화, 강영심, 2021; 안희철, 김민아, 박경미, 2016; 전정식, 김경미, 유동철, 김동기, 신유리, 2013; 정상미, 김민아, 허일권, 2017; 최윤, 2020). 이 연구들은 장애인 당사자들이 연구에 참여하여 사진을 찍고, 사진에 의미를 부여하는 내러티브를 통해 삶의 현실에서 드러나는 그들의 실질적인 어려움과 문제를 부각하였다는 데 의의가 있다. 또한 포토보이스 연구 방법을 적용함으로써 사회 주류의 목소리에 밀려 상대적으로 위축된 삶을 살아온 장애인에게 사회를 향해 목소리를 낼 수 있는 기회를 제공하였다(오영범, 2023). 그러나 장애인에게 중요하게 부각되는 '자립'의 현실과 이를 토대로 '평생교육'의 방향을 탐색한 연구는 없는 상황이다. 포토보이스를 통한 발달장애청년의 자립생활에 대한 의미와 경험을 탐색한 연구(손성화, 강영심, 2021)와 중증뇌병변장애 청년의 자립의 의미(최윤, 2022)가 존재하지만, 장애인이 삶을 영위하면서 마주하는 실질적인 자립의 문제와 이를 평생교육을 통해 해결하려는 노력에 대한 연구는 없는 상황이다. 본 연구는 이와 같은 인식에서 출발하였다.

따라서 본 연구는 포토보이스 연구 방법을 적용하여 장애인 자립의 현실과 평생교육의 방향을 탐색하는 것이 주된 목적이다. 이를 위해 다음과 같은 세 가지의 구체적인 연구 문제를 상정하였다.

첫째, 장애인이 일상생활에서 직면하는 자립의 어려움은 무엇인가?

둘째, 평생교육이 장애인의 자립에 도움이 되는 것은 무엇인가?

셋째, 장애인의 자립을 위한 평생교육의 방향은 무엇인가?

평생교육을 수강하는 장애인이 겪는 자립의 현실적인 문제, 평생교육이 장애인 자립에 실질적인 도움이 되는 것, 그리고 장애인의 더 나은 자립을 위해 평생교육이 나아가야 할 방향을 탐색하는 본 연구는 장애인 자립을 위해 평생교육의 역할을 재정립할 수 있는 계기가 될 것이다. 또한 평생교육을 수강하는 장애인이 직접 찍은 사진과 그 사진에 담긴 그들의 내러티브를 통해 장애인 자립의 문제와 평생교육에 대한 그들의 요구를 확인할 수 있을 것이다.

2. 이론적 배경

가. 장애인 평생교육과 자립

「평생교육법」에 따르면 평생교육은 '학교의 정규교육과정을 제외한 학력 보완교육, 성인 문자 해득교육, 직업능력 향상교육, 문화예술교육, 시민참여교육 등을 포함하는 모든 형태의 조직적인 교육활동'이다. 이처럼 평생교육은 누구나, 언제, 어디서나 원하는 교육을 받고 원하는 학습을 계속할 수 있는 교육이며, 요람에서 무덤까지 평생에 걸친 배움을 강조하는 교육의 수직적 통합과 가정, 학교, 사회에 이르는 모든 생활 터전에서의 학습을 강조하는 수평적 통합을 아우르는 통합적인 교육으로서 모든 교육을 포괄한다(조창빈, 김두영, 2016).

우리나라 장애인 평생교육은 주로 민간 장애인단체의 야학을 중심으로 진행되다가 2007년 제정된 「장애인 등에 대한 특수교육법」에 장애인 평생교육에 관한 조항을 신설하면서 정부의 관심과 지원이 시작되었다. 2016년에 「평생교육법」의 개정으로 국가와 지방자치단체의 장애인 평생교육에 대한 책임을 보다 구체적이고 분명하게 적시함으로써 장애인 평생교육에 대한 기대감이 한층 높아졌으나 장애인 평생교육을 강조하는 일련의 제도적·환경적 변화에도 불구하고 장애인은 여전히 평생교육의 소외 계층으로 남아 있다(심석순, 2020).

성인발달장애인에게 평생교육이 중요한 이유는 첫째, 발달장애의 특성과 관련된다. 발달장애인은 다른 장애유형과는 달리 성인이 되어서도 아동과 청소년기의 행동이나 인식 능력, 사회성에 있어 큰 차이가 없다. 이들은 성인기에도 직업훈련과 취업 등의 역할 수행과 정체감 확립, 사회적 관계 형성, 그리고 건강한 노년 준비에 매우 취약한 계층이다. 이에, 평생교육은 이들이 살면서 마주치게 되는 생활상의 곤란을 극복하게 해줄 뿐만 아니라 지역사회에서 자립을 위한 기능을 향상시켜준다. 비장애인과 구별됨이 없이 사회참여의 기회와 삶의 질을 높여주는 수단이라는 점에서 평생교육은 중요하다(조창빈, 김두영, 2016). 또한 평생교육은 사회 구성원으로서 살아가는데 필요한 일상생활 기술, 지역사회 참여기술, 자립생활 적응기술, 직업기술 등을 배울 수 있는 기회를 제공할 뿐만 아니라, 그들 스스로 자신이 원하는 삶을 주도적으로 결정하고 선택하며 더 나은 미래와 새로운 것에 도전할 수 있는 토대를 마련해 주기 때문에 더욱 중요하다.

성인발달장애인에게 평생교육이 중요한 두 번째 이유는 성인기 이후 제공되는 서비스의 한계를 극복하고 지역사회 내 자립생활 구현을 위해서 필요하기 때문이다(심석순, 2020). 성인발달장애인은 전 생애주기에 걸쳐 지역사회 참여와 자립을 위해서 일정 수준의 도움이 지속적으로 제공되어야 함에도 불구하고 성인기에 접어든 이들이 받을 수 있는 지원서비스는 매우 부족하다. 학령기에는 학교에서 다양한 서비스를 제공받을 수 있지만 고등학교를 졸업하고 성인이 되면 취업 기회와 이를 유지하기 위한 교육과 공식적·비공식적 교육 기회가 부족해 통합된 지역사회에서 성인으로서 다양한 역할을 수행하는데 어려움이 있다(박승희, 2004). 또한 지역사회에 통합되어 직장생활을 유지하거나 사회구성원들과 원만한 관계를 유지하여 생활하기보다 비고용 상태이거나 또는 단순히 가정에 머물러 있거나 시설에 들어가 의존적이고 고립된 생활을 하는 경향이 있다(강동선, 2016). 성인발달장애인에게 자립생활은 삶의 질을 결정하는 주요 근간으로서 학령기뿐만 아니라 성인기에도 계속적으로 습득해야 할 학습요소이다. 이는 곧 발달장애인이 학령기 동안 특수교육을 통해 성취한 자립 능력만으로 독립적인 성인생활을 유지하기 어려우며, 따라서 발달장애인의 자립생활에 대한 평생학습의 필요성이 강조된다.

1970년대를 전후로 재활 패러다임에서 자립생활 패러다임으로의 전환이 미국에서 시작되었다. 자립생활은 장애인복지 전반 및 전달체계에 있어서 새로운 패러다임의 변화로서, 이는 공급자 중심에서 소비사 중심으로의 전환이자 전문가 중심의 규범적 모형에서 장애 당사자 인권운동으로의 전환을 의미한다. 김영대와 나동석(2016)은 자립생활에서 가장 중요한 사실은 패러다임의 변화이며 자립생활에서 장애인 문제의 규정, 장애인복지의 실천과 정책 그리고 장애 연구를 바라보는 새로운 패러다임으로 규정하기 위해서는 새로운 방식의 사고가 필요함을 주장했다. 자립생활 운동은 그동안 적용해왔던 재활 패러다임과 상충되고, 또한 자립생활은 새로운 방식의 사고로 주목받게 되었다. 또한 장애와 장애인에 대한 정의는 고전적인 측면에서의 개념을 사용하는 의료적인 상황에서 벗어나 자립생활 모델을 따르게 되었다(DeJong, 1979). 자립생활 패러다임은 재활 패러다임보다 사회적 책임을 강조하면서, 사회는 장애인을 생활시설로 분리하여 격리하는 것이 아니라 지역사회로 통합시키며 자기 선택과 결정을 제공하는 것임을 강조한다. 조한진(2006)은 자립생활 운동은 시민권 운동이고, 우리 사회의 책임을 공유할 수 있는 장애인의 권리와 능력에 대한 확인이기에 이와 같은 확인의 바탕에는 인간은 누구나 동등한 가치를 지니고, 지역사회의 모든 생활영역에 참여할 권리가 있음을 강조하였다. 즉, 개인과 환경 간의 상호작용에서 장애가 발생한다는 점에서 장애인들은 자신의 삶에 대하여 스스로 선택하고 지배하는 힘을 지녀야 하고, 당사자의 임파워먼트와 지역사회 권익옹호 활동에 치중하는 지역사회기반 서비스 모델과 관련하여 당사자들의 권익을 위해서 환경적 장벽을 제거하는 데 초점이 있는 것이라고 설명했다.

장애인복지를 이해하기 위한 관점은 다중패러다임으로 바라보는 것도 필요하지만(이동석, 2004), 자립생활 모델로 방향을 두는 것이 바람직하다는 생각들이 주를 이루고 있다. 자립생활은 장애인의 문제를 장애인 당사자 입장에서 생각하고 이에 대한 대안을 찾아내며 새로운 패러다임으로 인식한 연구틀에서 시작해야 하며, 장애인 스스로가 자신의 장애 상태를 받아들이고 사회적 권리와 자기결정권을 사회로부터 보장받도록 요구하여 자립생활하는 것이다(노금호, 2011).

나. 장애인 대상 국내 포토보이스 연구

장애인을 대상으로 포토보이스 방법을 적용하여 수행한 국내 연구는 〈표 6-1〉에서 보는 것처럼 총 10편으로 나타났다. 현재까지 발표된 문헌을 토대로 연구 참여자별로 구분해 보면, 지적장애인(전정식 외, 2013; 정동호, 임경원, 2019; 정상미 외, 2017), 정신장애인(김민아 외, 2016; 안희철 외, 2016), 발달장애인(김태건, 임경원, 2018; 손성화, 강영심, 2021), 지체 및 뇌병변장애인(박경미, 김민아, 2017; 최윤, 2020), 청각장애인(김선희, 김민아, 2023)을 대상으로 포토보이스 연구가 이루어졌다.

포토보이스 연구에 참여한 수는 4명에서 12명의 범위를 형성하고 있다. 이는 포토보이스 연구에 참여하는 사람의 이상적인 규모로 7~10명을 제안한 Wang(1999)의 의견과 부합한다. 포토보이스 연구에서 참여자가 너무 많으면 사진을 바탕으로 진행되는 토론 및 토의 활동에서 모든 참여자의 밀도 있는 내러티브를 청취할 시간 부족, 말하기를 좋아하는 소수의 독점 현상으로 인한 다양한 의견 청취의 어려움

등의 문제가 발생할 수 있다. 반면, 포토보이스 연구 참여자가 너무 적으면 사회 문제에 대한 공통된 인식 도출의 어려움, 문제 해결을 위한 연대의 어려움 등과 같은 문제가 생겨난다.

〈표 6-1〉 장애인이 참여한 포토보이스 연구

연구자	연구주제	연구 참여자
전정식 외(2013)	지적장애인의 사회적 포함 연구	지적장애인 12명
김민아 외(2016)	당사자 렌즈로 바라본 "나의 삶"	정신장애인 7명
안희철 외(2016)	정신요양시설에 거주하는 정신장애인의 삶	정신장애인 6명
박경미, 김민아(2017)	중고령 여성장애인의 삶	여성장애인 6명 (지체 및 뇌병변 장애)
정상미 외(2017)	지적장애인의 성인초기 삶의 경험	지적장애인 6명
김태건, 임경원(2018)	직장인으로 살아가는 발달장애인의 삶	발달장애인 5명
정동호, 임경원(2019)	특수학교에서의 진로·직업교육 경험	지적장애학생 4명
최윤(2020)	중증뇌병변장애 청년의 자립 의미	중증뇌병변장애인 7명
손성화, 강영심(2021)	발달장애청년의 자립생활에 대한 의미와 경험	발달장애청년 7명
김선희, 김민아(2023)	청각장애를 가진 청년들의 사회적 관계 맺음	청각장애청년 8명

위와 같이 장애인이 참여한 포토보이스 연구는 사회·정치적으로 주변에 머물렀던 장애인이 사회를 향해 목소리를 낼 수 있는 기회를

제공하였다는 데 의의가 있다. 구체적인 시사점을 제시하면 다음과 같다.

첫째, 연구 참여자인 장애인이 연구의 전반적인 과정에 직접 참여하고 관여함으로써 연구 수행의 주체성 확립에 기여하였다. 그동안 장애인은 연구에 필요한 정보를 제공하거나 관찰의 대상이 되었던 기존의 제한적 참여자 역할에서 벗어나, 포토보이스 연구에 참여한 장애인은 직접 사진을 찍고 사진에 의미를 부여하는 활동을 통해 지식 생산에 참여함으로써 참여자의 역할과 위상이 크게 바뀌게 되었다(오영범, 2023; Sutton-Brown, 2014; Wang & Burris, 1997). Latz(2018)가 언급한 것처럼, 포토보이스의 참여자는 연구자와 함께 연구를 수행하는 공동연구자 역할로 거듭날 뿐만 아니라 협력적 지식 생산자의 역할을 수행함으로써 지식 생산의 민주화에 기여한다(Latz, 2018).

둘째, 장애인이 참여한 포토보이스 연구는 비슷한 상황에 놓여 있는 장애인이 협력하고 연대하여 사회 변화를 위한 목소리를 낼 수 있는 기회를 제공하였다. Liebenberg(2018)가 제시한 참여적 행동 연구의 네 가지 구성 요소인 연구, 참여, 행동, 사회 변화는 포토보이스 연구에 참여하는 사람들이 어떠한 과정을 통해 사회 변화를 위한 목소리를 내는지 잘 보여준다. 포토보이스 연구 참여자는 사진을 통해 그들의 삶을 기록·성찰하고, 자신들의 삶에 대한 심층적인 토론을 통한 집단 지식을 향상시키며, 자신들이 직면한 문제를 개선하기 위해 사회에 알리는 과정을 통해 비판적 의식 향상과 변화를 위한 연대의 힘을 경험하게 된다(Wang, Burris, & Ping, 1996; Wang & Burris, 1997). 손성화와 강영심(2021)이 포토보이스를 통한 발달장애청년의 자립생활에 대한 의미와 경험을 탐색한 연구에서 발달장애청년들이 바라는 자립생활은 '당당한 직업인 되기', '독립된 주거공간', '결혼을 꿈꾸며'와 같이 극히 평범한 일상생활을 영위하고 싶은 마음으로 지극히 평범한 것이었다.

3. 연구 방법

가. 연구 참여자 모집

본 연구의 목적은 평생교육이 장애인의 자립에 미치는 영향을 알아보기 위한 것이다. 본 연구의 주요 참여자는 평생교육을 받고 있는 장애인이고 구체적인 연구 장소는 연구 참여자들을 둘러싸고 있는 삶의 맥락이 된다. 본격적인 포토보이스 연구를 수행하기 전에 사전에 파악해야 할 중요한 사항이 있다. 즉, 상황을 바꿀 힘이 있는 사람들을 파악하는 것이다(Wang & Burris, 1997). 장애인의 자립과 관련된 문제를 듣고 이들의 문제를 해결해 줄 수 있는 힘을 가진 정책 입안자 혹은 리더 등을 염두에 두어야 한다. 본 연구에서는 장애인 단체를 대변하고 있는 시의원을 염두에 두었고, 사진 전시와 함께 토론회 개최를 계획하였다.

포토보이스 활동에 참여한 연구 참여자는 총 8명으로 구체적인 정보는 〈표 6-2〉와 같다. 이들은 C시에 위치한 장애인 평생학교에 재학 중인 사람들로 자발적 참여 의사를 토대로 표집이 이루어졌다. 구체적인 표집 기준은 다음과 같다. 첫째, 장애인 평생학교에 2년 이상 재학 중인 장애인을 연구 참여자로 선정하였다. 그 이유는 본 연구가 지향하는 평생교육이 장애인의 자립생활에 미치는 영향을 좀 더 세밀하게 들여다보기 위한 것이다. 둘째, 어느 정도의 의사소통 정도를 고려하여 연구 참여자를 선정하였다. 포토보이스는 연구 참여자가 찍은 사진을 바탕으로 함께 모여 이야기 나누는 활동이 수반된다. 이 과정에서 드러나는 연구 참여자의 생각과 의견은 사진에 대한 풍부한 정보를 제공함으로써 연구 목적에 부합하는 의미 도출 가능성을 높여 주기 때문이다. 사진을 바탕으로 집단 토론을 진행할 때는 청각장애를 가진 참여자를 위해 수어 통역사가 함께 참여하여 진행에 도움을 주었다. 본 연구는 2022년 7월부터 12월까지 6개월간 수행되었다. 연구가 종료된 후인 2023년 4월에는 '평생교육이 장애인의 자립생활에 미치는 영향'이라는 주제로 사진 전시와 함께 토론회를 개최하였다. 토론회에는 실제 연구에 참여한 2명의 장애인이 토론자로 참여하였고, 약 200여명의 지역사회 장애인들이 함께 하였다.

〈표 6-2〉 포토보이스 연구 참여자 정보

순	성명	성별	나이	장애 유형	비고
1	김○○	여	25	뇌병변장애	전동휠체어
2	정○○	여	39	뇌병변장애	전동휠체어
3	김○○	여	30	뇌병변장애 지적장애	전동휠체어
4	김○○	여	33	지적장애	

순	성명	성별	나이	장애 유형	비고
5	이○○	남	45	시각장애 지적장애	
6	고○○	여	45	지적장애	
7	김○○	남	49	뇌병변장애 지적장애	언어장애 있음
8	곽○○	남	69	청각장애	수어로 소통 가능

나. 자료수집 방법

본 연구에서는 목적 달성에 필요한 자료를 수집하기 위해 사전 교육 성격의 오리엔테이션, 연구 참여자의 사진 촬영, 사진에 의미 부여하기, 포커스 그룹 토론하기의 네 단계를 거쳤다. 각 단계에 따른 구체적인 자료수집 정보는 〈표 6-3〉과 같다.

〈표 6-3〉 구체적인 자료수집 내용 및 방법

구분	내용	방법
오리엔테이션	• 포토보이스 연구 목적 및 진행 방법 안내 • 사진 촬영 주제 제시 -1차 주제: 혼자서 일상생활하는 어려움(2022년 8월 5일, 금) -2차 주제: 평생교육이 장애인의 자립에 도움이 되는 것들(2022년 10월 12일, 수) • 사진 촬영 방법 및 유의점(저작권, 초상권)	• A4 한 장으로 구성된 포토보이스 활동 안내문을 작성하여 평생학교 실무 담당자에게 이메일로 전달 • 평생학교 실무 담당자가 연구 참여자에게 안내 및 교육이 진행됨

구분	내용	방법
사진 촬영	• 주제에 따라 연구 참여자의 사진 촬영	• 개인 스마트폰 활용
사진에 의미 부여	• 사진에 제목 및 의미 부여하기 • 사진은 온라인 공간에 탑재하여 공유	• 사진 촬영 및 의미 부여가 동시에 진행됨
포커스 그룹 토론	• 면대면 공간에서 사진과 관련된 집단 토론	• PHOTO 질문 기법

오리엔테이션에서는 연구 참여자들에게 사진 촬영 및 사진과 관련된 세부 활동 등에 관한 안내가 이루어진다. 오리엔테이션은 [그림 6-1]과 같이 A4 한 장의 구조화된 안내문을 통해 이루어졌다. 이 안내문은 연구를 수행하는 목적에 대한 안내, 사진 촬영 주제, 찍은 사진을 온라인 공간인 패들렛에 탑재하는 방법, 사진 제목 및 내용을 설명하는 방법, 그리고 사진을 찍을 때 주의할 점 등으로 이루어졌다. 특히, 자기 스마트폰을 활용하여 자신이 찍은 사진만을 탑재하도록 함으로써 저작권 문제를 고려하였고, 사진 속에 다른 사람의 모습이 들어가지 않도록 함으로써 초상권 문제도 염두에 두었다.

포토보이스(Photovoice) 활동 안내

본 연구는 평생교육이 장애인의 자립생활에 미치는 영향을 알아보기 위한 것입니다. 이를 위해 여러분들은 사진을 찍고, 사진에 목소리를 담는 포토보이스 활동을 하게 될 것입니다. 여러분들의 포토보이스 활동은 더욱 질 높은 평생교육 서비스를 제공하는 데 도움이 될 것입니다. 아래 안내에 따라 참여해 주시면 감사하겠습니다.

2022. 8. 5. 평생교육이 장애인의 자립에 미치는 영향 연구팀

▣ 사진 촬영 주제: 혼자서 일상생활 하는 어려움

여러분은 다른 사람의 도움 없이 혼자서 일상생활을 해야 하는 경우가 있습니다. 가정, 학교, 사회 생활을 하면서 직면하는 어려움과 관련된 사진을 찍어 주세요.

▣ 사진과 관련된 글쓰기

❶ QR코드로 패들렛 접속	❷ 사진과 함께 글쓰기	❸ 사진 계속 올리기
https://padlet.com/50tigers0353/e6q0r9wu1otk85zz	ㅁ우측 하단에 버튼 클릭 ㅁ찍은 사진과 함께 글쓰기 - 사진에 제목 붙이기 - 사진이 어떤 장면인지 글로 표현하기 - 사진에 일상생활의 어려움에 대한 나의 생각과 느낌 등을 기록하기	ㅁ❶번과 ❷번의 방법으로 사진 계속 올리기 - 장애인으로서 혼자서 하는 일상 생활의 어려움 - 장애인으로서 혼자서 생활하는 데 문제가 발생하는 장면 등

▣ 주의 사항

- 반드시 내 스마트폰을 이용하여 내가 찍은 사진을 올립니다.
- **[저작권 문제]** 다른 사람이 찍은 사진이나 인터넷에 있는 사진은 사용하시면 안 됩니다.
- **[초상권 문제]** 가급적 다른 사람의 모습이 사진속에 들어가지 않도록 해주세요.
- 내가 찍은 사진을 앱을 이용하여 보정하거나 변형하지 않도록 해주세요.

▣ 안내

- 여러분이 찍은 사진을 바탕으로 다양한 이야기를 나눌 것입니다.
- 2022년 8월 10일(수)까지 사진과 여러분의 생각을 올려주시기 바랍니다.

[그림 6-1] 실제 활용한 포토보이스 활동 안내문

사진 촬영은 연구 참여자들이 실제로 사진을 촬영하는 단계이다. 참여자들은 각자 소지하고 있는 스마트폰을 이용하여 사진을 촬영하였다. 두 차례에 걸쳐 기록 활동이 이루어졌는데, 첫 번째 사진 촬영 주제는 '혼자서 일상생활하는 어려움', 두 번째 사진 촬영 주제는 '평생교육이 장애인의 자립에 도움이 되는 것들'로 제시하였다. 연구 참여자들이 사진을 찍을 수 있는 충분한 시간을 가질 수 있도록, 약 2주간의 기록 시간을 제공하였다. 그리고 앞서 언급한 것처럼, 찍은 사진은 패들렛에 탑재함으로써 연구 참여자들이 찍은 사진을 공유하고 전시하는 공간으로 활용하였다.

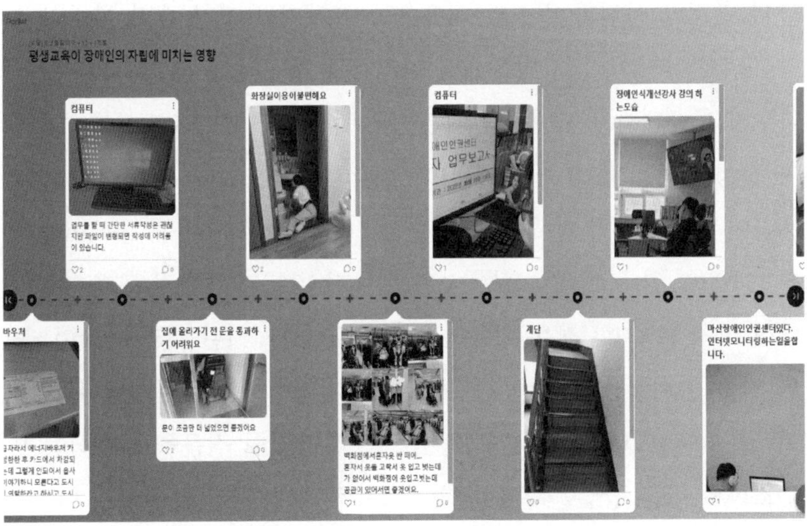

[그림 6-2] 패들렛을 통한 온라인 전시 장면

사진 촬영과 함께 사진에 의미를 부여하는 활동이 병행되었다. Wang(1999)은 연구 참여자가 찍은 사진을 바탕으로 다양한 의미를 부여하는 활동을 서술이라 하였다. 이때 의미를 부여하는 활동으로는 글쓰기, 포커스 그룹 토론, 면담 등과 같이 다양한 활동이 수반될 수 있다. 본 연구에서는 사진에 제목을 부여하고 설명하는 글쓰기 활동, 연구자가 사전에 준비한 질문을 토대로 이야기 나누는 활동을 병행하였다. 먼저, 연구 참여자들은 각자 촬영한 사진에 제목을 부여하고 해당 사진이 어떠한 장면인지 혹은 무슨 일이 일어나고 있는지 등에 대해 설명하는 글쓰기를 하였다. 글쓰기 활동은 온라인 공간인 패들렛(padlet.com)[2)]에서 진행되었다. 패들렛을 이용한 이유는 연구 참여자들이 탑재한 사진과 글쓰기 내용을 공유하기 용이할 뿐만 아니라 후속하는 이야기 나누기 활동에도 편리함을 제공하기 때문이다. 이야기 나누기 활동에서는 사진이 탑재된 패들렛 공간을 빔프로젝트를 이용하여 진행하였다. 이때 연구자는 Hussey(2006)의 PHOTO 질문 기법을 활용하여 이야기 나누기 활동을 진행하였다. 이때 연구자는 Hussey(2006)의 PHOTO 질문 기법을 활용하여 이야기 나누기 활동을 진행하였다. 다섯 가지 PHOTO 질문 내용은 〈표 6-4〉에 제시된 것과 같으며 8명의 연구 참여자들이 찍은 사진에 대해 개별적으로 질문하였다. 질문 전략은 PHOTO 질문 기법을 중심으로 부가적인 질문을 병행하는 반구조화된 질문 방법을 활용하였다. 총 두 차례에 걸쳐 이야기 나누기 활동을 수행하였고, 구체적인 활동 정보는 〈표 6-4〉와 같다.

---

2) 실제 연구 참여자들이 사진을 탑재하고 글쓰기 활동을 한 온라인 공간으로 구체적인 접속 주소는 다음과 같다.
https://padlet.com/50tigers0353/e6q0r9wu1otk85zz

〈표 6-4〉 이야기 나누기 활동 및 PHOTO 질문 기법

구분	일시 및 장소	질문 내용
1차	2022년 8월 10일(수) 13:30 ~ 15:30 C시 장애인 평생학교	• 사진에 대해 설명해 주세요. • 사진에서 무슨 일이 일어나고 있나요? • 왜 이 사진을 찍었나요? • 이 사진은 당신 인생에 대해 무엇을 말해 주나요? • 이 사진이 삶을 개선하는 데 어떤 기회를 제공할 수 있을까요?
2차	2022년 11월 1일(수) 13:30 ~ 15:30 C시 장애인 평생학교	

다. 자료분석 방법 및 타당도 확보 전략

본 연구에서 수집한 자료는 Wang과 Burris(1997)가 언급한 선택하기(selecting), 맥락화하기(contextualizing), 성문화하기(codifying)의 3단계 분석 방법을 적용하였다. 선택하기는 연구 참여자들이 찍은 사진을 선택하는 것으로, 이때 자신들의 삶을 가장 잘 드러내주는 혹은 사진 촬영 주제에 부합하는 사진을 중심으로 선택한다(오영범, 2023). 실제 본 연구에 참여한 장애인들은 첫 번째 사진 촬영 주제인 '일상생활에서 장애인 자립의 어려움', 두 번째 사진 촬영 주제인 '평생교육이 장애인 자립에 도움이 되는 것'을 가장 잘 드러내 줄 수 있는 사진을 선택하였고, 이 사진에 제목을 부여하고 설명하는 글쓰기를 진행하였다. 맥락화하기는 사진이 담고 있는 의미를 이야기하는 단계다(오영범, 2023; Wang & Burris, 1997). 맥락화하기 단계에서 연구 참여자들은 포커스 그룹 토론 활동을 통해 사진과 관련된 다양한 이야기를 나누는데, Wang과 Burris(1994)는 VOICE(Voicing Our Individual and Collective Experience)

방법에 따라 이야기 나눌 것을 제안하고 있다. 본 연구에서는 연구 참여자들이 찍은 사진을 바탕으로 포커스 그룹 토론 활동을 진행하였고, VOICE 방법을 구체화하기 위해 PHOTO 질문 전략(Hussey, 2006)을 활용하여 장애인 자립과 관련된 현실 및 평생교육의 좋은 점을 이야기하였다. 성문화하기는 연구 목적과 관련된 이슈, 주제, 혹은 이론을 집중적으로 확인하는 단계로, 수집되고 분석된 자료에 기반하여 의미를 발견하게 된다(오영범, 2023; Wang & Burris, 1997). 본 연구에서는 참여자들이 사진에 부여한 제목을 개념적 코드로 활용하였고, 이를 바탕으로 하위주제 및 상위주제를 도출하였다.

본 연구에서 타당도를 확보하기 위해 다음과 같은 두 가지 전략이 사용되었다.

첫째, 자료수집의 삼각검증을 통해 타당도를 확보하였다. 포토보이스 연구에서는 핵심이 되는 사진 자료와 함께 집단 토론, 사진에 의미 부여하기, 면담, 관찰 등과 같은 부가적인 자료를 수집하고 분석함으로써 연구의 타당도를 확보할 수 있다(오영범, 2023; O'Malley & Munsell, 2020). 본 연구에서는 연구 참여자들이 찍은 사진, 사진에 의미를 부여한 글쓰기, 사진을 바탕으로 진행된 포커스 그룹 토론 활동 등과 같은 다양한 형태의 자료를 수집하였다. 또한 토론회에서 활용된 연구 참여자들의 토론문을 추가함으로써 자료수집의 삼각검증을 고려하였다.

둘째, 연구 참여자들의 목소리를 사회에 전달하기 위해 온라인 · 오프라인 전시와 토론회를 병행하였다. Latz(2018)는 포토보이스 연구에서 참여자들이 찍은 사진을 발표할 것을 권장하고 있는데, 연구 참여자들이 촬영한 사진을 다양한 형태로 전시하는 방법으로 구체화된다.

포토보이스에서의 발표는 기존의 질적 연구와 차별화되는 독특한 특징으로 소외된 사람 혹은 주변인이 사회로 진입할 수 있는 통로를 제공한다. 사진이 주요 전시 대상이며, 포스터, 안내 책자, 웹사이트, 디지털 스토리, 박물관 전시 등과 다양한 형태를 취할 수 있다(Latz, 2018). 본 연구에서는 패들렛을 활용한 온라인 전시를 하였는데, 온라인 전시는 시간과 공간을 초월하여 언제든지 관람할 수 있다는 장점이 있다. 또한 연구에 참여한 장애인의 목소리를 전달해 줄 수 있는 토론회를 개최하였다. 토론회는 2023년 4월 27일(목) C시 컨벤션 센터에서 개최되었고, 연구 결과에 대한 발제와 함께 다양한 관점이 적용된 토론이 이루어졌다. 토론회에는 본 연구에 실제 참여한 장애인 2명이 토론자로 참여하여 장애인 자립의 현실과 평생교육의 방향에 대해 각자의 생각과 의견을 발표하였다. 또한 이들의 목소리를 대변할 수 있는 시의원을 토론자로 초청함으로써 변화를 이끌어낼 수 있는 기회의 장으로 삼았다. 아울러, 토론회가 진행된 장소에 별도의 공간을 확보하여 연구 참여자들이 찍은 사진을 소개하는 오프라인 전시 활동을 열어, 토론회에 참가한 사람들이 장애인의 목소리를 들을 수 있도록 하였다.

4. 포토보이스를 통한 장애인의 내러티브

평생교육이 장애인의 자립생활에 미치는 영향을 알아보기 위해 표집한 8명의 장애인을 대상으로 실시한 포토보이스 결과는 〈표 6-5〉

와 같다. 먼저, 일상생활에서 장애인 자립의 어려움은 공간 접근 및 이동의 어려움, 비장애인에게 최적화된 생활 도구, 일상생활 서비스의 한계로 드러났다. 각 하위주제에 해당하는 포토보이스 활동에 따른 주제를 부여하였고, 이를 뒷받침하기 위해 직접 참여한 장애인이 찍은 사진과 함께 그들의 목소리를 인용하였다. 평생교육이 장애인의 자립에 도움이 되는 것으로는 자립에 필요한 기술 및 지식 습득, 다양한 상호작용을 통한 사회성 함양, 사회적 참여 기회를 통한 자존감 강화, 주도적 삶을 위한 자율성 강화로 나타났다. 각 하위주제에 대한 근거로 연구 참여자들이 만든 포토보이스에 면담 내용을 추가함으로써 연구의 타당도를 높이는 데 기여하였다. 아울러, 장애인의 자립을 위한 평생교육의 방향으로 직업교육의 강화, 자기관리를 위한 다양한 교육 기회 제공, 비장애인들과의 교류의 장 확대를 제시하였다.

〈표 6-5〉 포토보이스 활동에 따라 추출된 의미

상위주제	하위주제	포토보이스 개념
일상생활에서 장애인 자립의 어려움	공간 접근 및 이동의 어려움	빛 좋은 개살구
		오를 수 없는 계단
	비장애인에게 최적화된 생활 도구	보이지 않는 숫자
		결제의 어려움
	일상생활 서비스의 한계	소변과 함께
		공공 서비스 혜택의 어려움
평생교육이 장애인의 자립에 도움이 되는 것	자립에 필요한 기술 및 지식 습득	요리 수업
	다양한 상호작용을 통한 사회성 함양	함께하는 즐거움
	사회적 참여 기회를 통한 자존감 상승	장애인 인식 강의
	주도적 삶을 위한 자율성 강화	마트 장보기

가. 일상생활에서 장애인 자립의 어려움

1) 공간 접근 및 이동의 어려움

본 연구에 참여한 장애인이 일상생활에서 겪는 자립의 어려움은 다른 공간으로의 접근 혹은 이동이 제한되는 것으로 나타났다. 이는 비장애인이 특별한 불편 없이 누리는 생활과는 구분되는 장애인만의 불편한 생활로 나타났다. 즉, 비장애인의 생활에 맞춰진 공간적 특징으로 인해 장애인의 접근성과 이동성이 떨어지고 있었다.

전동 휠체어를 타고 다니는 한 장애인은 외부에서 화장실 이용의 어려움을 호소하였다. 인간이라면 기본적으로 해결해야 할 문제조차도 자유롭게 해결하지 못하는 어려움으로 인해 혼자서 외출하는 데 커다란 장애가 되고 있음을 밝혔다. 아래 연구 참여자의 포토보이스에서 드러난 것처럼, 전동 휠체어를 탄 상황에서 진입 자체의 어려움을 호소하면서 누군가의 도움이 없으면 이용 자체가 어려운 현실을 이야기하였다.

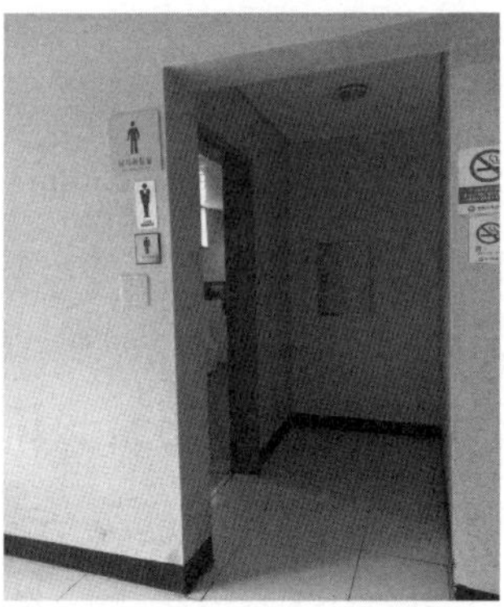

[그림 6-3] 빛 좋은 개살구

다리가 불편하여 전동스쿠터를 이용하고 있습니다. 이 화장실은 전동스쿠터를 주차하고 짚고 갈 수 있는 손잡이가 없어 보호자 없이 혼자 이용 자체가 불가합니다.

화장실 손잡이가 없기에 변기에 최대한 가까이 주차를 한다면

> 혼자 이용이 가능하지만 입구가 스쿠터 진입이 안 되는 구조라 이용할 수 없는 빛 좋은 개살구입니다.
>
> (2022년 8월 6일 곽○○의 포토보이스)

주로 오래된 건물에서는 장애인 화장실을 찾아보기 힘든 것이 현실이다. 그 이유는 현행 장애인·노인·임산부 등의 편의증진보장에 관한 법률(이하 장애인편의증진법)에서도 나타난다. 장애인편의증진법에 의하면 새 건물을 짓더라도 일정 규모 이상이 되었을 때 장애인 화장실의 설치 유무를 결정할 수 있다. 건물의 크기가 작은 경우는 권고 또는 권장 사항이기에 설치가 어려운 것이 현실이다. 이러한 상황에서 휠체어를 사용하는 장애인이 혼자서 외부 활동을 영위하는 것은 결코 쉬운 일이 아니다. 이러한 어려움은 면담을 통해서 구체적으로 드러났다.

> 운 좋게 화장실을 가다가 발견했는데, 스쿠터가 들어갈 수 있다든지 손잡이가 있어 저 혼자 해결이 가능하다면 이러한 문제가 줄어들 것 같습니다. 그리고 또 요즘에는 건물 화장실들이 비밀번호가 걸려 있어서 조금 급할 때 가게 주인이나 비밀번호를 물어보고 화장실을 갈 수 있지만, 그 시간 자체가 저에게는 제가 걸어다녔을 때 행동이 빨리빨리 될 수 있다면 괜찮지만 휠체어를 타고 가서 화장실에 있는 소변기까지 가는 데 시간이 오래 걸리기 때문에 그 시간 자체에서 옷에 소변을 봐버리고 집으로 가는 경우도 종종 있습니다. 그래서 건물마다 장애인 화장실을 설치해 주신다면 정말 좋을 것 같습니다. 일반 화장실이 있어야 하는 것

은 인정합니다. 그러나 장애인 화장실도 함께 있으면 좋을 것 같습니다.

(2022년 8월 10일 곽○○와의 면담 중에서)

장애인의 일상생활 어려움은 화장실뿐이 아니었다. 이들이 다른 공간으로 접근하거나 이동하고자 할 때, 마주하게 되는 계단은 오르지 못할 거대한 산과 같다. 누군가에는 일상 속에서 당연히 누릴 수 있는 생활 공간인 반면, 장애인에게는 이동할 수 있는 엄두조차 내지 못하는 커다란 장벽이 되고 있는 것이다. 특히, 엘리베이터가 없는 곳에서의 이동은 더 어려워진다. 몸이 불편한 장애인이 엘리베이터가 없는 오래된 건물에 진입하였을 때, 마주할 수 있는 장애물은 곳곳에 도사리고 있음을 확인할 수 있다. 결국, 휠체어를 이용하는 장애인은 이동 자체를 포기해야 하는 상황으로 이어지게 된다.

[그림 6-4] 오를 수 없는 계단

식당을 방문하였을 때 화장실을 계단을 통하여 올라가야 하는 경우에도 장애인이 화장실을 사용하기가 상당히 어렵습니다. 그리고 어떤 장소를 검색하여 찾아가려고 해도 계단이 많아서 이동을 할 때 장애인은 어려움을 많이 느낍니다.

(2022년 8월 6일 김○○의 포토보이스)

연구에 참여한 장애인들이 직접 찍은 사진과 그들과의 면담을 통해 드러난 점은 비장애인들이 누리는 평범한 일상도 장애인에게는 불편한 것으로 나타났다. 더구나 혼자서 외출을 하면 모든 일을 스스로 해결해야 하는 상황에서 그 어려움은 더욱 큰 것으로 확인되었다. 장애인이 일상의 삶에서 자립하기 위해서는 이들이 가고자 하는 공간으로의 접근성 및 이동성을 더욱 용이하게 구조화할 필요성이 제기된다.

2) 비장애인에게 최적화된 생활 도구

장애인들은 주변에 있는 일상의 생활 도구도 사용하기 어려운 것으로 나타났다. 이러한 생활 도구는 주로 비장애인에게 최적화된 것으로 장애인들은 실질적인 사용의 어려움이 드러났고, 그 어려움으로 인해 일상의 불편을 초래하고 있었다. 즉, 비장애인에게 최적화된 생활 도구로 인해 장애인의 자립에 어려움이 있는 것으로 드러났다.

연구에 참여한 한 시각 장애인은 디지털 도어에 부착된 숫자판이 쉽게 보이지 않아 비밀번호를 누르는 어려움을 호소하였다. 이 어려움 때문에 자기 집에도 쉽게 들어가지 못하는 상황이 일어났다. 비장애인에게는 1분도 채 걸리지 않는 집에 들어가기가 장애인에게는 10분 이상이 소요되는 불편함이 초래되고 있는 상황이다.

[그림 6-5] 보이지 않는 숫자

문을 열 때 도어락 사용을 하는데, 이때 시각장애인 특성상 비밀번호를 누르는 것이 어려워 오래 걸립니다. 평균적으로는 10분 정도 걸리며, 오래 걸릴 때에는 20분 가까이 소요되는 경우도 있습니다.

(2022년 8월 6일 이○○의 포토보이스)

누군가에는 편안한 여유를 제공하고 휴식을 취할 수 있는 집에 진입하는 것 자체가 넘어야 하는 거대한 장벽과도 같았다. 급한 화장실 용무, 외출하다 무언가를 잊고 급하게 집 안에 다시 들어가야 할 상황 등 집 안에서 처리해야 할 일 등이 있는 경우에는 그 어려움이 더 클 것으로 예상된다. 이러한 상황은 공공시설을 이용하는 상황에서도 일어났다. 한 지적장애인은 햄버거 가게에서 자동 주문 시스템 이용의 어려움으로 많은 시간이 걸렸던 경험을 들려주었다.

[그림 6-6] 결제의 어려움

제가 맥도날드를 혼자 방문한 적이 있습니다. 그런데 지적장애이다 보니까 어떤 버튼을 눌러서 결제를 해야 할지 잘 모르겠고, 뒤에 사람들이 줄을 서 있으면 마음이 많이 급해집니다. 이로 인해 직원들에게 도움을 요청하여도 직원들은 바빠서 물어볼 수도 없고, 뒤에 줄 서 있는 사람들에게 도움을 요청하려고 하더라도 빨리 결제를 했으면 좋겠다는 눈치를 주었습니다. 그래서 먼저 결제를 하시라고 양보한 경험이 있습니다.

(2022년 8월 10일 고○○의 포토보이스)

연구에 참여한 장애인의 포토보이스 및 면담을 통해 비장애인이 손쉽게 사용할 수 있는 일상적인 도구도 장애인에게는 힘겹게 다가오는 것을 확인하였다. 즉, 일상적인 생활 도구는 비장애인에게 최적화되어 있어 장애인의 특성을 고려하거나 신체적 특징에 부합하지 않는 것이 대부분이다. 심지어 누구나 손쉽게 이용할 수 있는 공공장소에서의 도구도 장애인이 이용하기에 어려움이 많은 것으로 나타났다. 공동체에 공존하는 모든 사람이 사용하기 위한 공공성에 입각할 때, 장애인의 특성을 고려한 혹은 장애인 맞춤형 생활 도구가 별도로 구비될 필요가 있다.

3) 일상생활 서비스의 한계

본 연구에 참여한 장애인들은 그들이 제공받는 복지 서비스의 한계로 인해 실질적인 자립이 어려운 것으로 나타났다. 자신의 몸을 스스로 움직일 수 없어 다른 사람의 도움을 받아야 하는 중증장애인의 경우 더욱 심각하다. 즉, 다른 사람의 도움 없이는 일체 움직일 수 없기 때문에 활동 보조 서비스 시간이 끝난 시간에는 꼼짝없이 움직임 없는 생활을 할 수밖에 없다. 본 연구에 참여한 한 장애인은 소변을 보고 나서 소변통을 처리하지 못해 밤새 안고 잠을 자야 하는 현실을 언급해 주었다. 활동 보조 서비스를 제공해 주는 사람이 올 때까지 기다려야 하는 것이다.

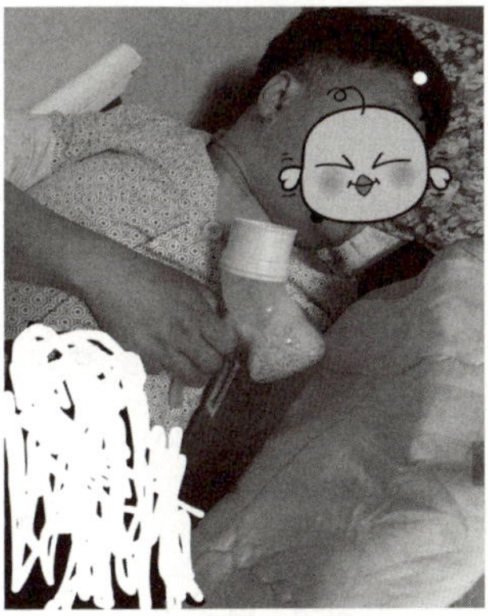

[그림 6-7] 소변과 함께

낮에는 활동 보조인 선생님과 함께 계시지만, 밤에는 혼자 있습니다. 그래서 밤이 되면 혼자 소변을 보고 침대에 소변걸이를 걸어 놓아야 하는데, 몸에 힘이 없어 그 걸이를 안고 있습니다. 이렇게 안고 있으면 활동 지원사 선생님이 아침에 오실 때까지 계속 손으로 들고 있는데, 이것이 너무 힘이 듭니다.

(2022년 8월 10일 김○○의 포토보이스)

위 포토보이스에서 보는 것처럼 장애인 김○○는 집에서 혼자 있을 때조차 거동할 수 없어 기본적인 생리 현상을 처리하는 어려움이 있었다. 더욱 안타까운 것은 혼자 있을 때 소변 횟수와 양을 줄이기 위해 국과 물을 많이 먹지 않기 위해 스스로 애쓰고 있다는 사실이다.

연구자: 선생님, 많이 힘드실 것 같습니다. 그렇다면, 그러한 불편함이 해소되기 위해서는 어떠한 지원이 있으면 좋을까요?

김○○: 활동 보조인 선생님의 활동 보조 시간이 늘어나면 좋을 것 같습니다.

연구자: 네, 그렇군요. 지금은 활동 보조인 선생님의 활동 보조 시간이 얼마나 되나요?

김○○: 오전 8시에 출근하셔서 오후 5시 30분까지 있다가 퇴근하십니다.

연구자: 그럼 활동 보조인 선생님이 퇴근하시고 나면 거의 매일 말씀하셨던 대로 그 생활을 해나가야 하는 건가요?

김○○: 네, 맞습니다. 그래서 선생님이 계실 때 소변을 보는 것이 편하니까 저녁을 최대한 빨리 먹으려고 하고, 또 식사를 할 때 국을 같이 먹으면 화장실을 더 사용하고 싶을 것 같아 국이나 물도 아예 먹지 않습니다. 그래서 건강과 관련하여 문제가 생기기도 합니다. 따라서 활동 보조 서비스를 더 많이 지원받기 위해 활동 지원사 선생님의 활동 보조 시간을 늘려 24시간 함께 있을 수 있도록 하면 좋을 것 같습니다.

(2022년 8월 10일 김○○와의 면담 중에서)

자립의 사전적 의미는 남에게 의지하거나 종속되지 않고 스스로의 힘으로 설 수 있음을 뜻한다. 그러나 장애인 김○○의 사례는 신체적 장애로 인해 온전한 자립이 절대적으로 어려운 상황이다. 결국, 신체적 한계를 극복해 줄 수 있는 도움 장치가 있을 때 비로소 자립할 수 있음을 의미한다. 김○○의 자립을 돕기 위해서는 그가 언급한 것처럼 활동 보조 서비스 시간을 확대할 필요가 있다. 아울러, 특별한 도움과 돌봄이 필요한 장애인을 위한 복지 제도를 재정비할 필요가 있다.

장애인이 경험하는 일상 서비스의 어려움은 공공 서비스를 통해서도 드러나고 있었다. 공공 서비스는 모든 시민을 대상으로 생활의 편의를 제공하고 일상에서 직면하는 어려움을 해결해 주는 등 다양한 형태로 도움을 제공한다. 비장애인뿐만 아니라 장애인, 극빈층, 다문화, 노인 등과 같은 공적 서비스 혜택에 다소 취약할 수 있는 대상에게도 동일하고 균등한 혜택이 돌아가야 한다. 이들의 신체 및 정신적 특징뿐만 아니라 여건, 상황, 환경 등을 고려한 서비스를 제공할 필요가 있다.

[그림 6-8] 공공 서비스 접근의 어려움

내가 수급자라서 에너지 바우처 카드를 신청한 후 카드에서 차감되도록 했는데 그렇게 안 되어서 읍사무소에 이야기하니 모른다고 도시가스 쪽에 연락하라고 하시고 도시가스는 읍사무소에 연락하라고 하는데 서로에게 미루는 상황에서는 저는 어떻게 해야 할지 모르겠습니다.

(2022년 8월 10일 고○○의 포토보이스 중에서)

나. 평생교육이 장애인의 자립에 도움이 되는 것

1) 자립에 필요한 기술 및 지식 습득

평생교육이 장애인의 자립에 도움이 되는 첫 번째는 자립에 필요한 기술을 습득하고 지식을 향상시키는 것으로 드러났다. 인간은 누구나 세상을 살아가는 데 필요한 지식과 기술을 습득할 필요가 있다. 이러한 지식과 기술은 단순히 인지적으로 습득한다고 해서 충분하지 않다. 알고 있는 것을 실제 삶의 맥락에 적용할 수 있는 전이의 과정이 필요하다. 즉, 이론적 지식을 살아 있는 실천적 지식으로 전환할 수 있어야 한다. 라면 끓이는 방법을 아는 앎과 실제로 배가 고플 때 자신의 힘으로 라면을 끓여 먹을 수 있는 실천은 다른 문제이기 때문이다. 장애인의 삶도 마찬가지다. 자신이 삶을 영위하는 데 필요한 기본적인 문제를 혼자의 힘으로 해결할 수 있을 때, 진정한 자립이 가능하다.

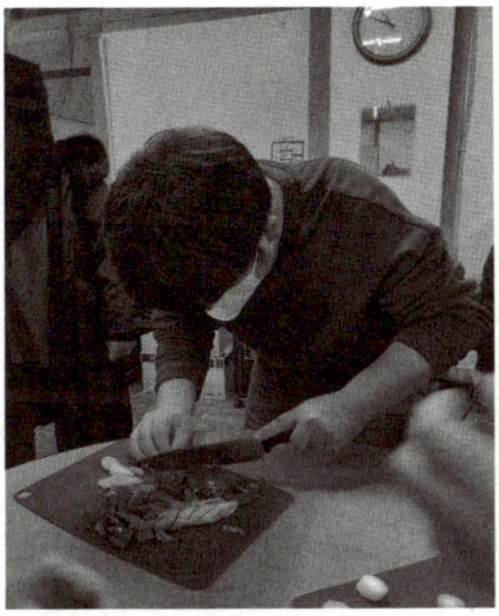

[그림 6-9] 요리 수업

평생학교를 다니면서 요리 수업을 하면서 파를 자르는 장면입니다. 전에는 칼도 못 쓰고 대충 했는데 지금은 모양 내면서 자르고 한번 할 때도 간단한 요리 정도 할 수 있게..... 좀 못해도 맛은 없지만 조금씩 할 수 있습니다. 계란 후라이, 오뎅볶음 정도 할 수 있습니다. 맛은 없고 짜게 하지만 내 입에 맞게 간단한 건 할 수 있습니다.

(2022년 11월 1일 김○○의 포토보이스)

본 연구에 참여한 한 장애인은 평생교육에서 받은 요리 수업 장면을 사진으로 찍었다. 그는 직접 참여하고 체험하는 실습 중심의 요리 수업을 통해 실제 요리가 가능함을 밝혔다. 배가 고프거나 한 끼를 해결하기 위해 손수 배운 요리 지식과 기술을 동원하여 허기진 배를 달랠 수 있다면 그 자체가 자립을 위한 하나의 조건이 된다. 이처럼 본 연구에 참여한 장애인은 평생교육을 통해 자립에 실질적인 도움이 되는 지식과 기술을 습득하고 있었다.

평생교육은 장애인에게 경험의 세계를 확장함으로써 이를 통해 세상을 조금씩 알아가는 기회로 작용하고 있었다. 본 연구에 참여한 장애인 김○○는 평생학교에서 제공하는 체험학습은 외로움에서 벗어나 함께하는 즐거움을 제공하였음을 밝혔다. 김○○가 언급한 정서적 효과뿐만 아니라 체험학습은 인지적 효과가 뛰어나다. 실제 교육학 영역에서 체험학습은 직접 경험을 수반한 살아 있는 학습을 통해 삶에 필요한 실질적인 지식을 제공해 주는 효과를 가지고 있다. 또한 체험학습은 선생님 혹은 동료와 함께 소통하고 협력하며 성찰하는 과정을 통해 사회적 구성주의를 구현할 수 있는 유용한 방법으로 인식되고 있다.

> 평생교육을 접하기 전에는 여건이 좋지 않아 다양한 체험활동을 많이 할 수 없었습니다. 그래서 늘 채워지지 않는 마음의 빈자리가 있었던 것 같습니다. 그 빈자리를 **장애인평생학교를 재학하며 채워갈 수 있게 되었습니다. 문화활동 및 체험활동을 통해 혼자서는 가기 어려웠던 곳을 갈 수 있었고, 기초문해교육을 통해 자립생활을 하는 데에 필요한 부분들을 배울 수 있었습니다.
>
> (2023년 4월 27일 김○○의 토론문 중에서)

2) 다양한 상호작용을 통한 사회성 함양

평생교육이 장애인의 자립에 도움이 되는 두 번째는 다양한 상호작용을 통해 사회성이 함양되는 것으로 드러났다. 이질적인 성향을 가진 다양한 사람과의 만남은 소통, 공감, 협력, 갈등, 문제 발생 및 해결, 의사결정 등과 같은 다양한 형태의 상호작용을 만들어 낸다.

인간은 사회적 동물이다. 특히 학교는 작은 사회로 기능한다. 장애인이 다니고 있는 평생학교도 작은 사회라 할 수 있다. 학교에서는 세상을 살아가는 데 필요한 지식과 기술을 습득하기 위해 교육과정 혹은 특별한 프로그램을 제공함으로써 학생들의 지적 욕구를 충족시킨다. 지식과 기술 습득의 인지적 기능 외에도 학교는 사회적 교류의 장을 마련해 줌으로써 사회적 기술을 함양하는 데 효과적인 공간으로 기능한다. 의사소통, 상호 협력, 토의 및 토론은 다양한 생각의 교류를 통해 문제 해결 등과 같은 사회적 기술을 자연스럽게 습득하게 된다. 이러한 과정을 통해 나 자신에 대한 깊은 이해와 함께 성격 및 성향이 다른 이질적인 사람에 대한 이해의 확장도 가져오게 된다.

[그림 6-10] 함께하는 즐거움

혼자 있으면 많이 외로울 수 있는데, 평생학교에 오면 많은 사람을 만날 수 있어서 좋아요. 많은 사람들과 이야기를 나누다 보면 재미있기도 하고, 모르는 걸 더 배울 수 있어서 좋아요.

(2022년 11월 1일 이○○의 포토보이스)

사회적 기술은 다양한 사람들이 한데 모인 공간에서 다양한 형태의 상호작용을 통해 습득할 수 있다. 사람과 사람이 만나 긍정적인 관계 형성을 통해 만족도 얻을 수 있지만, 의견이 다르거나 감정의 충돌로 인해 부정적인 관계로 빠질 우려도 있다. 부정적인 관계는 시기, 질투,

갈등, 미움 등과 같은 감정을 유발하게 된다. 사회적 기술 함양에 도움이 되는 평생교육은 이러한 부정적인 감정을 해소하고 관계를 극복하는 방법, 그리고 사전에 부정적인 관계를 만들지 않기 위해 할 수 있는 노력 등의 습득에 도움이 된다고 언급하였다.

김○○: 서로 소통하고 의견이 다르고 싸우긴 하지만 그래도 이야기하면 화해도 하면서 사회성이 높아졌습니다.

연구자: 사회성! 서로 이렇게 만나면 친하게 지내기도 하지만 또 싸울 때도 있어요?

김○○: 그렇게 다른 학생들이 힘들어할 때 위로해주고 하면서 사회성이 늘어났습니다.

연구자: 그러니까 사회성이라 하면서 소통하고 사람이 만나서 싸울 때도 있는데 그 싸운 것이 불편함을 해소하기 위해서 서로 이야기를 나누는 거죠?

김○○: 서로 이야기를 나눈다는 거죠. 그러면서 친해질 수 있다는 거죠. 하다 보니까 가족처럼 4-5년을 지내다 보니까 말은 안 해도 눈만 봐도 아는 거죠. 느낌이 있다면 아는 거죠. 서로 감정을 심하게 하면 안 된다는 것도 있다는 것을 느꼈습니다. 이야기를 하면서 서로 아픈 것을 예의상 안 건드는 것이라 생각합니다.

연구자: 상대방이 아파할지 모르는 것을 예의상 함부로 말을 하지 않는다고 이야기하셨는데, 예를 들어 무엇이 있을까요?

김○○: 처음에 싸울 때도 있었고 하지만 세월이 흐르니까 그거까지 서로 조심해야 된다고 생각합니다. 10년이 지났고

> 처음에는 의견충돌도 있었지만 지금은 서로 이해하면서 지내고 있습니다. 서로 10년을 알고 지내니까 알고 있지 않습니까.
>
> (2022년 11월 1일 김○○과의 면담 중에서)

성향이 비슷한 사람들과의 만남은 빠른 소통, 공감, 그리고 협력을 만들어 낸다. 이러한 차원에서 장애인들이 한데 모일 수 있는 평생학교는 의미가 크다고 할 수 있다. 비슷한 처지와 상황에 있는 사람들이 모여 서로의 아픔을 어루만져 주고, 장애인 관련 문제에 대한 빠른 인식과 해결 방법을 모색할 수 있는 연대를 가능하게 한다.

3) 사회적 참여 기회를 통한 자존감 상승

평생교육이 장애인의 자립에 도움이 되는 세 번째는 사회적 참여 기회를 통해 '나도 할 수 있다.' 혹은 '나도 사회에 일정 부분 기여하고 있다.'는 자존감을 높여주는 것으로 나타났다. 자존감 상승은 새로운 의지와 동기 유발에 긍정적으로 기능한다. 이로 인해 자존감을 높여 주었던 일에 다시 도전하게 하고, 나아가 새로운 일에 도전하게 만드는 원동력이 된다.

앞의 포토보이스 사례처럼, 본 연구에 참여한 장애인들은 평생교육을 통해 사회적 참여 기회가 더욱 확장되고 있었다. 그리고 사회적 참여 활동을 통해 스스로가 가치 있다는 자존감이 높아지는 경험을 하고 있다고 언급하였다. 이러한 사회 참여 활동을 통해 비장애인들과 만남의 기회가 주어진다. 장애인이 비장애인들과의 만남을 통한 소통과 공감은 비장애인들이 가질 수 있는 장애인에 대한 편견의 해소에도 도움이 된다고 밝히고 있다.

> 저도 강의를 하다 보니까 저 사진을 올리게 됐는데요. 이 강의를 하면서 저도 '장애인들은 못 한다', '할 수 없다'라고 비장애인들이 그렇게 많이 인식한다고 생각을 해요. 그래서 장애인들도 이렇게 할 수 있다는 것을 보여주기 위해서 저는 이 강의하는 모습을 올렸습니다.
>
> (2022년 11월 1일 고○○과의 면담 중에서)

인간은 뭔가를 할 수 있다는 자신감과 해냈다는 성취감을 통해 동기가 강화된다. 이러한 동기는 스스로에 대한 가치를 높게 평가하는 자존감의 상승으로 연결되는 강력한 힘이 된다. 장애인이 직접 장애인식을 개선하기 위해 학교에 방문하여 강의를 함으로써 비장애인과 장애인이 만남의 장을 만들고 소통하고 공감할 수 있다. 잦은 만남을 통한 공감대 형성은 상호 간의 간격을 좁히고 이해할 수 있는 유용한 기회가 된다. 이 과정에서 강사로 참여한 장애인은 할 수 있다는 자존감을 갖게 되고 더 활기찬 삶에 대한 의지를 가질 수 있다.

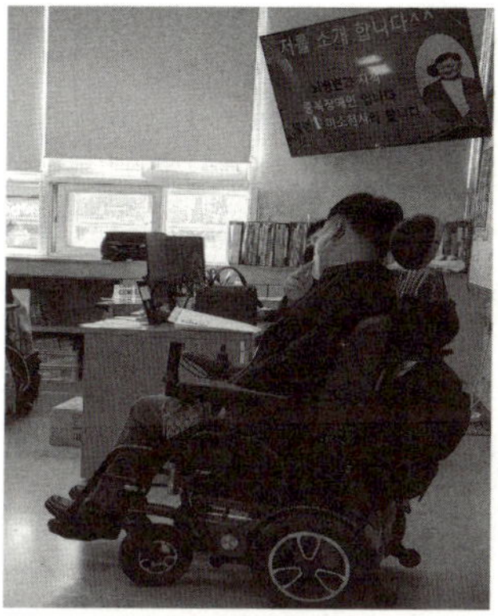

[그림 6-11] 장애인 인식 강의

초등학교 학생들에게 처음으로 강의하는 모습입니다. 내가 마산 장애인 인권센터에서 근무하고 장애인식개선 강사를 해서 너무나 좋았고 자랑하고 싶어서 올렸습니다. 마산 장애인 평생학교에서 장애인들에게 일할 수 있는 기회를 제공한다는 것이 너무나 좋았어요.

(2022년 11월 1일 김○○의 포토보이스)

4) 주도적 삶을 위한 자율성 강화

평생교육이 장애인의 자립에 도움이 되는 네 번째는 보다 주도적인 삶을 영위할 수 있는 자율성을 키워주는 것으로 나타났다. 장애인 평생학교를 통해 새로운 지식을 알게 되고, 앎의 폭이 넓어질수록 스스로 선택할 수 있는 기준이 더욱 확고해지는 주도적 결정 과정을 통해 자율적인 사람으로 성장하는 것으로 볼 수 있다.

자립을 위해서는 자신의 일은 스스로 선택하고 결정하는 자율성이 필요하다. 아울러, 스스로 선택하고 결정했기 때문에 이에 대한 책임도 본인의 몫이 된다. 인간은 자율적인 존재로 거듭나야 한다. 어린아이가 부모의 돌봄 영향하에 있다가 나중에 어른이 되었을 때 자율성을 갖춘 독립적인 주체로 성장하는 것과 같다. 일정한 시기가 되어 주도성을 갖고 자율적인 존재로 거듭나야 함에도 불구하고 타율적인 존재로 삶을 사는 것은 '나'를 잃고 사는 것과 같다. 본 연구에 참여한 김○○는 면담을 통해 평생교육이 장애인의 자율성 형성에 도움이 되는 것으로 언급하였다. 자율성 강화는 자신의 삶을 주도적으로 살아가고 살아낼 수 있는 주체성을 가진 존재로 성장하고 있음을 의미한다. 즉, 한 인간이 주체로서 자립하기 위해서는 타인의 개입 없이 스스로 삶을 영위할 수 있는 자율성이 필요하다.

[그림 6-12] 마트 장보기

김○○: 저녁 먹으려고 저녁 장보러 마트 가고 있는 겁니다.

연구자: 그러면 평생학교에서 배운 것과 어떤 연관이 있을까요? 평생교육 받아서 실제 어떠한 영향을 미쳤나요?

김○○: 평소에는 다른 사람한테만 종종 만들어 달라고 했었는데 교육을 받고 나서는 먹을 수 있는 것과 먹고 싶은 것에 대한 선택권이 생겼고, 그 메뉴에 있어서 제가 자율적으로 먹고 싶다고 표현할 수 있는 것 같습니다.

(2022년 11월 1일 김○○의 포토보이스)

위의 사진과 김○○과의 면담을 통해 드러난 것처럼, 장애인의 자율성 강화에 직접적인 영향을 미치는 것은 바로 '교육'의 힘이었다.

교육을 통해 세상을 알아가고 가치 판단에 대한 합리적인 기준을 세우고 자신을 세상과 조화시킬 수 있는 것이다. 결국, 평생교육을 받고 있는 장애인들은 지속적인 교육을 통해 자율성을 형성하고, 이 자율성은 장애인의 자립에 긍정적인 영향을 미치는 것으로 볼 수 있다.

> 저는 평생교육을 접함으로써 다양한 경험들이 쌓여 의사를 표현할 수 있는 주체성과 타인이 결정해주는 삶이 아닌 스스로 주도하는 삶을 살 수 있게 되었습니다.
>
> (2023년 4월 27일 김○○의 토론문 중에서)

다. 장애인의 자립을 위한 평생교육의 방향

1) 직업교육의 강화

본 연구에 참여한 장애인들은 자립을 위한 평생교육의 첫 번째 방향으로 직업교육의 강화를 제안하였다. 앞서 평생교육을 통해 장애인의 사회적 참여 기회가 확대되었고, 이 과정을 통해 자존감이 형성되고 있다는 사실을 확인하였다. 이러한 측면에서 장애인이 본격적인 사회 진출을 통한 참다운 참여가 이루어질 수 있도록 직업교육이 강화될 필요가 있다. 포토보이스 활동의 일환으로 실시한 포커스 그룹 토론을 통해서도 이들은 일자리를 갖고 싶은 욕구를 드러내고 있다.

연구자: 그럼 현재 선생님한테 필요한 것이 무엇일까요?

정○○: 일자리 사업이요.

연구자: 그런데 이미 인권센터에서 일을 하고 계시잖아요.

정○○: 인권센터에서 일해도 1년만 하고 또 쉬었다가 하니까.

황○○ 소장: 그러니까 일자리 사업의 경우 지속적으로 계속해서 하는 것이 아니라 1년 하면 1년 쉬었다가 다시 해야 하는 상황입니다.

정○○: 재계약이다 보니까.

연구자: 아, 그렇다면 1년 하고 1년 쉬는 동안 할 수 있는 일이 없네요. 그럴 때는 어떻게 지내세요?

김○○: 놀다가 그냥 있어요.

(2022년 11월 1일 포커스 그룹 토론 중에서)

이처럼 본 연구에 참여한 장애인들은 일을 계속할 수 있기를 원했다. 앞서 연구 참여자들의 포토보이스에서도 드러난 것처럼, 자신이 사회에 일정 부분 기여하고 있다는 사실에 자존감이 높아지고 있음을 확인하였다. 다양한 사람들이 한데 모여 일하는 직업 현장에서 생활하면서 사회적 기술을 함양할 수 있을 뿐만 아니라 비장애인과의 교류를 통해 서로 간의 벽을 허물고 소통하고 공감할 수 있는 새로운 기회의 문이 열리게 된다. 따라서 장애인을 위한 직업교육을 강화하여 실제 현장에서 일할 수 있는 문을 더욱 넓힐 필요가 있다.

2) 자기관리를 위한 다양한 교육 기회 제공

본 연구에 참여한 장애인들은 자립을 위한 평생교육의 두 번째 방향으로 자기관리를 위한 다양한 교육 기회를 제공해 줄 것을 요구하였다. 신체 움직임이 불편한 장애인은 신체를 자유자재로 움직이지 못하는 상황 때문에 건강 관리가 쉽지 않은 것이 현실이다. 이로 인해 비만, 당뇨, 그리고 기타 질병 등이 수반되는 사례를 언급하였다. 본 연구에 참여한 장애인 인권센터 소장은 장애인의 건강을 염려하며 장애인 각자가 가진 특성에 맞게 체계적으로 운동을 할 수 있는 건강 관리 프로그램 도입의 필요성을 제기하였다.

> 지금 저희가 건강관리 같은 부분이 잘 안 된다고 생각하거든요. 왜냐하면 특히 장애인분들은 신체가 불편하시니까 노화나 체력이 약간 비장애인분들보다 빨리 약화되기도 하고 속도가 빠른데 거기에 옆에 계시는 선생님분들이나 동료들이 어떻게 해야될지 잘 모르는 분들이 많고 각자의 장애 특성에 맞게 어떤 운동을 하는지에 대한 것에 우리 장애인분들이 건강하게 생활할 수 있지 않을까라는 생각을 합니다. 어떤 분은 조절이 안 돼서 살이 많이 찐 분도 계시고, 어떤 분은 당뇨가 있는데 혼자 계시니까 조절이 안 된다 하시는 분들도 굉장히 많아요. 전문적인 부분이 들어가는 것이 좋겠습니다.
>
> (2022년 11월 1일 포커스 그룹 토론 중에서)

신체적 장애에 건강까지 나빠지게 되면 장애인의 어려움은 더욱 커지게 된다. 비장애인에 비해 불편한 조건을 가진 장애인의 건강 상실은 신체적 조건의 한계로 인해 더욱 깊은 수렁으로 빠질 수밖에 없다. 따라서 평생교육 교육과정에 건강 관리 과목을 개설하거나 건강을 관리할 수 있는 특별 프로그램을 개발하여 실행하는 것도 하나의 방법이 될 수 있다. 또한 본 연구에 참여한 장애인은 건강관리와 함께 자산관리 교육의 필요성도 언급하였다. 장애인들이 돈 관리를 잘하지 못하기 때문에 과소비로 이어지는 이유를 덧붙였다. 이처럼 시대 상황, 사회적 요구, 장애인의 현실 등을 종합적으로 고려하여 장애인의 자기관리 방법을 평생교육을 통해 전개할 필요가 있다.

3) 비장애인들과의 교류의 장 확대

본 연구에 참여한 장애인들은 자립을 위한 평생교육의 세 번째 방향으로 비장애인들과 교류할 수 있는 장을 더욱 확대할 것을 제안하였다. 이들은 비장애인들이 바라보는 장애인에 대한 편견과 차별이 많이 해소되었다고 하지만 여전히 우리 주변에는 보이지 않는 벽이 있다고 언급하였다. 이를 해소하기 위해서는 만남을 통해 소통하고 공감할 수 있는 기회가 확대될 필요가 있음을 강조하였다.

> 김○○: 비장애인들을 많이 만날 수 있는 기회가 생겼으면 좋겠어요.
> 연구자: 좀 더 구체적으로 말씀해 주실 수 있을까요?
> 김○○: 함께 어울리는 기회가 생겼으면 좋겠어요. 특히 저는 자원봉사자를 만나는 것 말고 장애인들과 함께 어울리는 것들로요.

연구자: 그 이유는 무엇인가요?

황○○ 소장: 함께 만나는 것이 있어야지 우리 장애인들이 어떤 사람인지 알 수 있다는 것이죠. 만날 수 있는 기회가 생겼으면 좋겠다는 거죠.

연구자: 저도 비장애인이지만 매우 중요한 말씀을 하신 거 같아요. 여러분들도 공감하시나요?

참가자들: 네.

연구자: 또 다른 의견 있나요? 장애인과 비장애인의 만남의 시간이 더 생겼으면 좋겠다는 이유.

김○○: 장애인과 비장애인들이 함께 어울리게 되면 차별이 없어질 것 같아요.

고○○: 장애인이든 비장애인이든 함께 공존하잖아요. 비장애인들도 장애인이 될 수도 있잖아요. 그러면 우리와 같은 삶을 살아야 할 수도 있잖아요.

(2022년 11월 1일 포커스 그룹 토론 중에서)

장애인과 비장애인이 만나야 하는 이유는 바로 공존이다. 장애인, 비장애인을 떠나 우리 모두는 이 지구상에 공존하고 있는 인간이다. 공존한다는 것은 함께 어울려 살아야 하고, 자연스러운 삶의 맥락 속에서 언제라도 마주할 수 있다는 의미다. 그렇기 때문에 장애인과 비장애인이 함께 만날 수 있는 기회를 자주 만들 필요가 강조되는 이유다. 상호 이해가 전제될 때, 소통과 협력도 원활해지는 법이다. 장애인 평생교육에 비장애인과의 만남과 교류의 장을 기획하여 투입하는 방안이 필요하다.

5. 결론 및 논의

본 연구는 장애인 자립의 현실과 평생교육의 방향을 알아보는 것이 주된 목적이다. 이를 위해, 참여적 행동 연구의 하나인 포토보이스 방법을 적용하였다. 연구에 참여한 8명의 장애인들은 일상생활 속에서 경험하는 그들의 실제적인 장면을 사진으로 찍었고, 사진에 다양한 의미를 부여하였으며, 포커스 그룹 토론을 통해 심층적인 이야기를 나누었다. 세 가지 연구 문제에 따라 드러난 연구 결과는 다음과 같다. 첫째, 장애인이 일상생활에서 직면하는 자립의 어려움은 공간 접근 및 이동의 어려움, 비장애인에게 최적화된 생활 도구, 일상생활 서비스의 한계로 나타났다. 둘째, 평생교육이 장애인의 자립에 도움이 되는 것은 자립에 필요한 기술 및 지식 습득, 다양한 상호작용을 통한 사회성 함양, 사회적 참여 기회를 통한 자존감 상승, 주도적 삶을 위한 자율성 강화로 나타났다. 마지막으로, 장애인의 자립을 위한 평생교육의 방향은 직업교육의 강화, 자기관리를 위한 다양한 교육 기회 제공, 비장애인들과의 교류의 장 확대로 나타났다. 본 연구는 그동안 사회·정치적 주변인으로 삶을 살아온 장애인이 연구 과정에 깊숙이 관여하고 토론함으로써 자립 및 평생교육과 관련된 자신들의 목소리를 직접 전달하였다는 데 의의가 있다. 본 연구에서 도출된 결론을 바탕으로 다음과 같이 논의하고자 한다.

첫째, 이 연구는 장애인이 일상생활 속에서 완전한 자립으로 가는 어려운 현실을 보여주었다. 연구 참여자들의 포토보이스에서 드러난 것처럼, 장애인 자립을 위한 사회 환경은 여전히 부족하고 열악한 실정이다. 특히, 일상생활을 자유롭게 영위하는 데 필요한 기본적인 문제 해결이 어려워 장애인 자립의 큰 장애물이 되고 있었다. 생리 문제, 이동 및 접근의 문제 등과 관련된 물리적 환경 개선이 수반되지 않으면 장애인 자립을 위한 길은 멀다고 할 수 있다. 이러한 문제는 장애인 자립을 위한 환경적 요소의 부족과 사회안전망 부재를 제시한 기존 연구와도 일치한다(최윤, 2020).

둘째, 장애인 자립을 위한 평생교육의 역할을 더욱 강화할 필요가 있다. 1985년 UNESCO 국제성인교육회의에서 채택된 '학습권 선언'은 평생교육의 대상에서 장애인이 제외되어서는 안 된다고 강조하였다. 국내에서도 장애인의 평생학습의 권리를 보장하기 위해 국립특수교육원 내 국가 장애인 평생교육진흥센터를 설치하고, 장애인 평생교육 정보시스템인 '평생배움세상'을 구축하였다. 또한 「평생교육법」 제5조 2항에 따라 장애인 평생교육 정책의 추진동력을 확보하고자 2019년 12월 관계부처 합동으로 '장애인 평생교육 활성화 방안(2020~2022)'을 발표하였다. 장애인 평생교육을 위한 다양한 법적 근거와 장치가 마련되고 있는 상황에서 장애 특성에 따른 개별화 교육, 자립을 위한 사회 통합 교육 등 다양한 형태의 교육과정을 갖춘 평생교육을 제공할 필요가 있다. 또한 자립의 걸림돌이 되는 사회 현실에 대해 토론하고 지속적으로 연대하여 목소리를 낼 수 있는 실천 교육도 접목될 필요가 있다.

셋째, 장애인 당사자가 인식하는 현실적인 문제를 인식하고 이러한 문제를 개선하기 위해 연대하여 목소리를 낼 수 있는 포토보이스의 가능성을 확인하였다. 적극적인 참여와 행동을 강조하는 포토보이스는 사회 변화를 이끌어낼 수 있는 강력한 수단이 된다(Bradbury & Reason, 2003; Kemmis & McTaggart, 2005; Wang & Burris, 1997). 특히, 주변인으로 살아온 사람들의 침묵을 깨고 목소리를 낼 수 있는 힘을 갖고 있다(Belenky, Clinchy, Goldberger, & Tarule, 1986). 공동체 문제가 드러나는 사진을 바탕으로 전개되는 포토보이스의 집단 토론은 참여자들의 비판적 의식 향상에 도움이 된다. 비판적 의식은 세상을 있는 그대로 받아들이는 순응적인 삶에서 벗어나 사회 문제를 개선하기 위해 행동하는 힘을 부여한다. 이러한 차원에서 포토보이스는 장애인 평생교육을 촉진하고 활성화하는 유용한 수단이 될 수 있다. 장애인의 자립과 관련된 문제를 장애인 당사자의 삶 속에서 찾아 사진을 찍고, 이를 바탕으로 토론하고, 문제를 개선하기 위해 연대하여 목소리 내는 과정을 통해 장애인 자립을 효과적으로 이루어낼 수 있다.

넷째, 장애인 자립의 문제는 사회 통합적 관점에서 접근해야 한다. 장애인 자립의 문제는 당사자 혹은 장애인 가족에게만 국한된 문제가 아니다. 공동체에 공존하고 있는 '우리'의 문제다. 본 연구에 참여한 장애인의 포토보이스에서도 드러난 것처럼, 장애인들은 비장애인들과 교류할 수 있는 시간과 기회가 더 많아질 것을 기대하고 있었다. 비장애인들이 장애인과 소통하고 공감하며 협력하는 시간을 많이 가질수록 장애인이 처한 현실을 제대로 인식할 수 있다는 기대 심리가 반영된 것이다. 비장애인들의 장애인에 대한 인식의 전환과 확장은 장애인 자립과 관련된 현실적인 문제를 개선하는 데 큰 힘이 될 수 있다. 평생교육 교육과정에 비장애인들과 함께할 수 있는 다양한 프로그램을 설계하고 운영하는 것도 하나의 방법이 될 수 있다.

본 연구를 통해 포토보이스는 장애인의 참여를 촉진하고, 장애인이 힘을 모아 직접 사회 변화를 이끌어낼 수 있는 유용한 방법이 될 수 있음을 확인하였다. 포토보이스가 가진 힘의 원천은 바로 사진에 있다. 사진은 말보다 더 강력한 메시지 전달 효과와 함께 의미를 담고 있다(오영범, 2023). 포토보이스를 창시한 Wang과 Burris(1997) 역시 사진은 리터러시 능력이 부족한 사람 혹은 언어적 상호작용이 다소 취약한 사람들에게 적용할 수 있다고 언급하였다. 순수 언어로만 진행되는 면담은 연구자와 참여자 간의 래포가 형성되어 있지 않으면 연구에 필요한 정보 습득 혹은 정확한 자료수집에 어려움이 따를 수 있다. 그러나 사진이 매개된 면담은 참여자의 주의집중 유발, 언어적 상호작용의 활성화, 참여자의 피로도 해소, 연구자와 참여자의 경험 공유의 용이, 핵심 질문에 따른 원하는 정보 유도 등과 같은 효과를 창출할 수 있다(김도헌, 2016; 오영범, 2023; Collier, 1957; Harper, 2002; Wang, 1999; Wang & Burris, 1997). 이와 같은 장점을 가진 사진이 주된 자료가 되는 포토보이스는 독자와의 공감대 형성에도 용이하다. 연구 결과에 제시된 사진은 그 자체만으로 독자의 집중을 이끌어낼 뿐만 아니라 사진과 함께 제시된 참여자의 내러티브는 질적연구가 지향하는 풍부한 맥락을 드러내고 심층적인 기술을 구현해 준다. 이와 같은 장점을 가진 포토보이스는 장애인뿐만 아니라 사회・정치적으로 소외된 계층을 대상으로 더욱 활성화될 필요가 있다. 이에 다음과 같은 후속 연구가 필요하다.

첫째, 장애인을 대상으로 다양한 형태의 포토보이스 연구를 진행할 필요가 있다. 본 연구에서는 가정, 학교, 사회를 아우르는 폭넓은 일상생활 속에서의 자립과 관련된 문제를 탐색하였다. 향후 일상생활의 맥락을 가정, 학교 등과 같이 삶의 공간을 더욱 세분화하여 각각의 공간에서 발견되는 자립의 현실을 탐색하는 포토보이스 연구가 진행될 필요가 있다.

둘째, 자립에 더욱 취약할 수 있는 중증장애인을 대상으로 연구가 진행될 필요가 있다. 장애 유형에 따라 신체적 조건이 다를 뿐만 아니라 자립생활을 영위하는 형태가 다르다. 거동조차 어려운 중증장애인은 자립에 더욱 취약할 수밖에 없다. 따라서 이들의 현실은 어떠한지 혹은 이들의 자립은 가능한지에 대한 현실을 보여줄 수 있는 연구가 필요하다. 포토보이스 연구를 통해 언어적 상호작용의 대체 수단이 될 수 있는 사진을 이들에게 직접 활용할 수도 있지만, 이들의 가족, 돌봄 서비스를 제공하는 주변인 등을 대상으로 진행하는 것도 하나의 방안이 될 수 있다.

셋째, 비장애인을 대상으로 장애인에 대한 인식과 경험을 탐색하는 포토보이스 연구도 진행될 필요가 있다. 비장애인을 대상으로 연구할 필요성이 제기되는 이유는 비장애인과 장애인이 함께 공존하는 공동체 속에서 사회통합을 구현할 수 있는 유용한 방법이 될 수 있기 때문이다.

참고문헌

강동선(2016). 발달장애성인의 자립생활중심 평생교육프로그램 개발 및 적용 효과. 박사학위논문, 창원대학교.

권자영, 배은미, 박향경(2021). 정신장애인의 자립생활경험 연구. **정신건강과 사회복지**, 49(1), 259-288.

김경희, 김미옥, 정민아(2016). 발달장애 자녀를 둔 어머니의 양육과 성장 경험에 관한 포토보이스 연구. **한국가족복지학**, 54, 263-296.

김미영, 조현미, 구춘영, 변은경(2022). 정신장애인의 자립생활 적응경험에 관한 현상학적 연구. **정신간호학회지**, 31(4), 403-414.

김미옥, 정민아(2017). 지원생활모델(Supported Living model)을 적용한 발달장애인의 자립. **한국사회복지학**, 69(1), 255-281.

김민아, 이선혜, 서진환, 송영매, 김정은(2016). 당사자 렌즈로 바라본 “나의 삶”: 정신장애인 포토보이스 연구. **한국사회복지질적연구**, 10(2), 105-138.

김영대, 나동석(2016). 재가중증장애인의 장애정체감과 자립생활의 관계에서 임파워먼트 매개효과: 지체 및 뇌병변 장애를 중심으로. **한국장애복지학**, 32, 115-139.

김태건, 임경원(2018). 직장인으로 살아가는 발달장애인의 삶: 포토보이스와 마인드맵으로 들어본 이야기. **특수교육학연구**, 53(3), 67-96.

노금호(2011). 장애인자립생활센터의 역할과 과제: 주거지원을 중심으로. **도시와 빈곤**, 95, 41-64.

박경미, 김민아(2017). 중고령 여성장애인의 삶: 포토보이스 방법의 적용. **한국가족복지학**, 56, 39-68.

박수경, 이선우, 임나래(2019). 장애인 거주시설 발달장애인의 자립을 위한 1인 홈체험 지원 프로그램 개발: 리빙랩(Living Lab)의 활용. **한국장애인복지학**, 46, 59-92.

박승희(2004). 대학부설 평생교육원의 발달장애인을 위한 성인교육 프로그램의 개관 및 효과. **특수교육학연구**, 39(1), 39-57.

박진영(2011). 자립홈 지적장애인의 자립생활 경험에 관한 질적연구. **한국사회복지질적연구**, 5(2), 37-61.

손성화, 강영심(2021). 포토보이스를 통한 발달장애청년의 자립생활에 대한 의미와 경험 탐색. **특수교육학연구**, 55(4), 115-142.

심석순(2020). 성인발달장애인의 평생교육 참여 영향요인에 관한 연구. **한국사회복지교육**, 49, 83-105.

안희철, 김민아, 박경미(2016). 정신요양시설에 거주하는 정신장애인의 삶에 관한 포토보이스 연구. **정신건강과 사회복지**, 44(3), 120-149.

오영범(2023). 포토보이스 연구 방법의 이론적 토대 탐색: 개념 및 특징, 이론적 근거, 연구 절차, 타당도를 중심으로. **질적탐구**, 9(1), 1-34.

오영범(2023). 국내 교육학 분야의 포토보이스 연구동향. **학습자중심교과교육연구**, 23(9), 731-748.

오영삼, 허원빈(2022). **포토보이스, 다르게 바라보기: 기호학을 통한 접근**. 서울: 학지사.

이동석(2004). 장애학의 다종 패러다임과 한국 장애인복지의 성격. **한국사회복지학**, 56(3), 227-251.

이익섭, 최정아, 이동영(2007). 장애인 자립생활모델에 대한 탐색적 고찰: 사회적 배제 관점을 중심으로. **한국사회정책**, 14(1), 49-81.

이재희, 라미영, 방실, Canape(2012). 학교사회복지사들이 표현하는 “일과 나”: 포토보이스 방법론 적용. **학교사회복지**, 23, 257-280.

이채식(2013). 장애인 자립생활의 구성요인 중 자기결정권과 역량강화가 공동체관계 및 생산성에 미치는 영향. **재활복지**, 17(4), 221-244.

임윤서(2023). **포토보이스: 공감의 연구 방법**. 서울: 학이시습.

임은주, 황정하(2023). 성인발달장애인의 자립생활 경험에 관한 질적사례연구. **한국장애인복지학**, 59, 177-214.

전정식, 김경미, 유동철, 김동기, 신유리(2013). 포토보이스를 활용한 지적장애인의 사회적 포함 연구. **지적장애연구**, 15(2), 305-330.

정상미, 김민아, 허일권(2017). 포토보이스를 활용한 지적장애인의 성인초기 삶의 경험에 관한 연구. **한국장애인복지학**, 36, 5-31.

전희정, 서동희(2019). 장애인 거주시설 종사자의 장애인 자립에 대한 주관적 인식 연구. **주관성 연구**, 49, 5-25.

조창빈, 김두영(2016). 발달장애인 평생교육 프로그램 이용 현황 및 요구분석. 특수교육저널: **이론과 실천**, 17(4), 1-24.

조한진(2006). 장애의 이론모델과 실천모델의 전환에 입각한 장애인복지법 개정방향. **특수교육학연구**, 40(4), 233-256.

진영학, 오영범(2022). 코로나19를 경험하는 초등학생의 감정 탐색: 포토보이스 연구 방법을 적용하여. **학습자중심교과교육연구**, 22(16), 581-599.

최윤(2020). 포토보이스를 활용한 중증뇌병변장애 청년의 자립 의미에 관한 연구: 아픔과 그리움을 안고 어른으로 홀로서기. **생명연구**, 55, 259-282.

최윤영(2005). 장애인 자립생활의 개념 이해와 함의. **한국장애인복지학**, (3), 123-142.

Belenky, M. F., Clinchy, B. M., Goldberger, N. R., & Tarule, J. M. (1986). *Women's ways of knowing: The development of self, voice, and mind*. New York, NY: Basic Books.

Bogdan, R. C., & Biklen, S. K. (2007). *Qualitative research for education: An introduction to theory and methods* (5th ed). Boston, MA: Pearson.

Booth, T., & Booth, W. (2003). In the frame: Photovoice and mothers with learning difficulties. Disability & Society, 18(4), 431-442.

Bradbury, H., & Reason, P. (2003). Action research an opportunity for revitalizing research purpose and practices. *Qualitative Social Work, 2*, 155-175.

Collier, J. (1957). Photography in anthropology: A report on two experiments. *American Anthropologist, 59*, 843-859.

DeJong, G. (1979). Independent Living: from Social movement to Analytic Paradigm. *Archives of Physical Medicine and Rehabilitation, 60*(10), 435-446.

Gubrium, A., & Haper, K. (2013). *Participatory visual and digital methods*.

Walnut Creek, CA: Left Coast Press.

Harkness, S. S., & Stallworth, J. (2013). Photovoice: Understanding high school females' conception of mathematics and learning mathematics. *Education Studies in Mathematics, 84*(3), 329-347.

Harper, D. (2002). Talking about pictures: A case for photo elicitation. *Visual Studies, 171*, 13-26.

Hergenrather, K. C., Rhodes, S. D., & Clark, G. (2006). Windows to work: Exploring employment-seeking behaviors of presons with HIV/AIDS through photovoice. *AIDS Education and Prevention, 18*(3), 243-258.

Hergenrather, K. C., Rhodes, S. D., & Bardhoshi, G. (2009). Photovoice as community-based participatory research: A qualitative review. *American Journal of Health Behavior, 33*(6), 686-698.

Hussey, W. (2006). Silvers of the journey: The use of photovoice and storytelling to examine female to male transsexuals' experience of health care access. *Journal of Homosexuality, 51*(1), 129-158.

Kemmis, S., & McTaggart, R. (2005). *Participatory action research: Communicative action and the public sphere*. In N. K. Denzin & Y. S. Lincoln (eds.), *The Sage handbook of qualitative research* (3rd ed, pp. 559-603). Thousand Oaks, CA: Sage.

Latz, A. O. (2017). *Photovoice research in education and beyond: A practical guide from theory and exhibition*. 김동렬 역 (2018). **포토보이스 연구 방법: 참여적 행동연구**. 서울: 학지사.

Liebenberg, L. (2018). Thinking critically about photovoice: Achieving empowerment and social change. *International of Qualitative Methods, 17*, 1-9.

Linton, R.(1990). *Toward a feminist research method*, In A. M. Jaggar & S. R. Bordo(Eds.). Gender/Body/Knowledge: Feminist reconstructions of being and knowing(pp. 272-292). New Brunswick, NJ: Rutgers

University Press.

Mcintyre, A. (2003). Through the eyes of women: Photovoice and participatory research as tools for reimagining place. *Gender, Place and Culture, 10*(1), 47-66.

O'Malley, L., & Munsell, S. E. (2020). Photovoice: An innovative qualitative method in research and classroom teaching: *Educational Research: Theory and Practice, 31*(1), 26-32.

Pink, S. (2001). *Doing visual ethnography*. Thousand Oaks, CA: Sage Publications.

Poudrier, J., & Mac-Lean, R. T. (2009). 'We've fallen into the cracks': Aboriginal women's experience with breast cancer through photovoice. *Nursing Inquiry, 16*(4), 306-317.

Power, N. G., Norman, M. E., & Dupré, K. (2014). Rural youth and emotional geographies: How photovoice and words-alone methods tell different stories of place. *Journal of Youth Studies, 17*(8), 1114-1129.

Ramazanoglu, C., & Holland, J. (1993). *Up against foucault: Explorations of some tensions bewteen foucault and feminism*, In C. Ramazanoglu(Eds.). *Women's sexuality and men's appropriation of desire*(pp. 239-264). Routledge, London and New York: Taylor & Francis Group.

Schell, K., Ferguson, A. (2009). Photovoice as a teaching tool: Learning by doing with visual methods. *International Journal of Teaching and Learning in Higher Education, 21*(3), 340-352.

Shaffer, R. (1983). *Beyond the dispensary*. Nairobi: AMREF (The African Medical and Research Foundation).

Streng, J. M., Rhodes, S. D., Ayala, G. X., Eng, E., Arceo, R., & Phipps, S. (2004). Realidad Latina: Latino adolescents, their school, and a university use photovoice to examine and address the influence of immigration. *Journal of Interprofessional Care, 18*(4), 403-415.

Sutton-Brown, C. A. (2014). Photovoice: A methodological guide. *Photography & Culture, 7*(2), 169-186.

Tsang, K. K. (2020). Photovoice data analysis: Critical approach phenomenological approach, and beyond. *Beijing International Review of Education, 2*, 136-152.

Wang, C. C. (1999). Photovoice: A participatory action research strategy applied to women's health. *Journal of Women's Health, 8*, 185-192.

Wang, C. C. (2006). Youth participation in photovoice as a strategy for community change. *Journal of Community Practices, 14*(1-2), 147-161.

Wang, C. C., & Burris, M. A. (1994). Empowerment through photo novella: Portraits of participation. *Health Education Quarterly, 21*, 171-186.

Wang, C. C., Burris, M. A., & Ping, X. Y. (1996). Chinese village women as visual anthropologists: A participatory to reaching policymakers. *Soc, Sci, Mde, 42*(10), 1391-1400.

Wang, C. C., & Burris, M. A. (1997). Photovoice: Concept, methodology, and use for participatory needs assessment. *Health Education & Behavior, 24*(3), 369-378.

Wang, C. C., Cash, J. L., & Powers, L. S. (2000). Who knows the streets as well as the homeless? promoting personal and community action through photovoice. *Health Promotion Practice, 1*(1), 81-89.

Whyte, W. F., Greenwood, D. J., & Lazes, P. (1991). Participatory action research: Through practice to science in social research. *Participatory Action Research, 32*(5), 19-55.

제7장

코로나19를 경험하는 초등학생의 감정 탐색

본 연구는 코로나19 시대를 경험하는 초등학생이 느끼는 감정을 탐색하는 데 목적이 있다. 이를 위해 거의 2년 동안 코로나19 상황 속에서 초등학교에 다닌 6학년 3개 학급 학생들을 대상으로 포토보이스 연구 방법을 적용하여 그들의 감정에 관해 탐색하였다. 연구는 Latz(2018)가 언급한 확인, 초대, 교육, 기록, 이야기하기, 관념화, 발표, 확증의 연구 절차에 따라 진행되었다. 수집된 자료의 분석은 코딩, 유목화, 주제 발견의 3단계에 따라 이루어졌다.

연구 결과, 코로나19를 경험하는 초등학생의 감정은 공포, 우울, 분노, 슬픔으로 나타났다. 각 감정이 가진 의미를 구체적으로 살펴보면, 공포는 '보이지 않는 실체에 대한 두려움', 우울은 '마스크 속의 답답한 일상', 분노는 '거부할 수 없는 일상의 장기화', 슬픔은 '관계 단절이 만든 고립'이라는 주제를 도출하였다. 본 연구는 코로나19 시대를 살아가고 있는 초등학생의 감정을 알아보는 진단적 기능뿐만 아니라, 발생한 문제에 대한 대안을 찾고 정책적 연결까지 고민하는 확장성을 제공할 것으로 기대된다.

1. 들어가며

코로나19는 많은 것을 바꿔 놓았다. 코로나19의 감염과 확산을 방지하기 위해 사회적 거리 두기 정책이 적용되면서 우리의 일상도 기존과는 달라질 수밖에 없었다. 면대면 모임이 제한되고 비대면 회의가 활성화되었고 병원은 비대면 진료, 도서관은 온라인 대출 서비스, 식당의 음식 배달 서비스 증가, 그리고 직장인은 재택근무로 전환하는 등 우리 사회는 새로운 일상을 맞게 되었다.

학생들도 변화된 일상에 적응해야 했다. 코로나19의 정도가 심각해지면 원격수업으로 전환되어 배움을 이어갔고, 사태가 다소 진정되어 학교에 가더라도 마스크와 칸막이 속에서 제한된 생활은 지속되었다. 이에 코로나19 상황 속에서 학생들의 일상과 경험에 중점을 둔 다양한 연구가 진행되었다(이기언, 최성광, 2019; 김지언, 윤혜진, 남은우, 2021; 최준섭, 2021; 하요상, 곽미규, 2021). 이러한 연구들은 코로나19가 배움과 성장의 지속적인 과정에 있는 학생들에게 어떠한 영향을 미치고 있는지 탐색함으로써 그들의 구체적인 생활상을 심층적으로 조명하였다는 데 의의가 있다. 또한 학생들의 일상 경험에 근접하여 그 속에 내재된 의미를 드러내는 질적 연구 방법을 활용함으로써 코로나19 시대를 살아가는 학생의 경험과 인식을 조명하였다. 그러나 대부분의 연구는 면대면 수업의 대안으로 탄생한 비대면 원격수업 및 코로나19가 미친 영향의 외형적 변화에 집중하였고, 인간 내면의 감정에 중점을 둔 연구는 부족한 상황이다.

코로나19와 같은 감염병은 불안, 우울, 공포, 스트레스 등과 같은 부정적인 정서를 유발할 뿐만 아니라 장기화될수록 사회적 문제로 확대될 수 있다고 보고되고 있다(이동훈 외, 2020; 이정연 외, 2020; 김갑순, 박윤조, 2021; 박효은, 정난희, 조항, 2021; 장준혁 외, 2021; 한정수 외, 2021; Gunthert, Cohen, & Armeli, 1999; Shigemura et al., 2020; Wang, Kala, & Jafar, 2020). 이 가운데 코로나로 인한 스트레스가 증가되었고, 이로 인해 불안과 우울로 확산되었다는 연구가 다수 보고되고 있다(이정연 외, 2020; 김갑순, 박윤조, 2021; 최아라, 2021; 한정수 외, 2021; Shigemura et al., 2020). 한정수 외(2021)는 일반인 214명을 대상으로 설문 조사한 결과, 53%가 불안을, 35.7%가 우울증을 경험하였다고 언급하였다. 김갑순과 박윤조(2021)는 코로나19로 인해 대학생이 경험하는 스트레스에 관한 연구를 수행한 결과, 대학생들은 학업의 질 저하 우려, 사회적 관계 단절 불안, 일자리(아르바이트) 감소에 따른 부담, 건강 및 안전 불안을 경험하는 것으로 나타났다. 이러한 연구들은 코로나19가 우리에게 미친 부정적인 영향과 그 요인을 구체적으로 규명함으로써 현재를 살아가고 있는 사람들의 정신 건강 상태를 진단하고 이를 바탕으로 나아갈 방향을 모색하였다는 데 의의가 있다. 그러나 대부분의 연구가 성인 혹은 대학생을 대상으로 이루어졌다는 한계가 있다. 성인보다 아동이 심리・정서적 문제에 더 크게 노출될 수 있다는 연구(Wang et al., 2020)는 초등학생과 같은 아동을 대상으로 내면의 상태를 드러내 줄 수 있는 진단적 성격의 연구가 필요함을 시사한다. 물론, 코로나19를 살고 있는 초등학생을 대상으로 그들의 내적 경험을 밝힌 소수의 연구가 존재하지만(최준섭, 2021), 초등학생의 감정에 초점을 둔 연구는 없는 실정이다.

따라서 본 연구는 코로나19를 경험하는 초등학생의 감정을 탐색하는 것이 주된 목적이다. 연구 목적을 달성하기 위해 아이들의 내면을 효과적으로 투사하고 연구 참여자가 사진을 찍고, 그 사진을 매개로 생각과 의견을 표현하는 포토보이스 연구 방법을 적용하였다. 구체적인 연구 문제는 '코로나19를 경험하는 초등학생의 감정은 어떠한가?'로 설정하였고, 이를 해결하기 위해 포토보이스 연구 방법을 활용하여 초등학생의 감정을 집중적으로 탐구하였다. 참여적 행동 연구의 한 종류인 포토보이스는 연구 참여자가 속한 공동체의 문제를 인식하고 그 해결 방안을 모색하는 데 효과적이다. 나아가 연구 참여자가 만들어 낸 목소리를 정책화함으로써 더욱 발전적인 공동체를 만드는 데 기여할 수 있다. 국내에서 포토보이스를 적용한 연구는 주로 사회복지, 유아교육, 그리고 특수교육 분야에서 조금씩 활성화되고 있는 추세다(장승희, 손원경, 2018; 김정연, 허유성, 2019; 허원빈, 정하은, 2019; 김정주, 김은정, 2022). 초등학생을 대상으로 포토보이스를 적용한 연구는 이제 시작 단계에 있다고 해도 과언이 아니다(강선경, 최윤, 2021; 송호관, 2022). 이러한 측면에서 코로나19를 경험하는 초등학생의 경험을 탐색하는 본 연구는 포토보이스를 적용한 연구 활성화에 기여하는 데 의의가 있다. 본 연구에서는 포토보이스에서 핵심이 되는 사진과 함께 자유 글쓰기, 면담과 같은 방법을 병행하여 부가적인 자료를 수집하였다. 이를 통해, 연구의 타당도를 확보할 수 있었다.

이 연구는 코로나19 시대를 살아가고 있는 초등학생의 감정이 어떠한지 탐색해봄으로써 아이들의 감정과 마음을 알아보는 진단적 기능뿐만 아니라 발생한 문제에 대한 대안을 찾고 정책적 연결까지 고민하는 확장성을 제공할 것으로 기대된다. 또한 연구 결과로 나타나는 아이들의 감정을 바탕으로 교육적 방향성을 마련하는 유용한 지침으로 작용할 것이다.

2. 이론적 배경

가. 코로나19와 초등학생의 생활 변화

재난은 아동을 둘러싼 일상 전반과 삶의 질에 직접적인 영향을 미치는 요인으로(권지성, 주소희, 2016), 건강과 교육, 문화와 여가활동, 생활과 심리적 문제를 유발할 수 있다(Kousky, 2016). 코로나19와 같은 감염병은 그 자체가 인간에게 공포와 불안의 대상이 된다. 이로 인해 불가피한 사회적 거리 두기와 격리 정책의 시행은 등교수업과 원격수업의 병행, 돌봄 공백, 활동 감소, 교우관계 단절을 비롯한 사회적 관계 축소 등 초등학생의 생활 변화와 함께 신체적·정서적 발달의 전반적인 위기를 초래하였다. 이는 사회적 단절로 인한 고립 경험이 우울, 불안, 스트레스와 같은 다양한 심리적 문제를 일으킬 수 있다는 연구 결과(Gunthert, Cohen, & Armeli, 1999; Wang et al., 2020)와 맥을 같이한다.

우리나라 학생들이 가장 크게 체험하는 코로나19의 여파는 학교의 개학 연기와 온라인 개학이었다(정혜욱, 2020). 세계보건기구(World Health Organization; WHO)는 2020년 3월 11일 코로나 팬데믹(Pandemic)을 선언했으며, 이는 우리나라 교육에도 영향을 주어서 헌정사상 최초로 개학을 연기하여, 4월 4일 고3을 시작으로 순차적으로 온라인 개학을 하였다(교육부, 2020. 3. 31.). 코로나19 이후로 학교가 설립된 이래 최대 규모의 원격수업이 실행되었고, 미래 교육체제를 대비한 에듀테크 기반의 새로운 학습 환경을 조성해야 한다는 의견과 학습자의 인터넷 중독, 활동 감소, 학습 부진 등 원격수업의 부정적인 영향을 우려하는 의견도 제기되었다(박일수, 2021). 원격수업의 문제와 한계점으로 가장 많이 지적되고 있는 것은 학력격차 심화에 관한 것으로(박진보, 2020; 손지희, 2020; 천보선, 2020), 한국교육과정평가원이 2021년 1학기에 원격수업을 받은 초, 중학생을 대상으로 설문조사를 한 결과에 따르면, 수업 이해와 집중도 저하의 주요 원인으로 '교사와의 즉각적인 상호작용 어려움'이 꼽혔고, 이로 인해 학업 스트레스도 높아지는 것으로 조사되었다(연합뉴스, 2022. 1. 4.).

학생들은 등교수업과 원격수업을 병행하면서 코로나19 이후 '혼자' 지내는 시간이 많아지게 되었고, 이로 인해 신체활동은 줄고 TV나 게임 등 미디어와 스마트폰, 인터넷 중독 위험은 커졌다(Chen et al., 2020). 한국청소년상담복지개발원(2020)의 조사에 따르면, 학부모는 코로나19로 인한 사회적 거리 두기와 온라인 개학의 시행이 '자녀의 미디어 사용 증가'와 '불규칙한 생활습관'을 유발해서 자녀교육에 어려움을 겪고 있는 것으로 나타났다. 경기도교육연구원의 실태조사도 학생들의 외부 및 신체 활동이 줄어들고, 가족 및 친구와의 활동은 제한됐지만, 디지털기기 사용 시간은 매우 증가하였음을 보여주고 있다(이정연 외, 2020).

사회적 거리 두기를 점진적으로 완화하면서 안전하게 일상을 되찾는 방법의 하나로 '단계적 일상회복'이 2021년 11월 1일부터 시행되어 학교 등교일이 늘어났지만(보건복지부, 2021. 11. 1.), 사회적 거리 두기와 마스크 착용 등 학교 내 방역수칙은 또래 간 접촉 기회를 제한함으로써 학생들의 교우관계는 단절되고 사회성 발달 기회는 제한되고 있다. 타인을 인식하고 사회적 발달을 급격하게 경험하는 초등학교 시기에 사회적 기술을 제대로 습득하지 못하면 학교생활 적응과 또래관계 전반에 걸쳐 어려움을 겪게 된다(장미순, 김진호, 2019). 코로나19로 인하여 등교수업과 교우 간 접촉이 제한되는 상황 속에서 학생의 사회성 발달은 더욱 이루어지기 힘들어졌다. 코로나 시기 또래관계에 관해 연구한 김현령과 정애경(2022)은 코로나로 학교에서의 또래관계가 제한되어 가장 큰 영향을 받은 대상으로 초등학생을 주목하였으며, 사례연구를 통해 코로나 이후 초등학교 6학년 여학생의 또래관계 경험의 특징으로 '약해진 유대감과 친밀감'을 들면서, '학교'가 코로나의 방해를 뚫고 또래관계에서의 유대감을 회복하도록 이끄는 동기이자 매개체임을 연구 결과로 제시하였다. 또래관계 상실을 현상학적으로 연구한 이재용(2017)은 초등학생의 또래관계 상실 경험은 '자신의 존재를 잊은 채 슬픔 속에 살아가는 일'이라고 의미를 부여하였다. 초등학생의 또래관계는 불안을 매개로 하여 자살 생각에 간접적인 영향을 준다는 연구결과(장인자, 박경남, 2019)를 볼 때, 코로나로 인해 불안, 우울, 스트레스 등 부정적 심리·정서가 높아진 초등학생의 교우관계 단절과 사회성 발달 저하에 관해 각별한 관심이 필요한 것으로 보인다.

나. 코로나19와 아동 · 청소년[1]의 심리 · 정서 실태

코로나19 장기화는 코로나19에 우울을 뜻하는 'Blue'가 합성되어 '코로나 블루', 이에 더해 폭발적인 분노를 의미하는 '코로나 레드'라는 신조어까지 생겨나게 하였다. 코로나19와 같은 재난 상황에서 아동은 성인과 비교해 자신을 보호할 수 있는 대처 능력이 부족하므로, 신체적 · 정서적으로 고통을 겪는 취약 대상이다(정익중, 2020; Swell & Gaines, 1993; Haskins, Currie, & Deschênes, 2016). 이에 재난 및 안전관리 기본법에서는 아동을 안전취약계층으로 정의하였으며, 아동에 대한 안전관리 대책 수립을 의무화한 바 있다.

여러 실태조사에서 코로나19로 인해 아동 · 청소년의 불안과 걱정, 우울감 등 부정적인 심리 · 정서가 전반적으로 증가한 것으로 나타났다. 아동권리보장원이 실시한 조사에 의하면, 만 10~18세의 2020년 행복도는 7.22(sd=2.50)로 2018년 7.39(sd=1.24)보다 1.17이 감소했고, 2020년의 우울감은 2.75(sd=2.62)로 2018년 2.38(sd=2.13)보다 0.37이 증가하였다(김선숙, 2021). 한국청소년상담복지개발원(2020)의 코로나19로 바뀐 일상에 관한 조사에 의하면, 청소년의 59.8%가 코로나19로 인한 '불안'과 '걱정'을 가장 많이 느낀다고 응답하였고, 다음으로 '짜증'(36.6%)과 '화/분노'(28.1%)를 느끼는 것으로 나타났다. 여성가족부가 실시한 2020년 청소년 종합실태조사 결과를 살펴보면, 코로나19로

1) 코로나19 이후 실시된 심리 · 정서에 관한 실태조사는 대부분 성인을 대상으로 하고 있고 초등학생만을 대상으로 시행된 실태조사는 거의 없어서, 본 논문에서는 '아동 · 청소년'을 대상으로 한 심리 · 정서 실태조사 연구 위주로 문헌을 고찰하였다.

인한 청소년의 삶의 변화에 관한 문항에서 학교생활이 부정적으로 바뀌었다는 응답이 48.4%로서 긍정적으로 변화되었다는 것에 비해 크게 높은 것으로 나타났다(김경선, 2021. 4. 20.). 국외에서도 이와 유사한 연구 결과가 있었다. 영국 국가통계사무소(Office for National Statistics; ONS)가 발표한 설문조사 결과에 따르면, 코로나19를 오래 겪은 초등학생(30%)일수록 그렇지 않은 학생(7.7%)에 비해 정신질환을 겪을 가능성이 약 4배 높은 것으로 나타났다(교육정책네트워크 정보센터, 2022. 3. 10.). 미국 질병통제예방센터(CDC)도 2020년 4월부터 10월까지 5~11세 아동이 정신건강상 문제로 응급센터를 방문하는 비율이 24% 증가했고, 12~17세 청소년의 경우 31%까지 늘어났다고 보고하였다(고정민, 2021).

정익중 외(2020)는 초등학교 4학년부터 고등학교 2학년까지 1,009명을 대상으로 코로나19 이후 아동·청소년의 일상생활 변화와 심리·정서 상태에 관한 실태를 조사하였다. 연구 결과에 의하면, 코로나19 이후 공부시간은 평균 56분 증가하였고 상위권 성적에 해당하는 아동일수록 공부에 할애하는 시간이 증가하였는데, 연구자들은 이를 남들보다 뒤처질까 두려운 학업 불안과 공부에 대한 지도 감독만은 철저히 하려는 교육 과열 현상으로 해석하였다. 또한 연구자들은 코로나19 발생 이후 과다 미디어 사용 비율이 82.6%에서 96.9%로 증가한 것으로 나타나 가정 내 미디어 사용에 대한 부모와의 갈등 가능성을 예상했다. 권장 운동시간을 충족한 아동이 과소 운동 아동보다 미래 불안감이 더 낮고, 사회계층이 낮은 경우 사회계층이 높은 경우보다 식사 챙김 횟수가 더 적은 것으로 나타났다. 이러한 연구 결과를 바탕으로 코로나19 장기화에 따른 지속적인 사회적 거리 두기 시행이 돌봄 공백을 증가시켰을 뿐만 아니라 아동의 수면, 공부, 운동, 미디어 사용 시간과 같은 일상의 변화를 가져와 심리·정서 영역에 영향을 주고 있으며, 가족의 경제 수준과 대처방식에 따라 돌봄의 격차가 일상의 격차로, 일상의 격차가 아동의 미래와 삶의 질, 행복의 격차로 이어질 수 있다고 지적하였다.

우연경 외(2021)는 코로나19 시기 초·중학생의 사회정서역량 특성에 관해 연구하였다. 연구 결과에 의하면, 초등학생의 경우 사회정서역량이 높은 집단은 게임하는 시간이 줄어든 집단, 학습활동 시간과 신체활동 시간이 늘어난 집단, 가족과 보내는 시간이 늘어난 집단, 친구와 직접 만나거나 온라인에서 보내는 시간이 늘어난 집단, 수업 중에 친구들과 협동해서 문제를 해결해야 하는 활동 시간이 늘어난 집단, 학교 문제에 참여하고 결정하는 활동과 수업 시간에 질문하는 활동이 늘어난 집단인 것으로 분석되었다. 이에 대해, 코로나19 이후 가정에서 보내는 시간이 많아짐에 따라 관계 형성에 있어 가정환경이나 가족 구성원의 영향력이 커졌으며, 오프라인에서의 만남이 제한되는 상황에서 온라인에서 사회적 관계가 활성화된 학생이 변화에 적응하여 유지할 수 있다는 등의 시사점이 제시되었다.

이근영(2021)은 전국교육정책연구소네트워크 공동 연구과제(서울, 인천, 광주, 경기, 충남, 전북 6개 지역 참여)로 초등학교 5학년부터 고등학교 2학년까지 27,976명을 대상으로 코로나19 전후 학생들의 심리와 정서 변화에 관한 연구를 수행하였다. 연구 결과에 의하면, 수면, 친교활동, 취미·여가활동, 신체활동 시간 등이 줄어든 일상 변화를 겪은 학생일

수록, 온라인수업 및 등교수업 학교생활 적응이 낮을수록, 보호자, 친구, 선생님과의 대인관계가 적을수록 부정적 심리·정서는 증가하고 긍정적 심리·정서는 감소한 것으로 나타났다.

이상에서 살펴본 코로나19 시기 아동·청소년의 심리·정서에 관한 선행연구는 코로나19 이후 일상생활의 변화와 부정적인 심리·정서 간의 관계와 구조를 파악할 수 있다는 데 의의가 있으나, 코로나19 장기화로 인해 심리·정서적으로 어려움을 겪고 있는 아동·청소년의 내면을 심층적으로 이해하기에는 다소 한계가 있는 것으로 보인다.

3. 연구 방법

가. 연구 방법으로서의 포토보이스

포토보이스는 사람들이 특별한 사진 기법을 활용하여 자신이 몸담고 있는 공동체의 실체를 인식하고 드러내며 공동체 정신을 향상시킬 수 있는 과정이다(Wang & Burris, 1997). 즉, 포토보이스는 연구 참여자가 찍은 사진이 핵심이 된다. 연구자는 사진을 매개로 연구 참여자와 이야기 나눔으로써 사진에 담긴 목소리 혹은 사진을 통해 들려오는 목소리를 분석함으로써 숨겨진 의미를 탐색하게 된다(Kroeger & Meyer, 2005). 이를 바탕으로 연구자는 연구 참여자와의 협력을 통해 공동체 문화, 공동체 속에서 일어나는 다양한 현상과 그 의미, 공동체의 발전

방향 등을 분석하여 제시하게 된다. 포토보이스는 질적 연구 방법의 현장 참여를 수반하기 때문에 참여적 행동 연구(participatory action research)의 한 형태라 할 수 있다(Latz, 2017). 사진은 연구자와 연구 참여자 간의 대화를 촉진하는 효과적인 매개물이 되기 때문에, 언어적 상호작용이 어렵거나 미숙한 연구 참여자 혹은 장애가 있는 연구 참여자에게 적용할 수 있는 유용한 방법이다(Wang & Burris, 1997; Whitney, 2006). 최근에는 학습자의 배움을 촉진하는 수단 혹은 효과적인 교수 도구로 인식되어 수업 상황에도 적용되고 있다(O'Malley & Munsell, 2020; Schell & Ferguson, 2009; Whitfield & Meyer, 2005).

Latz(2017)는 포토보이스를 적용하는 절차로 확인(identification), 초대(invitation), 교육(education), 기록(documentation), 이야기하기(narration), 관념화(ideation), 발표(presentation), 확증(confirmation)의 8단계를 언급하였다. 확인은 연구자가 연구 목적, 대상, 장소를 파악하는 것을 말하고, 초대는 연구에 참여할 구체적인 대상자를 표집하는 단계이다. 교육 단계에서는 연구 참여자들에게 사진 촬영 및 사진과 관련된 세부 활동 등에 관한 안내가 이루어진다. 실제로 사진을 촬영하는 활동이 기록 단계이고, 촬영한 사진을 바탕으로 대화를 나누거나 글쓰기로 의미를 부여하는 활동이 이야기하기 단계에 해당한다. 관념화는 연구 참여자의 소통과 상호작용을 통해 만들어진 서술 속에서 의미 있는 주제를 도출하는 단계로, 흔히 질적 연구 과정에서 수집된 자료를 바탕으로 코딩하고 유목화하며 주제를 발견하는 과정과 유사하다. 발표는 연구 참여자들이 촬영한 사진을 다양한 형태로 전시하는 단계다. 마지막으로 확증은 발표 단계에서 전시된 사진을 접한 사람들이 어떻게 인식하고 있는지 파악하는 단계이다.

연구자들은 Latz(2017)가 언급한 8단계에 따라 연구를 진행하였다. 확인 단계에서는 설정한 연구 목적에 따라 연구 맥락, 연구 장소 등을 확인하였고, 연구 참여자는 코로나 맥락에서 초등학생의 감정을 알아보기 위해 G초등학교 6학년을 대상으로 하였다. 초대 단계에서는 연구 참여자를 선정하였다. 연구 참여자 선정은 6학년 학생 중, 연구 참여 허락과 동의를 얻은 3학급, 70명을 대상으로 하였다. 교육, 기록, 이야기하기, 발표는 수업 시간을 통해 이루어졌다. 즉, 수업 시간에 학생들에게 포토보이스에 관한 구체적인 활동 방법을 안내하였고, 아이들의 사진 찍는 활동이 이루어졌으며, 그리고 촬영된 사진에 자신의 목소리를 담기 위해 사진 선택하기, 사진에 제목 붙이고 의미 부여하기 등과 같은 활동을 하였다. 또한 아이들의 사진과 사진에 의미를 부여한 글쓰기 자료는 교실 공간에 전시하여 모든 사진을 공유하였고, 이를 바탕으로 포커스 그룹 토론 및 연구와 관련된 다양한 이야기를 나눌 수 있었다. 이처럼 본 연구에서는 수업 시간을 통해 교육, 기록, 이야기하기, 발표를 통합하여 구현하였다. 즉, 수업의 도입부에서 교육 활동, 전개부에서 기록 및 이야기하기 활동이 이루어졌고, 정리 단계에서는 발표 활동을 통해 코로나19를 경험하는 친구들의 감정을 알아보고 이러한 감정을 조절 또는 해결할 수 있는 방안을 토론하였다. 6단계인 관념화는 본 연구의 자료가 수집되는 순간부터 마무리될 때까지 진행되었다. 아이들이 찍은 사진, 사진에 담긴 아이들의 목소리 등을 녹음하고 전사하여 연구 목적 및 맥락을 풍부하게 드러내 줄 수 있는 의미를 도출하기 위해 노력하였다. 또한 아이들의 목소리에 담긴 의미의 구체적인 이유와 원인 등을 심층적으로 알아보기 위해 별도의 면담을 병행함으로써 더욱 상징성 높은 주제를 도출하였다. 포토보이스는 하나의 연구 방법으로 그대로 적용할 수도 있으나 관찰, 면담, 문서 분석 등과 같은 자료 수집 방법을 함께 사용할 것을 권장하고 있다(Wang & Burris, 1997). 참여적 행동 연구 성격을 가진 포토보이스는 연구자와 연구 참여자 간의 왕성한 상호작용을 특징으로 하기 때문에 선행연구에서도 주로 관찰과 면담 방법이 병행되었다(Schell & Ferguson, 2009; O'Malley & Munsell, 2020). 이는 Denzin(1978)이 언급한 자료수집방법의 삼각검증법으로 연구 타당도를 확보하는 유용한 방법이다.

마지막으로 확증은 본 연구를 통해 드러난 아이들의 목소리를 논문 속에 담아 세상에 알리는 것으로 대신하였다. 본 연구 수행 과정에서 수집한 아이들의 사진, 사진 속에 부여된 의미뿐만 아니라 연구 결과를 관련 업무를 담당하고 있는 지역의 교육청 관계자에게 알렸다. 아울러, 코로나19를 통해 드러난 아이들의 부정적인 감정을 치유할 수 있는 특별 프로그램의 개발이 시급함을 언급하였다. 교육청에서는 이를 받아들여 2022년 교육정책 연구 과제로 아이들의 정서와 심리를 치유할 수 있는 프로그램 개발을 모색하게 되었다. 이에, 경남교육연구정보원 교육정책연구소에서는 「코로나19 시기, 초등학교 저학년 심리・정서 지원 프로그램 개발」 연구를 수행하게 되었다.

나. 연구 참여자

본 연구에는 경상남도 무지개시 소재 G초등학교 6학년 학생 70명이 참여하였다. 연구 참여자로 6학년 학생들을 선정한 이유는 코로나19 상황을 풍부하게 경험한 고학년이라는 점이다. 이들을 목적 표집한 구체적인 이유는 다음과 같다.

첫째, 연구 참여자로서 초등학교 6학년 아이들은 코로나19가 장기화하는 상황 속에서 특별한 일상에 대한 경험을 지속해왔다. 이들은 코로나19가 우리나라에 본격적으로 확산하기 시작한 2020년에 초등학교 5학년, 2021년에는 6학년을 경험하였다. 이들은 4학년이었던 2019년까지는 코로나19가 없는 평범한 일상을 경험하였기 때문에 팬데믹 이전과 이후의 차별적인 일상을 이야기하고 표현할 수 있는 조건을 충분히 갖고 있었다.

둘째, 사진에 자신의 목소리를 담아 표현할 수 있는 전달력 및 의사소통 능력을 고려하였다. 초등학교 6학년 학생들은 성장과 성숙의 측면에서 상대적으로 다른 초등학생에 비해 사고 전달 및 자기표현과 같은 언어 구사력이 높기 때문에 질적 연구의 의미 도출에 영향을 미칠 수 있는 풍부한 자료를 제공해 줄 수 있다. 특히, 포토보이스는 자신이 찍은 사진을 매개로 연구자와 이야기 나눌 수 있는 기본적인 의사소통 능력이 필요할 뿐만 아니라 사진을 활용하여 마음속에 내재한 다양한 생각과 감정을 드러낼 수 있는 기본적인 표현 능력이 요구된다.

다. 자료 수집 및 분석 방법

본 연구 목적을 달성하기 위해 연구 참여자인 초등학교 6학년 학생들이 직접 찍은 사진과 면담을 통해 자료를 수집하였다. 사진은 포토보이스 연구 방법에서 가장 중요한 자료로 기능하기 때문에 주 자료로 활용하였고, 연구에 특별한 의미를 담고 있는 사진을 찍은 학생을 대상으로 면담을 실시하였다. 더욱 구체적인 자료 수집 방법은 다음과 같다.

첫째, 초등학교 6학년 학생들이 직접 찍은 사진 및 글쓰기 자료를 수집하였다. 사진 자료 수집은 초등학교 교사가 직접 수업을 진행하면서 이루어졌다. 이 초등교사는 본 연구의 공동연구자 중 한 명으로 체육 전담 수업과 연구부장 업무를 담당하고 있었다. 수업은 체육 시간을 활용하였다. 포토보이스 수업이 진행된 시기는 2021년 12월 말경으로 교육과정상의 필수 시간을 이수하고 교과 재량 및 창의적 체험활동으로 자율적인 교육 활동이 가능한 시기였다. 이로 인해 연구자는 6학년 총 5개 반의 담임 교사에게 본 연구의 취지와 목적을 설명한 후, 3명의 담임 교사로부터 연구 허락을 얻을 수 있었다.

학생의 보호자에게도 연구 허락과 동의에 관한 종이 안내장을 발송하여 보호자 서명을 받음으로써 연구의 윤리성을 확보할 수 있었다. 이와 같은 과정을 통해 포토보이스 수업을 설계하였고, 체육 시간을 활용하여 실행할 수 있었다. 수업은 '코로나는 나의 학교생활에 어떤 영향을 주었을까?'라는 대주제 아래, 코로나 상황에 따른 자신의 생각과 감정을 담고 있는 사진 찍기 활동을 핵심으로 삼았다. 또한 세부 활동으로는 사진을 찍은 이유, 사진에 제목 붙이기, 그리고 코로나와 관련된 학교 이야기 쓰기로 구성하였다. 연구자는 세부 활동을 A4 한 면에 구조화하여 활동지 형태로 제공하였고, 학생들은 사진과 함께 활동 내용을 작성하여 발표하였다. 학생들이 사진을 찍고 사진과 관련된 글쓰기와 말하기 활동을 병행함으로써 사진 속에 숨겨진 의미와 각자의 생각을 풍부하게 드러낼 수 있도록 하였다. 수업은 6학년 3개 반을 대상으로 실시하였고, 학생들의 사진과 글쓰기가 포함된 활동지는 총 70장이 수집되었다. 세부적인 참여 학생 수, 수업 시간 및 주요 활동 내용은 〈표 7－1〉과 같다.

〈표 7-1〉 포토보이스 활동 참여자 및 주요 활동 내용

학반	학생 수	수업 시간	주요 활동 내용
6학년 A반	남 14명	2021년 12월 20일 1교시	• 사진을 찍은 이유 - 사진에 해시태그 붙이기
	여 9명		
6학년 B반	남 15명	2021년 12월 24일 1교시	• 사진 제목 만들기
	여 10명		
6학년 C반	남 11명	2021년 12월 24일 2교시	• 이야기 만들기 - 코로나와 나의 학교생활
	여 11명		

둘째, 면담을 통해 자료를 수집하였다. 면담은 포토보이스 활동에 참여한 70명의 초등학생 중 9명을 별도로 선정하여 이루어졌다. 연구자들은 사진과 관련된 글쓰기와 말하기 활동에서 관찰되는 표현의 풍부함, 사진에 부여한 의미의 독창성, 감정의 진솔한 표현 등을 고려하여 면담 대상자를 선정하였다. 면담은 사전에 주요 질문을 정해

놓고 면담을 진행하면서 추가 질문을 병행하는 반구조화된 방법을 활용하였다. 미리 정해 놓은 핵심 질문은 코로나19로 가장 힘들었던 점과 그 이유, 코로나19 시기를 살아가는 나의 마음, 그리고 코로나19가 종식될 때 드는 감정과 가장 하고 싶은 일 등과 같은 내용을 중심에 두었다. 코로나19와 관련된 개인의 솔직한 마음을 드러낼 수 있도록 일대일 면담을 적용하였다. 세부적인 면담 정보는 〈표 7-2〉와 같다.

〈표 7-2〉 면담 수행의 개요

면담 대상	면담 일시	면담 전략	주요 질문 내용
6학년 A반 3명	2022년 2월 7일(월)	반구조화된 면담 일대일 면담	• 코로나19로 인해 가장 힘든 점 • 코로나19 시기를 살아가는 나의 마음 • 코로나19가 종식되면 가장 하고 싶은 일
6학년 B반 3명	2022년 2월 8일(화)		
6학년 C반 3명	2022년 2월 10일(목)		

자료 분석은 김영천(2006)이 언급한 코딩, 유목화, 주제 발견의 질적 연구 분석 방법을 적용하였다. 먼저, 포토보이스 활동을 통해 수집된 사진 및 활동지와 더욱 심층적인 이야기를 나눌 필요가 있다고 판단한 9명과의 면담을 통해 수집된 자료를 토대로 코드를 생성하였다. 생성된 코드는 유사한 의미가 있거나 상위 개념으로 한데 포괄될 수 있는 개념으로 유목화하였고, 최종적으로 본 연구에서 추구하는 초등학생의 감정을 도출하였다. 이때 코로나19를 경험한 초등학생의 감정을 표현하는 단어와 함께 각 감정을 적절하게 표현할 수 있는 주제를

함께 제시함으로써(예를 들면, 공포: 보이지 않는 실체에 대한 두려움) 연구 맥락을 풍부하게 드러낼 수 있는 상징성 높은 표현으로 정선하였다.

라. 타당도 확보 전략 및 연구의 윤리성 고려

본 연구에서 연구의 타당도를 확보하기 위해 사용한 전략은 다음과 같다.

첫째, 포토보이스 연구 방법을 적용하면서 세부적인 자료는 사진, 글쓰기, 면담 자료를 수집하여 타당도를 확보하였다(Denzin, 1978). 즉, 자료수집방법의 삼각검증법으로 다양한 자료를 수집하고 분석함으로써 더욱 포괄적인 의미를 도출하고 풍부한 연구 맥락을 반영하기 위한 것이다. 실제로 사진을 찍고 글쓰기에 목소리를 담은 아이 중에서 면담 대상자로 선별하여 별도의 면담을 함으로써 드러나지 않은 구체적인 이유와 원인, 결과 등을 발견할 수 있었다.

둘째, 두 연구자 간의 유기적 협력과 지속적인 상호작용을 통해 연구의 타당도를 확보하였다. 한 명의 연구자는 박사 학위를 소지한 현장 교사로 연구 참여자들과 수업을 지속해 왔고, 포토보이스를 적용한 수업을 진행하여 현장의 자료를 수집하였다. 다른 연구자는 수집한 자료를 분석하고 의미를 도출하는 데 집중하였으며, 현장 교사와의 검토 및 협력을 통한 정선 과정을 거쳐 본 연구 결과를 최종적으로 도출할 수 있었다. 또한 연구 설계, 자료 수집 및 분석, 연구 결과 등으로 이어지는 연구의 전반적인 과정에서 소통하고 협력함으로 각 연구자가 가진 한계를 상호 보완함으로써 연구 타당도를 확보할 수 있었다.

아울러, 질적 연구에서 제기되는 연구의 윤리성을 확보하기 위해 다음 두 가지 사항을 고려하였다.

첫째, 연구대상자가 초등학생임을 감안하여 이들의 보호자로부터 연구 동의와 허락을 얻었다. 연구대상자가 재학 중인 G초등학교는 새 학년도가 시작되는 3월, 전반적인 교육 활동(아동기초조사표, 홈페이지, 학교도서관, CCTV에서 수집하는 개인정보 등)과 관련된 학생의 개인정보 수집·이용 및 활용 동의서를 받은 바 있다. 이 동의서는 1년 동안의 학교 교육 활동에서 발생할 수 있는 개인정보, 초상권 등과 같은 윤리적인 문제를 해소하기 위한 것이지 특별한 목적으로 진행되는 연구 수행과 관련된 윤리적인 문제는 전혀 포함되어 있지 않다. 따라서 연구자는 연구 목적 수행만을 위한 자료 수집과 분석, 수집된 자료의 왜곡 금지, 가명 사용 등이 기재된 동의서를 활용하였다. 동의서는 담임 교사를 통해 학생에게 전달되었고, 학생은 보호자 서명을 받아 다시 담임 교사에게 제출하는 형식으로 확보할 수 있었다.

둘째, 연구자 간의 자료 수집 및 분석의 과정과 결과, 연구 결과에 대한 담임 교사의 검토, 인용문 사용에 대한 연구 참여자의 확인 등과 같은 진실성 확보 전략을 통해 윤리성을 고려하였다. 본 연구를 수행한 두 명의 연구자는 자료 수집과 분석, 그리고 글쓰기 작업 등 연구 과업에 따라 역할이 구분되었으나, 수집된 자료가 분석되는 과정에서 자료를 왜곡 혹은 훼손하지 않고 연구 방법의 적절성 및 타당성을 유지하며 적용하도록 연구의 전 과정을 공유하고 성찰하였다. 또한, 최종적으로 도출된 연구 결과의 사실 여부 및 적절성을 위해 담임 교사의 검토를 받았고, 인용문을 제공한 학생에게는 자신이 작성한 글 혹은 언급한 말에 기반한 것인지 확인토록 하였다.

4. 코로나19를 경험하는 초등학생의 감정

본 연구를 통해 코로나19를 경험하는 초등학생의 감정은 [그림 7-1]과 같이 제시할 수 있다. 포토보이스 활용, 자유 글쓰기, 면담을 통해 수집된 자료를 바탕으로 코드를 만들었고, 이러한 코드를 바탕으로 하위 주제를 형성하였고, 마지막으로 초등학생의 감정을 도출하였다.

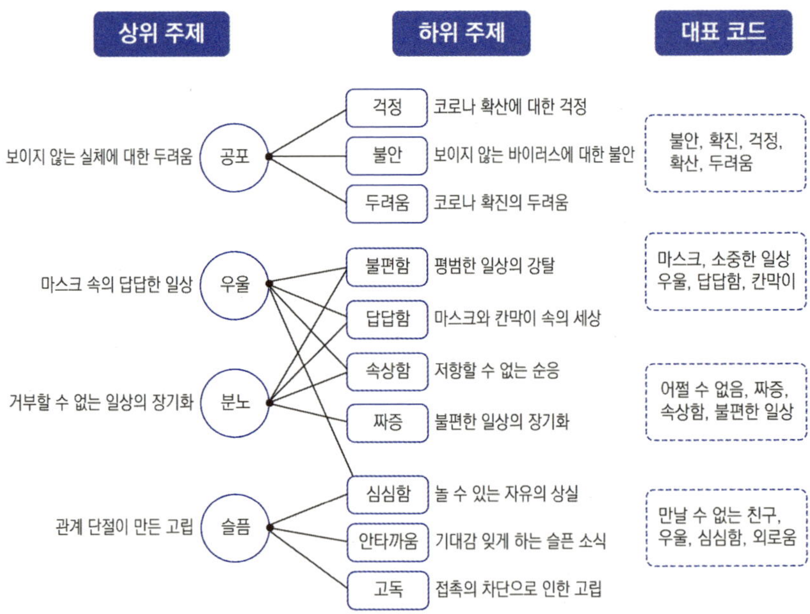

[그림 7-1] 연구 결과 도출 과정 및 코로나19를 경험하는 초등학생의 감정

가. 공포: 보이지 않는 실체에 대한 두려움

코로나19 상황 속에서 생활하는 초등학생들이 느끼는 첫 번째 감정은 '공포'로 나타났다. 이들이 느끼는 공포는 코로나19로 인한 걱정, 불안, 두려움 등과 같은 감정에서 기인하였다. 특히, 코로나바이러스는 눈에 보이지도 않고 구체적인 실체를 직접 확인할 수 없어서 그 공포감은 더욱 큰 것을 확인할 수 있었다.

연구 참여자인 초등학생들은 코로나 자체의 확산에 대해 걱정하는 마음을 갖고 있었다. 이들은 4학년이었던 2019년 말부터 시작된 코로나가 현재까지 지속되는 상황을 지켜봐 왔다. 매일 들려오는 코로나 관련 뉴스, 어디를 가더라도 코로나를 염두에 둔 행위, 그리고 그 확산세에 따라 달라지는 사회적 거리 두기 지침 등은 가정과 학교의 일상생활에까지 영향을 미쳐 어린 초등학생들에게도 많은 걱정을 불러일으켰을 것이다. 이들의 걱정스러운 마음은 코로나로 인해 변화된 행동의 표현 속에서도 묻어나고 있었다.

> 등교할 때 매일 거리 두기하면서 체온 측정기 한 번씩 봐야 한다. 방과 후 시간 남을 때 친구들하고 운동장에서 놀았는데 지금은 교실에 있거나 밖에서 조용히 있어야 한다. 외출할 때 마스크를 꼭 써야 한다.
>
> (G초등학교 6학년 1반 김○○의 자유 글쓰기 중에서)

아이들의 코로나 확산에 대한 걱정은 자신이 코로나에 확진될 수 있다는 두려움을 유발하였다. 2020년 3월, 세계보건기구는 코로나 상황을 전염병 혹은 감염병이 세계적으로 유행하는 상태인 '팬데믹(pandemic)'으로 규정하였다. 팬데믹은 '모든'을 뜻하는 그리스어 pan과 '사람들'을 의미하는 demos가 결합된 것으로, 모든 사람이 감염될 수 있는 잠재적 가능성을 가지고 있음을 내포하고 있다(다음 백과사전). 이처럼 누구나 코로나에 확진될 수 있는 팬데믹 상황은 사람들에게 다양한 형태의 두려움을 유발할 수 있다. Schimmenti et al(2020)은 코로나 사태로 인한 두려움을 신체적 두려움, 중요한 타인과 관련된 두려움, 불확실성에 대한 두려움, 행동을 취하는 것에 관한 두려움으로 구분하였는데, 본 연구에 참여한 초등학생들은 주로 자신이 취하는 행동에 대한 두려움을 많이 갖는 것으로 드러났다. 즉, 자신의 행동이 코로나 상황 속에서 부적절한 것은 아닌지 혹은 다른 사람들에게 불편한 마음을 유발할 수 있을 만한 성질은 아닌지 등에 대한 두려움을 갖고 있었다.

> 코로나로 인해 친구들과 접촉이 줄었고 물 마실 때도 마스크 벗어서 물 마시는 게 뭔가 부담스럽고 학교에서 무슨 일이 있으면 자가 격리를 해야 하니까 학교에 못 나오는 게 답답했다. 그리고 마음대로 마스크도 못 벗고 친구들 얼굴도 못 봤다. 그리고 혹시라도 체온을 재기 전에 36.5도가 넘을까? 말까? 불안했었다.
>
> (G초등학교 6학년 2반 강○의 자유 글쓰기 중에서)

위의 인용문처럼 자신이 취하는 행동에 대한 두려운 마음은 불안한 마음으로 연결되고 있었다. 팬데믹 상황에 대한 두려움을 적절하게 대처하지 못하면 불안과 같은 부정적 정서 상태가 증가하는 요인이 된다는 연구 결과가 이를 뒷받침한다(Shigemura et al., 2020). 아이들은 가정과 사회의 따뜻한 관심과 돌봄이 요구되는 미숙한 상태라 감정의 영향도 쉽게 받을 수 있는 조건에 놓여 있다. 코로나에 대한 심각성을 알려주는 뉴스와 수시로 변하는 일상의 행동 지침은 불안 심리를 가중시키는 또 하나의 요인으로 작용하였다. 개인적 불안이 사회적 맥락 속에서 지속적으로 반복되고, 불안을 심화시키는 요인이 주기적으로 등장하여 결합되면서 불안은 점점 공포심으로 확산되는 모습을 보여주었다.

5학년 때 코로나가 심해져 원격수업을 하다가 학교로 갔다. 그리고 최근 **초에서 확진자가 나와 수학 학원에서도 일주일 빨리 방학을 하거나 학원에서 오지 말라는 등 여러 가지가 있었다. 그런 이야기들을 들으니 정말 코로나라는 게 큰 악몽 같은 질병이라는 걸 다시 생각하게 했다.

(6학년 4반 권○○의 포토보이스 중에서)

아이들은 코로나 확산에 대한 걱정, 확진에 대한 두려움, 그리고 가중되는 불안으로 인해 코로나19를 공포의 대상으로까지 규정하고 있었다. 나이가 어릴수록 코로나로 인한 심리적 영향이 더 크다는 연구(Wang et al., 2020)는 초등학생이 중·고등학생, 대학생, 그리고 일반 성인에 비해 부정적인 감정 지수가 더욱 높을 수 있음을 시사한다. 이처럼 코로나19로 인해 초등학생이 느끼는 불안한 심리를 다룬 연구가 거의 없는 상황은 감염병의 파장이 아이들의 내면에 어떠한 영향을 미치는지에 대한 관심을 기울이지 않았다는 학문 및 교육적 성찰을 불러오기에 충분하다.

나. 우울: 마스크 속의 답답한 일상

코로나19 상황 속에서 생활하는 초등학생들이 느끼는 두 번째 감정은 '우울'로 나타났다. 이들이 느끼는 우울은 코로나19로 인한 답답함, 불편함 등이 원인으로 작용하고 있었다. 즉, 코로나 감염 및 확산을 방지하기 위해 일상생활의 필수품이 된 마스크의 답답함과 이전의 일상과는 달라진 생활 방식으로 인한 불편함이 드러나고 있었다.

마스크는 코로나19를 대표하는 하나의 상징이 되었다. 우리는 코로나19 시대의 필수품이 된 '마스크' 자체가 담고 있는 다양한 의미를 몸으로 체득하고 있다. 마스크는 자신을 코로나 감염의 위험으로부터 보호할 수 있는 장치, 조금이라도 코로나 확산을 방지할 수 있는 노력과 의지의 표현, 코로나 시대를 함께 살아가는 사람들에 대한 기본적인 에티켓 등과 같이 다양한 의미를 내포하고 있다. 즉, 마스크를 착용함으로써 코로나의 위험을 차단하고 안전을 확보하게 된다는 암묵적 태도와 마스크의 안전성을 강조하는 사회규범의 내면화에 기인한 결과라 할 수 있다(한은진, 나진경, 방준호, 설선혜, 2022). 그러나 코로나에 맞서는 마스크의 긍정적인 기능과 효과 이면에는 이로 인해 답답함을 느끼는 아이들의 마음이 자리하고 있었다.

> 급식 먹으러 갈 때는 친구랑 이야기하고 맛있게 먹고 하며 하는데 지금은... 친구랑 이야기 못 하고 코로나 때문에 칸막이도 친구랑 이야기 못 하게 된다. 그리고 마스크 때문에 너무 답답하다.
> (G초등학교 6학년 1반 김○○의 자유 글쓰기 중에서)

위의 인용문처럼 코로나 상황을 살아가고 있는 아이들은 마스크를 신체 일부처럼 인식하고 있는 한편, 답답함을 유발하는 것으로 표현하였다. 많은 사람이 모이는 일상의 공간을 칸막이로 구분하여 접촉을 최소화하는 노력의 이면에도 아이들의 답답한 마음은 묻어 있었다. 칸막이는 사람 간의 접촉을 최소화하고 물리적 거리를 두기 위한 의도를 가진 코로나를 의식한 행위임에도 불구하고 가까운 친구와 편안한 대화조차도 하지 못하는 아이들의 안타까운 현실을 그대로 드러내고 있었다. 심지어 신체 움직임이 수반되는 체육 수업 시간에도 마스크를 쓰고 참여해야 하는 상황은 마스크가 주는 답답함을 여실히 보여주고 있다.

> 답답해요. 숨쉬기도 어렵고 애들 얼굴도 제대로 볼 수 없었어요. 친구가 없는 느낌이에요. 체육활동을 할 때 마스크를 쓰고 달리고 운동하니까 너무 빨리 지치고 많이 힘들어서 체력이 더 안 좋아진 느낌. 조금만 운동해도 숨이 차니까, 또 쉬고 하면 귀찮아

> 져서 집에 들어오니까. 체력이 뭔가 예전 같지 않은 느낌이 있어요.
>
> (G초등학교 6학년 2반 김○○과의 인터뷰 중에서)

아이들은 마스크와 칸막이로 구분되는 답답한 세상 그 자체를 불편한 것으로 인식하고 있었다. 아이들이 느끼는 불편함은 극히 평범했던 일상을 자유롭게 누릴 수 없는 변화된 일상 때문이다. 코로나19로 인한 갑작스러운 일상의 변화는 스트레스를 유발하는 요인이 되고, 스트레스는 높은 수준의 우울감으로 발전할 가능성이 있다(김갑순, 박윤조, 2021; 최아라, 2021).

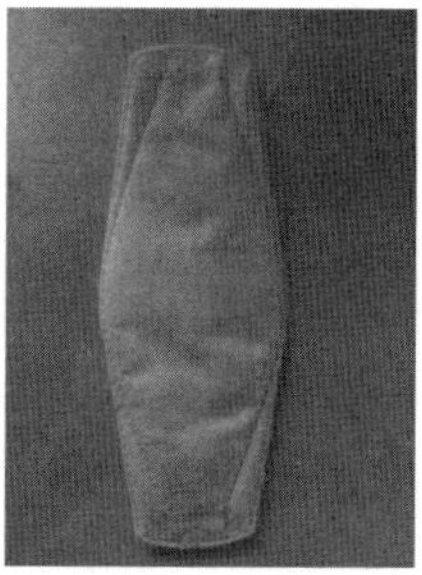

> 코로나는 내 일상에 우울을 주었다. 5학년에 코로나가 터진 이후로 어느 날부터 갑자기 급우울해지고 맨날 심심하다고 난리쳤다. 그건 심지어 학교생활까지 영향을 미쳤다. 등교하니 책상들이 텅텅 비어서 고요하고 애들이 다 마스크를 쓰고 있었다. 마스크 벗으면 모든 시선이 나에게 쏟아질 것만 같은 긴장감이 느껴졌다. 또 맨날 체온계로 열을 측정해댔다. 이런 생활을 하니 내가 어디 있는지도 분간이 안 갔다. 그래서 또 급우울해졌다.
>
> (6학년 4반 유○○의 포토보이스 중에서)

우울의 사전적 의미는 '마음이 답답하거나 근심스러워 활기가 없음'을 뜻한다. 우울을 정의하는 개념적 속성은 답답, 근심, 활기 없음임을 확인할 수 있다. 이를 토대로 본 연구에 참여한 초등학생이 느끼는 우울의 원인을 도출해 볼 수 있다. 즉, 마스크와 칸막이로 인한 답답함, 코로나 확산과 확진에 대한 근심, 사회적 거리 두기로 인한 활기 없는 제한된 일상이 원인이 되어 아이들의 우울에 영향을 미치고 있는 것이다.

다. 분노: 어쩔 수 없는 불편한 일상에 순응

코로나19 상황 속에서 생활하는 초등학생들이 느끼는 세 번째 감정은 '분노'로 나타났다. 이들이 느끼는 분노는 코로나바이러스에 대해 저항하지 못해 어쩔 수 없는 상황에의 순응, 코로나의 장기화가 만든 불안한 일상을 지속해야 하는 불편함에서 기인하고 있었다. 즉, 2년 넘게 코로나가 지속되면서 우리의 일상을 방해하는 것과 현재의 인간 능력으로 어쩔 수 없는 강력한 힘 앞에 순응할 수밖에 없는 현실에 대한 분노라고 할 수 있다. 또한 우울의 원인이 되었던 답답함과 불편함도 아이들의 분노를 유발하는 요인으로 일정 부분 영향을 미치고 있었다.

본 연구에 참여한 초등학생들은 저항할 수 없는 코로나의 강력한 힘 앞에서 좋아하는 일을 하지 못하는 상황을 속상하다고 표현하였다. 아이들은 코로나의 종식으로 자신이 좋아하는 일, 하고 싶은 일 등에 대한 기대를 갖고 있었다. 그러나 언제 끝날지 모르는 기약 없는 상황에 또다시 푸념을 늘어놓고 있었다.

> 제가 화분에 씨를 심었는데 물을 계속 주고 햇빛이 많은 곳에 두어도 새싹이 안 나는 느낌이에요. 코로나가 없을 때 하고 싶은 걸 생각해 놨는데, 그걸 코로나가 막고 있는 거예요. 속상하다. 언제 끝날지 모르겠다. 답답하다는 느낌이 들어요.
>
> (G초등학교 6학년 1반 강○○와의 인터뷰 중에서)

본 연구에 참여한 초등학생들은 코로나로 인해 하지 못했던 것으로 친구들과 노래방 가기, 마스크 벗고 신나게 축구하기, 취소됐던 수학여행 가기, 즐거운 가족여행 가기, 원격이 아닌 실제 체육 수업하기 등을 언급하였다. 아이들이 언급한 것은 결코 특별한 것이 아니다. 코로나가 없다면 언제든지 할 수 있는 평범하고 일상적인 일이다. 이로 인해 아이들은 코로나 자체에 대한 속상한 마음, 코로나가 만든 어쩔 수 없는 상황에 짜증이 난다고 표현하고 있었다.

> 그냥 짜증 나요. 코로나 때문에 가족들이랑 여행을 마음대로 못 갔어요. 하고 싶은 것을 다 못 해서 화가 나요. 예전에는 한 달에 두 번 정도 여행을 갔는데 요즘에는 거의 다섯 달에 한 번 정도. 이번에 또 학교에서 확진자가 나와서 짜증 났어요. 그때 가족이랑 친척이랑 같이 있었는데 학교까지 가서 검사해야 한다는 게 마음이 아팠어요.
>
> (G초등학교 6학년 4반 김○○과의 인터뷰 중에서)

코로나로 인한 사회적 거리 두기는 사람의 이동, 실외 행동을 제한시켰다. 개인의 감염과 확산에 대한 우려는 사람들로 하여금 많은 시간을 가정에 머물게 만들었다. 선행연구 결과, 학생들이 가정에 머물며 가족 구성원과 보내는 시간이 증가함에 따라 가족애가 더욱 증가하였다는 보고보다는 가족 간의 다툼과 갈등이 더 증가한 것을 확인할 수 있다. 이정연 외(2020)가 초·중·고등학교 학생 21,064명을 대상으로 실시한 설문조사에서 보호자의 잔소리가 증가했다고 응답한 비율이 41.8%, 가족 구성원과의 다툼이 증가했다고 응답한 비율은 20.7%로 나타났다. 부모 잔소리와 갈등의 주요 원인은 주로 학생들의 학업 소홀, 컴퓨터 및 스마트폰 과의존 등으로 나타났다(전민경, 2020). 본 연구에 참여한 초등학교 6학년 학생들은 급격한 신체 발달과 함께 세상을 점진적으로 알아가면서 갖게 되는 정신적 혼란, 총체적으로 민감한 특징을 갖는 사춘기 시기에 놓여 있다. 아이들의 시기적 특성과 코로나로 인해 가정에 머무르는 시간이 증가하는 상황이 맞물리면서 가족 구성원과의 갈등이 증가할 가능성을 높인 것이다. 그러나 코로나19로 인한 부모의 스트레스도 가중되고 있어(김선미, 박이슬, 김영희, 2022) 부모와 자녀 간의 갈등은 더욱 심화될 우려가 커지고 있다. 이로 인해 코로나19 시기를 보내고 있는 아이들의 짜증 빈도와 정도는 더욱 빈번해지고 강화될 수 있다.

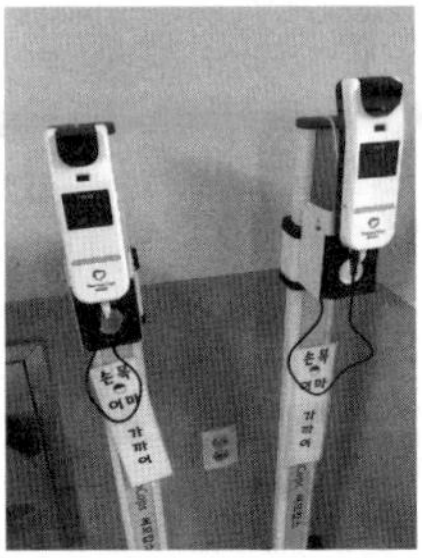

이 사진을 찍은 이유는 코로나가 시작되고 나서부터 등교할 때, 점심 먹기 전에 체온을 재는데 이게 코로나가 나의 학교생활에 영향을 준 부분인 것 같아서 찍었다. 코로나가 나의 학교생활에 영향을 준 부분은 6학년인데 수학여행도 못 가고 급식소에 칸막이 설치 등 많은 것이 달라졌다. 코로나 때문에 할 수 없는 것들이 정말 많아서 속상하고 짜증도 났지만 정말 색다른 경험인 것 같다. 그래도 빨리 코로나가 종식되었으면 좋겠다.

(6학년 1반 유○○의 포토보이스 중에서)

선행연구들은 코로나19로 인한 스트레스가 인간의 부정적 감정과 정서를 유발하였음을 밝히고 있다(김갑순, 박윤조, 2021; 김창환, 2021; 박소영, 양소남, 박소연, 2021). 특히 분노는 공격성, 파괴, 일탈 등과 같이 다른 사람에게 부정적인 영향을 미칠 수 있는 감정이다. 본 연구에 참여한 초등학생들은 코로나19 상황 때문에 불편하고 답답해서 화가 나고, 거부할 수 없는 코로나19의 장기화로 인해 속상하고 짜증 난다는 감정을 표현하였다. 정체성 형성 초기 단계에 있는 아이들이라서 격한 분노의 감정은 나타나지 않았지만, 부정적인 감정에 영향을 미치는 총체적인 요인이 지속될 때 그 감정이 악화할 수 있으므로 초등학생들의 부정적인 감정과 정서를 완화할 수 있는 대안이 요구된다.

라. 슬픔: 관계 단절이 만든 고립

코로나19 상황 속에서 생활하는 초등학생들이 느끼는 네 번째 감정은 '슬픔'으로 나타났다. 이들이 느끼는 슬픔은 맘껏 놀 수 없는 자유의 상실, 기대감을 잊게 하는 슬픈 소식, 그리고 접촉의 차단으로 인한 고립에서 기인하였다. 코로나19가 만든 만남의 단절과 접촉의 제한으로 아이들은 등교도 못 하고 수업까지 원격으로 전환되는 등 평소 학교에서 대면하는 선생님과 친구를 만날 수 없게 되었다. 아이들에게 학교는 또래와의 만남을 통해 소통하고 협력하는 공동체 공간으로 작은 사회라 할 수 있다. 코로나19로 인한 관계 단절은 아이들의 기본적인 사회적 기술을 습득할 수 있는 기회마저 앗아가고 있었다.

초등학생에게 또래와의 상호작용은 사회성 발달에 중요한 요인이 된다. 특히 놀이는 아이들의 인지적・정의적・신체적으로 고른 성장에 기여한다(Hughes, 1999). 구체적으로 의사소통 능력, 문제해결력, 갈등조절 능력, 협동심, 운동기능과 근육의 성장 등과 같은 다양한 측면에 효과가 있다(심우엽, 2011). 또한 스트레스를 해소하고 안정적인 정서를 조성하는 데도 효과적이다(이정숙, 이동궁, 2010). 이처럼 초등학교 시기에 갖는 또래와의 관계에서 놀이의 중요성은 크다고 할 수 있다. 그러나 코로나19는 아이들이 또래와 만나서 놀 수 있는 기회조차 차단하고 있었다. 본 연구에 참여한 아이들은 친구와 만나 놀 수 없는 마음을 슬프다고 표현하였다.

친구랑 많이 못 노는 게 힘들었어요. 친구랑 놀고 싶은데 부모님들이 코로나 때문에 같이 못 논다고 해서 지금 친구랑 못 놀고 있어요. 친구랑 못 놀게 되어서 슬퍼요.

(G초등학교 6학년 2반 김○○과의 인터뷰 중에서)

코로나19는 아이들이 마음껏 놀 수 있는 기회마저 앗아가 버렸다. 이재용(2017)은 초등학생이 또래관계를 상실한다는 것은 친숙함, 소속감, 정체성, 신뢰감, 존재감의 상실을 의미한다고 언급하면서 슬픔의 감정을 유발할 수 있다고 하였다. 아이들이 놀 수가 없어 유발된 슬픈 마음은 결국 '외로움'이라는 감정으로 이어진다고 하였다. 본 연구에 참여한 초등학생들도 이와 유사한 마음을 보여주었다. 코로나 시대를 살아가는 아이들은 또래관계의 상실로 심심하고 고독한 생활을 영위하고 있다고 언급하였다.

코로나로 인해 친구들과 얼굴을 보고 먹을 수 없고 칸막이가 세워져 있는 채로 먹어야 해서 이 사진을 찍었다. 코로나는 친구들과 맨날 붙어 다니는 나에게 친구들과 떨어져 있는 학교생활을 하게 했다. 급식을 먹기 위해 줄을 서 있을 때 코로나가 생기고 나서는 친구들과 띄워져서 있어야 해서 살짝 심심하고 외로웠다.

(6학년 1반 김○○의 포토보이스 중에서)

코로나로 인해 아이들이 집에 머무는 시간은 늘어났다. 친구를 만나 놀 수 없는 상황이 더해져 디지털 기기가 주요 놀이 도구로 대체되는 상황이 더욱 심화되었다(이정연 외, 2020). 아이들의 무료함과 외로움을 달래는 수단으로 스마트폰 사용이 증가하고 있는 상황이다. 또한 아이의 스마트폰 중독 수준은 부모의 스트레스를 심화시키는 중요한 요인이 되고 있다(주석진, 2021). 아이들의 컴퓨터 및 인터넷 사용 문제로 인해 부모와 자녀 간의 갈등이 증가되고 있다는 보고가 이를 뒷받침한다(전민경, 2020; 김창환, 2021). 즉, 코로나19는 아이들을 가정에 머물도록 함으로써 심심함과 외로운 감정을 유발하였고, 이를 해소하기 위한 아이들의 스마트폰 사용 시간이 증가하였고, 그 결과로 스마트폰에 과의존하게 되고 부모와의 갈등은 깊어지고 있는 것이다. 이에 대한 근본적인 대안으로 또래와의 단절된 관계를 이어줄 수 있는 방안이 요구된다. 아이들이 가정에서 무료함과 고독감을 느끼고 슬픔 혹은 우울 같은 부정적 감정으로 깊이 빠지지 않도록 할 수 있는 대안이 필요하다.

5. 나가며

본 연구는 코로나19 시대를 경험하는 초등학생이 느끼는 감정을 탐색하는 것이 주된 목적이다. 이를 위해, 거의 2년 동안 코로나19 상황을 경험한 6학년을 대상으로 포토보이스 연구 방법을 적용하여 그들의 감정에 관해 탐색하였다. 언어적 표현이 다소 미숙한 아이들

혹은 문맹자를 대상으로 생각과 내면세계를 파악하기에 적합한 포토보이스 방법(Wang & Burris, 1997)은 실제로 초등학생들의 감정을 투사해 내는 데 효과적이었다. 연구 결과, 코로나19를 경험하는 초등학생의 감정은 크게 공포, 우울, 분노, 슬픔으로 드러났다. 구체적으로 보이지 않는 실체에 대한 두려움(공포), 마스크 속의 답답한 일상(우울), 거부할 수 없는 일상의 장기화(분노), 관계 단절이 만든 고립(슬픔)을 각 감정을 대표하는 주제로 도출하였다. 본 연구는 초등학생을 대상으로 하였고 그들이 코로나19를 경험하면서 느낀 감정에 관해 집중적으로 조명하였다는 점에서 기존의 성인 혹은 대학생을 대상으로 코로나19의 영향을 밝힌 선행연구와 차별성을 갖는다. 이에, 본 연구 결과를 바탕으로 다음과 같은 연구 의의를 도출할 수 있다.

첫째, 코로나19 시기를 경험한 초등학생의 감정은 대체로 부정적인 것으로 나타났다. 연구 결과에서 보는 것처럼, 본 연구에 참여한 초등학생들은 코로나 자체, 코로나가 만든 상황, 그리고 코로나에 대한 총체적인 경험을 공포, 우울, 불안, 슬픔 등과 같은 부정적인 감정으로 표현하였다. 이는 코로나가 장기화되면서 사람들이 느끼는 3단계의 심리적 상태와도 크게 다르지 않다. 즉, 코로나로 인한 우울증을 뜻하는 1단계 심리적 상태인 코로나 블루(Corona blue), 2단계 심리적 상태로 코로나로 인한 분노의 감정을 느끼는 코로나 레드(Corona red), 그리고 코로나 장기화로 인해 우울감과 분노를 넘어 암담함을 경험하는 3단계 심리적 상태인 코로나 블랙(Corona black)이라는 신조어까지 만들어졌다(네이버 지식백과). 대학생과 성인을 대상으로 한 코로나19의 영향에 관한 선행연구에서도 시간이 지날수록 스트레스, 우울, 불안 등 부정적 정서가 심화되고 있다는 연구 결과를 제시하면서 코로나 장기화로 인한 정신건강 문제에 대한 대처가 필요하다는 점을 지적하였다.

둘째, 코로나19의 영향을 받은 초등학생의 감정을 표면화하였다는 데 의의가 있다. 앞서 언급한 것처럼, 코로나19가 인간의 일상생활과 삶에 미친 영향을 밝힌 연구는 주로 성인이나 대학생을 대상으로 실시한 것이었다. 본 연구는 성인 중심의 연구에서 상대적으로 소외되었던 초등학교 학생들을 대상으로 그들의 감정을 확인하는 것으로 연구 범위가 전환 및 확장되었다는 데 의미가 있다. 나이가 어릴수록 코로나로 인한 심리적 영향을 더 크게 받을 수 있다는 연구 결과(Wang et al., 2020)는 본 연구 수행의 필요성과 타당성을 뒷받침해 준다. 본 연구에서 의도한 바와 같이, 교육적 진단에 기반하여 적절한 처방을 제공해야 하므로 정체성 형성의 초기 단계에 있는 아이들의 감정 상태를 확인하여 교육적 방향을 설정할 수 있어야 한다.

셋째, 아이들의 내면세계를 투영해 낼 수 있는 효과적인 방법으로 포토보이스의 가능성을 확인하였다. 포토보이스는 연구 참여자에게 사진을 찍는 활동을 요구한다(Wang & Burris, 1997). 사진은 연구 참여자와 연구자 간의 대화를 촉진하는 핵심이 되고, 사진 속에 숨겨진 생각, 사진이 표상하는 신념, 그리고 선택한 사진에 대한 태도를 공유할 수 있다(Trout, Perez, & Christensen, 2019). 즉, 포토보이스는 학생이 직접 찍은 사진을 매개로 마음속에 잠재된 생각, 의견, 감정, 느낌 등을 투사할 수 있어 연구자가 학생의 내면을 들여다보는 데 효과적이다. 이러한 특징으로 인해 학교 현장에서 교육 활동을 수행하는 교사는 학생을 이해하고 현재의 수준을 파악하는 데도 적용할 수 있다.

이와 같은 연구 의의와 본 연구에서 도출된 결과를 바탕으로 다음과 같이 제언하고자 한다.

첫째, 코로나19로 인해 초래된 초등학생의 부정적 감정을 완화 및 치유할 수 있는 맞춤형 심리·정서 프로그램을 개발하고 보급할 필요가 있다. 대규모 전염병으로 인한 일상생활의 급격한 변화는 스트레스, 우울, 불안 등과 같은 심리·정서적인 문제로 이어지고 장기화될 경우 사회적 문제로까지 확산될 수 있음을 선행연구는 밝히고 있다(박상미, 2020; Main et al., 2011; Wang et al., 2020). 특히, 부정적 감정을 통제하고 관리하는 능력이 부족한 어린 초등학생이 어려운 상황에 직면하였을 때, 슬기롭게 대처하고 스스로 극복하는 힘을 갖게 하는 것은 중요한 일이다. 이에, 초등학생의 요구 및 특성을 고려하고 그들의 일상 맥락이 반영된 심리·정서 프로그램을 개발하여 보급할 필요가 있다. 본 연구에 참여한 초등학생들은 부정적 감정을 긍정적인 것으로 전환하는 방법으로 마스크를 쓰고도 할 수 있는 놀이, 긍정적인 마음을 전달하는 SNS 활동 등과 같은 구체적인 것을 제안하였다.

둘째, 코로나19로 인해 우울, 불안 등의 부정적 정서나 감정이 가중되는 가정의 건강을 회복할 수 있는 치유 프로그램이 필요하다. 코로나가 만든 사회적 거리 두기로 아이들은 가정에 머무는 시간이 증가하였다. 앞서 언급한 것처럼, 아이들은 무료하고 외로운 감정을 달래기 위해 스마트폰을 손에 쥐는 시간이 증가하였고, 이로 인해 부모와의 갈등이 커질 가능성이 있다. 이러한 상황이 부모의 스트레스 요인이 되면서 정신건강에 위협이 되고 있다. 이에, 가정 내 건강을 회복하고 유지할 수 있는 치유·회복 프로그램을 개발 보급할 필요가 있다. 더불어, 코로나로 인해 운동시간도 줄어 아이들의 신체 건강 약화도 우려되고 있어(이정연 외, 2020), 신체 및 정신건강을 통합한 프로그램이 필요한 실정이다. 본 연구에 참여한 초등학생들은 가정 건강을 회복하기 위한 실천 방법으로 온 가족이 함께 즐길 수 있는 놀이, 맞춤형 홈트레이닝 실천 및 활성화, 온 가족 한 책 읽기 등과 같은 방법을 제안하였다.

셋째, 아이들의 내면을 심층적으로 탐구하는 방법으로 본 연구에서 사용된 포토보이스 방법을 다양한 교육 활동과 연계해 통합적으로 적용할 필요가 있다. 학교 현장에서는 교사가 학생을 심층적으로 이해하기 위해 상담, 심리 적성 검사, 투사기법의 활용 등과 같은 다양한 방법을 활용하고 있다. 타당도가 확보된 기존 검사 도구를 활용할 때 검사의 준비와 실행에 적지 않은 시간과 노력이 소요되고, 또한 검사 결과 분석과 해석을 위해 전문가에게 의뢰하기 때문에 많은 시간과 비용을 들여야 한다. 포토보이스는 기존의 검사 도구가 가진 문제를 해결할 수 있는 실용적인 대안이 될 수 있다. 학생이 찍은 사진을 매개로 대화가 촉진되기 때문에 자연스러운 대화를 통해 학생을 이해할 수 있다. 더불어, 학생이 소지한 스마트폰으로 사진을 손쉽게 찍어 사진에 제목 붙이기, 의미 부여하기, 이야기 만들기 등과 같은 활동을 통해 수업에서도 통합적으로 적용할 수 있다. 따라서 교육청에서는 포토보이스 방법을 통한 학생에 대한 심층적 이해를 위해서 포토보이스를 활용한 수업 방법 등에 관한 연수 프로그램 또는 워크숍 등을 통해 포토보이스를 확산 및 보급할 필요가 있다. 본 연구에 참여한 초등학생들은 사진을 활용한 학습, 사진과 결합한 글쓰기, 사진으로 이야기 만들기 등과 같은 포토보이스의 다양한 가능성을 언급해 주었다.

본 연구에서는 같은 초등학교에 다니는 6학년 70명을 대상으로 코로나19 시기에 경험하는 감정을 분석하였다. 연구 범위를 확장하여 다른 지역이나 범국가 차원에서 연구 대상을 표집하여 초등학생이 느끼는 감정을 심층적으로 파악하는 후속 연구가 필요하다. 본 연구 참여자의 소수 의견으로, 코로나의 긍정적인 측면도 있었다. 가족과 많은 시간 공유, 더 많은 게임 시간 확보, 자기 얼굴 가림, 마스크로 인한 입 냄새 차단 등과 같은 아이들 수준의 긍정적인 면이지만, 자세히 들여다보면 또 다른 부정적 요인을 유발할 수 있는 개인적 차원의 인식이 대부분이다. 따라서 코로나19를 경험한 아이들의 긍정적인 감정을 밝히거나 관련 개념의 수준에 따라 유형화하는 후속 연구 또한 필요하다. 연구 결과로 드러난 아이들의 감정은 현시대를 살아가는 마음과 심리 상태일 뿐만 아니라 시대상을 반영한 결과라고 할 수 있다. 아이들의 감정은 향후 교육 방향 수립을 위한 중요한 척도가 된다. 더불어, 6학년뿐만 아니라 다른 학년을 대상으로 포토보이스를 적용함으로써 이들의 내면에 숨겨진 마음의 세계를 이해하려는 연구도 이어질 필요가 있다.

참고문헌

고정민(2021.5.8.). 코로나19가 아동·청소년 정신건강에 미친 영향 제대로 파악돼야. https://www.docdocdoc.co.kr/news/articleView.html?idxno=2010439에서 2022년 3월 29일 인출.

교육부(2020.3.31.). 처음으로 초·중·고·특 신학기 온라인 개학 실시. http://www.moe.go.kr에서 2022년 3월 27일 인출.

교육정책네트워크 정보센터(2022. 3. 10.). [영국] 장기간 코로나19를 겪은 초등학생일수록 정신 건강 상태가 안 좋을 가능성 높아. https://liii.ink/EJz2G3aQ6YoJZkLu에서 2022년 3월 27일 인출.

강선경, 최윤(2021). 코로나19 이후 변화한 가족의 일상생활에 대한 포토보이스 연구. **한국가족복지학**, 68(1), 313-345.

권지성, 주소희(2016). 일반·저소득 가구 부모의 관점에서 본 아동·청소년의 일상생활 패턴과 맥락분석. **한국가족복지학**, 21(3), 583-607.

김갑순, 박윤조(2021). 코로나19에 의한 대학생들의 스트레스에 대한 질적 연구. **한국콘텐츠학회논문지**, 21(9), 644-651.

김경선(2021.4.20.). 2020년 청소년 종합실태조사 결과 발표. https://www.korea.kr/news/policyBriefingView.do?newsId=156448057에서 2022년 3월 29일 인출.

김선미, 박이슬, 김영희(2022). 어머니의 코로나19 스트레스와 부모역할 스트레스가 우울에 미치는 영향: 사회적 지지의 조절된 매개효과. **GRI연구논총**, 24(1), 97-122.

김선숙(2021). **코로나19와 아동의 삶 설문조사 보고서**. 아동권리보장원 연구보고서.

김영천(2016). **질적연구방법론1: Bricoleur**. 파주: 아카데미프레스.

김정연, 허유성(2019). 포토보이스 연구 방법의 특수교육 활용 가능성 탐색을 위한 연구 동향 분석. **특수교육교과교육연구**, 12(3), 85-107.

김정주, 김은정(2022). 포토보이스를 통해 나타난 영유아교사의 관계맺기 의미 탐색. **학습자중심교과교육연구**, 22(3), 465-479.

김지언, 윤혜진, 남은우(2021). COVID-19 대유행 초기 한국 고등학생의 우울감에 미치는 영향 요인 분석: 웹 기반 단면연구. **대한보건연구**, 47(4), 1-14.

김창환(2021). 코로나 19의 부정적 영향과 회복을 위한 교육적 과제에 관한 연구. **홀리스틱융합교육연구**, 25(3), 113-133.

김현령, 정애경(2022). 코로나19에 대응하는 학교 상황에서 초등 6학년 여학생의 또래 관계 경험에 대한 탐색적 사례연구: 또래 관계의 질적 측면 중 또래 애착을 중심으로. 2021학년도 한국초등상담교육학회 연차학술대회 자료집, 371-387.

네이버 지식백과(2022.5.29.). 코로나 블랙 정의. terms.naver.com에서 인출

박상미(2020). 코로나바이러스감염증-19 대유행이 정신건강에 미치는 영향. **보건교육건강증진학회지**, 37(5), 83-91.

박소영, 양소남, 박소연(2021). 20-30대 성인의 코로나19로 인한 고립감과 분노행동반응. **한국지역사회복지학**, (77), 197-222.

박일수(2021). 코로나19 원격수업 장기화로 인한 주요 학습환경 변화에 관한 연구: 학습자의 인터넷 중독, 운동량 부족, 학습 부진 등을 중심으로. 서울교육정책연구소 연구보고서.

박진보(2020). 팬데믹 초등 교육과정 제안. 교육위기 대응을 위한 교육토론회 Ⅱ자료집, 18-33.

박효은, 정난희, 조항(2021). 코로나19 상황에서의 대학생의 불안과 우울에 대한 조사연구. **연구방법논총**, 6(3), 255-278.

보건복지부(2021.11.1.). 위드코로나와 단계적 일상회복의 차이점은? https://blog.naver.com/mohw2016/222555425187에서 2022년 3월 27일 인출.

손지희(2020). 팬데믹 시기, 학교교육과정 재구성: 중학교. 교육위기 대응을 위한 교육토론회Ⅱ자료집, 34-45.

송호관(2022). 사회적 지지를 통한 초등학생의 긍정적 자기인식 탐색: 포토보이스 연구방법론 활용. **초등교육연구**, 35(1), 77-100.

심우엽(2011). 초등학생의 놀이 실태와 교사의 인식. **초등교육연구**, 24(4), 143-164.

연합뉴스(2022.1.4.). 원격수업 이해・집중도 떨어져... 상호작용 어렵다. https://www.yna.co.kr/view/MYH20220104015500641에서 2022년 3월 27일 인출.

우연경, 최정순, 김경령, 노언경(2021). 코로나19 시기 경험에 따른 초중학생의 사회정서역량 특성. 한국교육과정평가원 이슈페이퍼, 16.

이근영(2021). 코로나19 전후 학생들의 심리와 정서변화 연구. 전국교육정책연구소네트워크(서울, 인천, 광주, 경기, 충남, 전북) 공동연구보고서.

이기언, 최성광(2019). 코로나19 상황에서 초·중·고 학생의 삶의 만족도에 영향을 미치는 요인 분석: 학교생활, 가정생활, 일상적 스트레스를 중심으로. **한국엔터테인먼트산업학회논문지**, 15(3), 171-182.

이동훈, 김예진, 이덕희, 황희훈, 남슬기, 김지윤(2020). 코로나바이러스(COVID-19) 감염에 대한 일반대중의 두려움과 심리, 사회적 경험이 우울, 불안에 미치는 영향. **한국심리학회지: 상담 및 심리치료**, 32(4), 2119-2156.

이정숙, 이동궁(2010). 초등학생의 놀이활동과 스트레스 수준 및 학교적응유연성의 관계. **초등교육연구**, 23(2), 195-220.

이정연, 박미희, 소미영, 안수현(2020). 코로나19와 교육: 학교구성원의 생활과 인식을 중심으로. 경기도교육연구원 이슈페이퍼 2020-08.

이재용(2017). 초등학생의 또래관계 상실에 관한 현상학적 연구. **초등상담연구**, 16(2), 167-188.

장미순, 김진호(2019). 초등학교 저학년 학생들의 성별 및 소득수준에 따른 사회성 발달 특성. **초등교육연구**, 32(3), 149-168.

장승희, 손원경(2018). 포토보이스를 통해 나타난 유아교사의 놀이 개념과 의미. **학습자중심교과교육연구**, 18(12), 431-457.

장인자, 박경남(2019). 초등학생들의 또래관계와 부모관계가 자살생각에 미치는 영향의 융복합적 연구: 불안의 매개효과. **융합정보논문지**, 9(5), 137-146.

정익중(2020). 코로나19 전후 일상 변화와 아동행복. 『코로나19가 바꾼 일상 변화와 아동행복』 포럼자료집. 초록우산어린이재단 아동복지연구소.

정익중, 이수진, 강희주(2020). 코로나19로 인한 아동일상 변화와 정서 상태. **한국아동복지학**, 69(4), 59-90.

장준혁, 박승희, 김진휘, 김종완(2021). 코로나바이러스(COVID-19) 유행이 대학생의 부정정서에 미치는 영향. **감성과학**, 24(4), 39-51.

정혜욱(2020). 코로나19로 인한 온라인 개학: 실태조사와 청소년의 심리적 건강에 미친 영향 연구. 서강대학교 대학원 석사학위논문.

전민경(2020). 코로나19에 따른 아동청소년의 위기. 수원: 경기도여성가족재단.

주석진(2021). 코로나 19로 인한 생활변화가 아동과 보호자의 정신건강에 미치는 영향: 부산지역을 중심으로. **한국아동복지학**, 70(2), 67-99.

천보선(2020). 팬데믹 상황 속 비상체제로서 '핵심교육과정' 운영. 교육위기 대응을 위한 교육토론회Ⅱ자료집, 5-17.

최아라(2021). 코로나 스트레스가 대학생의 우울에 미치는 영향: 자기조절능력의 매개효과. **청소년학연구**, 28(12), 89-107.

최준섭(2021). 코로나19 팬데믹 시대 1년, 초등학생의 내적 경험에 관한 질적 연구. **교육학연구**, 59(2), 159-189.

하요상, 곽미규(2021). 코로나(COVID-19)로 인해 비대면 수업 활성화에 적응하는 초등학생의 심리적 적응에 대한 현상학적 연구. **학습자중심교과교육연구**, 21(16), 665-679.

한국청소년상담복지개발원(2020). 코로나19로 바뀐 일상: 청소년, 보호자 체감도 조사 및 대응방안. 청소년상담 이슈페이퍼, 2.

한은진, 나진경, 방준호, 설선혜(2022). 코로나 상황 속 마스크 착용에 대한 외현적 태도와 암묵적 태도. **한국심리학회지: 사회 및 성격**, 36(1), 47-67.

한정수, 최주희, 이상옥, 김유리, 김성수(2021). 코로나19 재난 상황에서 공감이 불안과 우울에 미치는 영향: 위험지각과 간접외상을 통하여. **한국콘텐츠학회논문지**, 21(11), 609-625.

허원빈, 정하은(2019). 포토보이스를 적용한 사회복지 관련 연구의 동향분석. **보건사회연구**, 39(4), 320-355.

Chen, P., Mao, L., Nassis, G. P., Harmer, P., Ainsworth, B. E., & Li, F.

(2020). Returning Chinese school-aged children and adolescents to physical activity in the wake of COVID-19: Actions and precautions. *Journal of sport and health science, 9*(4), 322.

Denzin, N. K. (1978). *The research act: A theoretical instruction to sociological methods*(2nd ed.). New York: McGraw-Hill.

Gunthert, K. C., Cohen, L. H., & Armeli, S. (1999). The role of neuroticism in daily stress and coping. *Journal of Personality and Social Psychology, 77*(5), 1087.

Haskins, R., Currie, J. M., & Deschênes, O. (2016). *Children and Temperature: Taking Action Now*. Future of Children.

Hughes, F. P. (1999). *Children, play, and development*(3rd ed.). Boston: Allyn and Bacon.

Kousky, C. (2016). Impacts of natural disasters on children. *The Future of Children, 26*(1), 73-92.

Kroeger, S., & Meyer, H. (2005). *Photovoice as an educational action research tool*. Paper presented at the annual meeting of the American Educational Research Association, Montreal, Canada.

Latz, A. O. (2017). *Photovoice research in education and beyond: A practical guide from theory and exhibition*. 김동렬 역 (2018). **포토보이스 연구 방법: 참여적 행동 연구**. 서울: 학지사.

Main, A., Zhou, Q., Ma, Y., Luecken, L. J., & Liu, X. (2011). Relations of SARS-related stressors and coping to Chinese college students' psychological adjustment during the 2003 Beijing SARS epidemic. *Journal of Counseling Psychology, 58*(3), 410-423.

O'Malley, L., & Munsell, S. E. (2020). PhotoVoice: An innovative qualitative method in research and classroom teaching. *Educational Research: Theory and Practice, 31*(1), 26-32.

Schell, K., & Ferguson, A. (2009). Photovoice as a teaching tool: Learning by doing with visual methods. *International Journal of Teaching and*

Learning in Higher Education, 21(3), 340-352.

Schimmenti, A., Billieux, J., & Starcevic, V. (2020). The four horsemen of fear: An integrated model of understanding fear experiences during the COVID-19 pandemic. *Clinical Neuropsychiatry, 17*(2), 41-45.

Shigemura, J., Ursano, R. J., Morganstein, J. C., Kurosawa, M., & Benedek, D. M. (2020). Public responses to the novel 2019 coronavirus (2019 nCoV) in Japan: Mental health consequences and target populations. *Psychiatry and Clinical Neurosciences, 74*(4), 281-282.

Swell, K. H., & Gaines, S. K. (1993). Developmental Approach to Childhood Safety Education. *Pediatric Nursing, 19*(5), 464-466.

Trout, I. Y., Perez, T. B., & Christensen, M. C. (2019). Connecting classroom to community through photovoice: Pedagogical implications. *LEARNing Landscapes, 12*, 285-301.

Wang, C., & Burris, M. A. (1997). Photovoice: Concept, methodology, and use for participatory needs assessment. *Health Education and Behavior, 24*(3), 369-387.

Wang, Y., Kala, M. P., & Jafar, T. H. (2020). Factors associated with psychological distress during the coronavirus disease 2019 (COVID-19) pandemic on the predominantly general population: A systematic review and meta-analysis. *PloS one, 15*(12), e0244630.

Whitfield, D., & Meyer, H. (2005). Learning from our students: Photovoice and classroom action research. *The Science Education Review, 4*(4), 97-103.

Whitney, J. C. (2006). My education: Students with disabilities describe high school in pictures and words. *TEACHING Exceptional Children Plus, 3*(2), 1-17.

제8장

국내 교육학 분야의 포토보이스 연구동향

본 연구의 목적은 국내 교육학 분야의 포토보이스 연구 동향을 분석하기 위한 것이다. 이를 위해 문헌 수집, 분석 기준, 문헌 분석, 결과 도출의 네 단계에 따라 연구가 진행되었다. 먼저, 국내에서 발행된 학술등재지 논문 21편을 선정하였다. 다음으로 본 연구에서 사용한 8개(연구 목적, 연구참여자, 연구 기간, 질문 기법, 자료수집방법, 자료분석방법, 타당도 확보 방안, 연구 결과 활용) 분석 기준에 따라 수집한 문헌을 분석하였고, 최종적으로 연구 결과를 도출하였다.

분석 기준에 따라 2014년부터 2022년까지 발표된 논문을 분석한 결과, 다음과 같은 주요 결론을 얻을 수 있었다. 연구 목적은 주로 경험 분석, 인식 탐색 위주로 이루어졌다. 연구참여자는 소외 계층 혹은 주변인이 많았고, 연구참여자 수는 6명에서 10명 이하가 가장 많았으며, 주로 목적 표집 방법으로 연구참여자를 모집하였다. 자료수집방법은 14편의 연구에서 포커스 그룹 면담이 적용되었고, 자료분석방법은 3단계 분석 방법(사진 선정, 맥락화, 주제화)이 주로 사용되었다. 타당도 확보 방안으로는 많은 연구에서 동료 검토 및 전문가 검토가 이루어졌고, 연구 결과 활용은 많은 연구에서 구체적으로 언급하지 않았다. 본 연구에서 제시한 분석 결과를 바탕으로 포토보이스 연구가 나아갈 방향 및 연구의 시사점을 논의하였다.

1. 서론

포토보이스는 연구참여자의 목소리가 담긴 사진을 바탕으로 새로운 의미를 찾는 질적연구방법이다. 포토보이스에서 사진은 핵심적인 자료로 기능하며 연구참여자의 역량을 강화하는 유용한 수단이 된다(Wang & Burris, 1994, 1997). 연구참여자는 자신의 삶과 관련된 다양한 장면을 사진으로 촬영하고, 이 사진을 바탕으로 드러난 사회 문제에 대해 집중적으로 토론함으로써 삶과 관련된 지식을 습득하고 다양한 관점으로 세상을 조망할 수 있는 비판적 사고도 형성하게 된다(오영범, 2023; Latz, 2018). 이 과정에서 표면화된 공동체 문제를 해결하기 위해 연구참여자는 구체적인 행동으로 실천한다(Liebenberg, 2018).

포토보이스는 1997년 Wang과 Burris에 의해 처음으로 소개되었다. 처음에는 '포토 노벨라(photo novella)'라는 이름으로 중국 시골 여성들의 건강과 관련된 역량을 강화하기 위한 수단으로 사용되었다(Wang & Burris, 1994). 리터러시 능력이 부족한 중국 시골 여성들이 자신의 일상적인 삶의 모습을 드러내고 대화를 촉진하기 위한 유용한 매개체로 사진이 활용된 것이다. 이처럼, 포토보이스는 주로 사회 및 정치적으로 소외된 사람들이 자신들의 존재를 부각시킬 수 있는 강력한 도구로 활용되어 왔다. 포토보이스를 적용한 선행연구는 성소수자(김찬미, 이지하, 곽원준, 2020; Hussey, 2006), 이민자 및 다문화 학생(박은혜, 심혜선, 마닥마, 2018; 이현, 박주연, 2019; Streng, Rhodes, Ayala, Eng, Arceo, & Phipps, 2004), 장애인과 장애인을 양육하는 어머니(김경희, 김미옥, 정민아, 2016; 김민아, 허일권, 정상미, 서정아, 2017; 최재완, 2016), 노숙자(Wang, Cash, & Powers,

2000), 나이가 어린 초등학생 및 청소년(김경희, 박근혜, 김성원, 2016; 김시아, 이성재, 정익중, 2019; 김찬미 외, 2020; 송호관, 2020; 임정아, 진영선, 2017; 진영학, 오영범, 2022; Harkness & Stallworth, 2013), 사회적 약자 혹은 소외된 삶을 살아온 여성(이미선, 김민아, 2019; 임윤서, 안윤정, 2017; Poudrier & Mac-Lean, 2009; Wang, 2006; Wang, Burris, & Ping, 1996) 등을 대상으로 이루어졌다. 포토보이스 관련 국내·외 선행연구를 통해서 알 수 있는 것처럼, 문화의 중심에서 벗어난 주변인 혹은 사회적 관심 영역에서 벗어난 소외된 사람들이 주로 포토보이스 연구에 참여하였다. 사회 주류의 큰 목소리에 밀려 상대적으로 위축된 삶을 살아온 소수자에게 사회를 향해 목소리를 낼 수 있는 기회를 제공한 것이다.

2000년대 초, 포토보이스 연구 방법은 국내에 소개되어 조금씩 활성화되고 있는 추세다. 포토보이스 연구 방법이 국내에 점진적으로 알려지고 이를 적용한 연구가 활성화되면서 사회복지학, 체육학, 특수교육 등과 같이 다양한 학문 영역에서 그 활용 가능성을 탐색하는 연구가 이루어졌다(김정연, 허유성, 2019; 최재완, 2016; 홍지원, 최재섭, 2018). 홍지은과 최재섭(2018)은 체육학 분야의 포토보이스 관련 국외 연구 10편, 국내 연구 13편, 총 23편을 저자, 발행 연도, 연구주제, 연구대상, 자료수집, 질문유형에 따라 분석하였다. 이 분석 결과에 기반하여 체육학 분야의 포토보이스 활용 가능성으로 소수자 및 취약 계층을 대상으로 다양한 연구 수행, 참여자 경험에 대한 심층적인 분석을 통한 생생한 목소리 전달, 참여 당사자의 경험에 입각한 여가 활동의 의미, 그리고 지역사회 및 사회제도의 문제점 도출 및 해결 방안 탐색 네 가지를 제시하였다. 허원빈과 정하은(2019)은 포토보이스가 적용된 사회복지 관련 연구 동향을 파악하기 위해 11개 기준을 활용하여 국내 학술지에 게재된 31편의 논문을 분석하였다. 연구 결과를 간략하게 살펴보면, 포토보이스 방법이 적용된 사회복지 연구는 2012년부터 지속적인 증가세에 있고, 주로 취약 계층(전체 연구의 61%)을 대상으로 진행되었으며, 연구참여자들의 생생한 경험에 기반한 포토보이스 연구가 수행되었다. 김정연과 허유성(2019)은 2000년 이후 특수교육 분야에서 발표된 포토보이스 관련 국내 연구 8편, 국외 연구 34편, 총 42편을 선정하여 연구 주제, 연구참여자, 연구 방법의 세 가지 준거에 따라 분석하였다. 이 분석 결과에 기반하여 장애인의 지식 습득 및 자신감 고취, 장애인의 의사소통을 촉진하는 유용한 도구, 통합교육에 관한 프로젝트 학습의 활동 가능성, 그리고 장애인의 직업과 고용에 관한 정책 개발을 특수교육에서 포토보이스를 활용할 수 있는 가능성으로 제안하였다.

위와 같이 사회복지학, 체육학, 특수교육 분야에서는 포토보이스 관련 선행연구를 바탕으로 동향을 분석하고 해당 학문 영역에서의 활용 가능성을 탐색하였으나, 교육학 분야에서는 이러한 연구가 이루어지지 않았다. 그 이유는 그동안 교육학 분야에서 포토보이스 관련 연구가 활성화되지 못한 데 있다. 전체적인 연구 흐름과 동향을 분석할 만큼 충분한 연구물이 쌓이지 않았기 때문이다. 최근 들어, 교육학 분야에서 포토보이스 관련 연구가 지속적으로 탄생되고 있는 상황에서 연구 동향을 분석해 볼 필요가 있다. 이러한 연구 동향을 분석해 봄으로써 향후 나아갈 방향을 탐색함과 함께 후속 연구자들에게 연구 수행의 시사점을 제공할 수 있다.

교육학 분야에서의 포토보이스 관련 연구는 주로 일반 학생들 및 소수 특정 학생들을 대상으로 경험과 인식에 대한 연구가 이루어졌다.[1] 이는 포토보이스 연구가 소외된 소수 계층을 대상으로 진행된 특징과 연결된다. 또한 특정 교과의 수업 상황에서 교수학습 도구로서 포토보이스의 활용 방안을 탐색한 연구들(신원동, 2022; 임정아, 진영선, 2017; 조철기, 김병연, 2020)도 진행되었다. 조철기와 김병연(2020)은 포토보이스가 지리과의 교수학습 도구로서 사용될 수 있는 가능성을 탐색하였고, 신원동(2022)은 도덕과 교육에서 포토보이스를 활용할 수 있는 교수학습 방안을 고찰하였다. 이러한 연구들은 포토보이스의 교육적 활용 가능성을 모색하였다는 데 의의가 있다.

이처럼 교육학 분야에서 포토보이스 관련 연구가 나오고 있는 상황에서 연구 동향을 분석하는 것은 현 상태를 진단하고 향후 연구 방향을 새롭게 정립할 수 있다는 차원에서 큰 의미가 있다. 이에, 본 연구는 국내 교육학 분야의 포토보이스 연구동향을 분석하는 것이 주된 목적이다. 이를 위해 연구 목적, 연구참여자 특성, 연구 기간, 질문 기법, 자료수집방법, 자료분석방법, 타당도 확보 방안, 연구 결과 활동의 여덟 가지 기준에 입각하여 교육학 분야에서 진행된 포토보이스 관련 선행연구를 분석하였다. 본 연구는 포토보이스 연구 방법이 교육 분야에 적용된 경향 및 실제 적용된 구체적인 방법을 파악할 수 있을 뿐만 아니라 향후 포토보이스를 활용하고자 하는 교육 연구자에게 방법적 엄밀성을 제공하여 연구의 타당도를 높이는 데 기여할 것

1) 본 연구에서 분석한 21편의 포토보이스 관련 국내 논문을 〈표 8-1〉에서 참고할 수 있다.

이다. 아울러, 포토보이스의 교육적 활용 방안 혹은 적용 가능성을 탐색하고자 할 때, 연구자로 하여금 새로운 아이디어를 생성해 낼 수 있는 토대가 될 것이다.

2. 연구 방법

가. 문헌 검색 및 선정기준

국내에서 발표된 포토보이스 문헌을 검색하기 위해 학술연구정보서비스(www.riss.kr), 한국학술지인용색인(www.kci.go.kr), DBpia(www.dbpia.co.kr) 등과 같은 학술논문 데이터베이스를 이용하였다. '포토보이스'로 검색한 후, '교육', '교육학', '교육적 활용' 등과 같은 세부적인 단어를 접목함으로써 범위를 좁혀 나갔다. 또한 학문 영역을 선택하는 옵션 기능에서 '교육학' 분야를 설정하여 문헌을 검색하였다. 비록 교육학 분야가 아닌 다른 분야에서 연구된 문헌 중에서라도 연구 참여자가 초등학교, 중학교, 고등학교, 대학교 및 대학원에 재학 중인 학생이거나 연구 맥락이 학교 혹은 교육 기관인 경우도 분석 대상에 포함시켰다. 1차 검색을 통해 38편의 논문을 수집하였다. 수집된 논문의 초록, 전체적인 연구 수행 맥락을 고려하여 최종적으로 21편의 논문이 선정될 수 있었다. 구체적으로 적용한 선정기준은 다음과 같다.

첫째, 포토보이스 연구 방법을 실제 맥락에 적용한 연구를 선정하였다. 연구자가 연구 목적을 제시하고, 이 목적을 달성하기 위해 연구 문제를 구체화하며, 실제 연구참여자들이 포토보이스 절차에 따라 활동한 결과가 드러난 연구를 대상으로 하였다. 포토보이스 연구 방법과 관련된 이론 연구(오영범, 2023), 특정 학문 영역에서 포토보이스 연구 동향을 파악한 연구(김정연, 허유성, 2019; 최재완, 2016; 허원빈, 정하은, 2019), 교과 교육에서의 포토보이스 활용을 탐색한 연구(신원동, 2022; 조철기, 김병연, 2020) 등은 배제하였다.

둘째, 문헌은 국내 학술등재지 논문으로 제한하였다. 그 이유는 학술적 권위를 인정받은 학회에서 발행된 논문을 취함으로써 분석의 일관성과 신뢰도를 고려하기 위한 것이다. 따라서 국내 등재후보지 논문, 석사 및 박사 학위논문, 단행본, 학술대회 발표논문 등은 분석 대상에서 제외하였다. 선정된 문헌을 학술지별로 살펴보면, 학습자중심교과교육연구 9편, 한국사회복지질적연구 2편, 사회복지연구 1편, 청소년학연구 1편, 아시아여성연구 1편, 청소년문화포럼 1편, 한국가족복지학 1편, 한국사회복지학 1편, 사회과학연구 1편, 체육과학연구 1편, 초등교육연구 1편, 한국청소년활동연구 1편으로 구분된다. 본 연구에서 수집한 21편의 문헌에 대한 연구자 및 출판 연도, 연구주제, 연구 참여자, 그리고 자료 수집 방법에 대한 구체적인 정보는 〈표 8-1〉과 같이 확인할 수 있다.

〈표 8-1〉 본 연구에서 분석한 국내 포토보이스 적용 연구

연구자	연구주제	연구 참여자	자료 수집
김태림, 이규일 (2014)	학교스포츠클럽 활동 전담강사의 학교생활 경험 및 적응	스포츠 강사 8명 (남 6명, 여 2명)	사진, 포커스 그룹 면담
김경희 외 (2016)	빈곤가정 아동의 꿈과 성장	빈곤 가정 아동 73명 (초 34명, 중 39명)	사진, 포커스 그룹 면담
김민아 외 (2017)	지적장애 청소년의 사회적 관계	지적장애 청소년 6명	사진, 집단 토의
서청희, 김경미 (2017)	자살로 부모를 잃은 청소년의 애도 과정에 관한 연구	청소년 4명 (남 1명, 여 3명)	사진, 포커스 그룹 면담
임윤서, 안윤정 (2017)	서울에서 '지방 출신 여대생'으로 살아가기	지방 출신 여대생 15명	사진, 발표 및 토론, 개별 심층 면담
임정아, 진영선 (2017)	청소년이 학교생활에서 느끼는 행복감	중학생 5명 (남 2명, 여 3명)	사진, 집단 토의
박은혜 외 (2018)	이주배경 청소년의 눈을 통해 바라본 사회통합의 의미와 방법	이주배경 청소년 7명	사진, 집단 토론
안윤정, 오현주 (2018)	대학생의 직업윤리 인식에 대한 탐색	대학생 8명	사진, 개별 면담, 발표 및 토론
장승희, 손원경 (2018)	유아교사의 놀이 개념과 의미	유아교사 7명	사진, 포커스 그룹 면담
안윤정, 임윤서 (2019)	대학생의 신직업 인식에 대한 탐색	대학생 10명	사진, 발표 및 공유, 의미 텍스트 작성

연구자	연구주제	연구 참여자	자료 수집
김수진 외 (2019)	고학력 중년 여성 학습자의 스트레스	박사과정 재학 중인 중년 여성 8명	사진, 집단 토의
김시아 외 (2019)	범죄경험이 있는 그룹홈 청소년의 일상	그룹홈 청소년 5명	사진, 집단 토의
이현, 곽주연 (2019)	다문화가정 아동의 경험과 성장	다문화 아동 7명 (남 3명, 여 4명)	사진, 집단 토의
김수진, 김성문 (2020)	진로미결정 대학생들의 내적 인식 탐색	대학생 6명 (남 6명, 여 4명)	사진, 발표 및 토의
김우영, 정혜영 (2020)	바깥놀이에 대한 유아교사의 인식과 요구	유아교사 7명	사진, 의견 나누기
김찬미 외 (2020)	청소년 성소수자의 커밍아웃과 아웃팅 경험 분석	청소년 성소수자 4명	사진, 집단 토의, 개별 면담, 연구 노트
이규일 (2020)	여학생의 일상생활 신체활동을 제약하는 환경요인 탐색	중학교 여학생 12명	사진, 포커스 그룹 면담
김정주, 김은정 (2022)	영유아교사의 관계 맺기 의미 탐색	영유아교사 10명	사진, 그룹 토의
송호관 (2022)	사회적 지지를 통한 초등학생의 긍정적 자기인식 탐색	초등학교 5학년 48명(남 27명, 여 21명)	사진, 포커스 그룹 면담
정정애 외 (2022)	대학생들의 학교폭력에 대한 인식과 대처방법 탐색	교직과목 수강생 10명	사진, 발표 및 토의

연구자	연구주제	연구 참여자	자료 수집
진영학, 오영범 (2022)	코로나19를 경험하는 초등학생의 감정 탐색	초등학교 6학년 70명	사진, 포커스 그룹 면담, 개별 면담

셋째, 논문 발행 시기는 2000년 이후 출판된 문헌을 대상으로 하였다. 1997년 Wang과 Burris가 연구 방법으로서 포토보이스를 체계화한 논문을 최초로 발표한 이후, 서구에서는 포토보이스가 새로운 질적연구 방법론으로 적용되기 시작하였다. 2010년 초 포토보이스 연구 방법이 국내에 처음 도입되었는데, '학교사회복지' 학술지에 발표된 「학교사회복지사들이 표현하는 "일과 나"」가 최초의 국내 연구로 알려져 있다(이재희, 라미영, 방실, Canape, 2012). 이후, 포토보이스를 적용한 연구는 지속적인 증가세에 있다. 교육학 분야도 마찬가지다. 본 연구에서 수집하고 분석한 문헌을 발표된 연도별로 제시하면 〈표 8-2〉와 같다. 표에서 보는 것처럼, 교육적 맥락 및 대상에게 포토보이스 연구 방법을 적용한 연구가 점진적으로 증가하는 것을 확인할 수 있다.

〈표 8-2〉 연도별 분석한 논문 편수

연도	2014	2016	2017	2018	2019	2020	2022	합계
편수	1	1	4	3	4	4	4	21

본 연구는 2022년 10월부터 12월까지 총 3개월간 진행되었다. 연구자는 본 연구를 진행하면서 문헌 수집, 분석 기준, 문헌 분석, 결과

도출이라는 체계적인 연구 절차를 염두에 두고 진행하였다. 그러나 실제 연구는 각 단계가 독립되어 순차적으로 진행된 것이 아니라 유기적인 형태로 동시에 진행되었다. 즉, 문헌 수집과 동시에 분석이 이루어졌고, 이 과정에서 분석 기준도 수차례 수정 작업을 통해 확정될 수 있었다. 분석 기준은 기존에 사용된 것을 비교, 분석, 통합하여 본 연구에 적용된 여덟 가지의 기준(연구 목적, 연구참여자 특성, 연구 기간, 질문 기법, 자료수집방법, 자료분석방법, 타당도 확보 방안, 연구 결과 활용)을 최종 선정하였다. 분석 기준이 선정된 후에는 본 연구에서 수집한 21편의 논문을 분석하여 의미 있는 연구 결과를 도출하였다.

나. 문헌 분석 기준

본 연구에서 수집한 21편의 국내 논문을 분석하기 위해 허원빈과 정하은(2019)이 포토보이스를 적용한 사회복지 관련 연구 동향 분석에 활용한 기준을 수정하여 사용하였다. 이들은 Hergenrather et al(2009), Catalani와 Minkler(2010), 유승현(2015), 최재완(2015)이 포토보이스 연구 동향을 분석하기 위해 사용한 준거를 종합하여 9개 기준에 따라 분석하였다. 이들은 9가지 분석기준으로 발행연도, 연구주제, 연구주제 선정방법, 연구참여자, 연구 진행 기간, 연구 방법(사진분석 및 논의방법, 자료수집방법, 자료분석방법), 연구결과물의 활용방안, 진실성 검증 방안을 제시하였다. 본 연구에서는 〈표 8-3〉과 같이 연구 목적, 연구참여자, 연구 기간, 질문 기법, 자료수집방법, 자료분석방법, 타당도 확보 방안, 연구 결과 활용의 8가지 기준에 따라 분석하였다. 특히, 다른 연구에서 사용했던 연구주제는 연구 목적으로 수정하여 사용하였다. 연구주제는 말 그대로 연구자가 목적을 달성하기 위해 중심이 되는 내용 혹은 핵심적인 논의를 포괄하는 상징적인 텍스트로 구현한 것이다. 따라서 외현적으로 표현된 연구주제에 담긴 궁극적인 목적을 파악하는 것이 중요하다. 예를 들어, 연구참여자들의 경험에 초점을 둔 연구인지 혹은 연구참여자들의 특정한 현상에 대한 인식에 중점을 둔 연구인지 등에 대해 구분함으로써 포토보이스 연구가 추구하는 목적에 대한 동향을 파악할 수 있다. 또한 진실성 검증 방안은 타당도 확보 방안으로 수정하였다. 왜냐하면 질적연구에서 타당도는 연구자의 연구 수행 과정과 도출한 의미를 제대로 평가하고 있는지 파악할 수 있는 근거가 되기 때문이다.

〈표 8-3〉 본 연구에서 사용한 분석 기준

분석 기준	기준에 대한 설명
연구 목적	• 연구자가 지향하는 방향 혹은 궁극적인 목적
연구참여자	• 연구참여자 특징 • 연구참여자 수 • 연구참여자 표집 방법
연구 기간	• 포토보이스 연구가 실제 수행된 기간
질문 기법	• 사진을 활용한 집단 토의 및 토론에서 사용된 질문 기법
자료수집방법	• 사진 외에 부가적으로 수집한 자료
자료분석방법	• 수집한 자료를 바탕으로 의미를 도출하기 위해 분석한 방법
타당도 확보 방안	• 연구의 타당도 확보를 위해 연구자가 기울인 노력
연구 결과 활용	• 사회에 연구참여자들의 목소리를 전달하는 구체적인 방법

다. 분석의 신뢰도

본 연구에서 마련한 분석 기준 및 분석 기준을 적용한 결과에 대한 신뢰도를 확보하기 위해 다음과 같은 방법을 적용하였다.

첫째, 본 연구에서 활용한 분석 기준에 대한 타당도를 고려하기 위해 전문가 검토를 수행하였다. 질적연구 전문가(J대학교 P교수)와 포토보이스 연구 방법을 활용하여 연구를 수행한 경험이 있는 포토보이스 전문가(P대학교 L박사)로부터 분석 기준에 대한 검토를 받았다. 먼저 분석 기준을 도출하게 된 과정을 설명하였고, 실제로 이 기준을 활용하여 분석할 때 타당성 문제를 의뢰하였다. 그 결과, 이들은 기존의 선행연구에 바탕을 두고 도출한 것이라 논리적 타당성을 갖추고 있음을 공통적으로 언급해 주었다. 다만, 연도별 연구 편수는 별도의 분석 기준으로 넣기보다는 1. 문헌 검색 및 선정 기준에서 분석 대상과 함께 제시하면 더욱 효과적이라는 의견을 주었다.

둘째, 실제 분석 결과의 신뢰도를 위해 포토보이스를 적용하여 학위 논문을 작성하고 있는 C대학교 박사 과정에 있는 2명과 협력하였다. 21편의 논문에 1번부터 21번까지 번호를 부여하고 1명에게는 홀수 번호의 논문, 다른 1명에게는 짝수 번호의 논문을 분석 기준에 맞게 제대로 분석하였는지 검토받았다. 이를 통해 연구참여자, 연구기간, 자료수집방법 등에 대한 피드백을 받았고, 세부적인 빈도와 비율을 수정할 수 있었다.

3. 연구 결과

가. 연구 목적

본 연구에서 분석한 문헌의 연구 목적은 〈표 8-4〉에서 보는 것처럼 경험 분석, 인식 탐색, 의미 탐색, 관계 탐색, 요인 탐색의 5가지로 구분되었다. 연구참여자들의 경험을 분석한 연구가 9편(42.8%)으로 가장 많았고, 인식 탐색 6편(28.6%), 의미 탐색 4편(19.0%), 관계 탐색 1편(4.8%), 요인 탐색 1편(4.8%)으로 나타났다. 포토보이스는 주로 사회 및 정치적으로 소외된 주변인을 대상으로 이루어지는 연구 방법임을 고려하여 연구 대상을 일반인과 주변인으로 나누어 연구 목적을 분석해 보았다. 다문화가정 아동, 범죄 경험이 있는 그룹홈 청소년, 청소년 성소수자 등과 같이 연구참여자들이 주변인인 경우, 연구자는 주로 그들의 일상적인 삶 속에서의 경험을 분석하는 데 중점을 두었다(김시아 외, 2019; 김찬미 외, 2020; 이현, 곽주연, 2019).

〈표 8-4〉 본 연구에서 수집한 문헌의 연구 목적

<table>
<tr><th rowspan="2">구분</th><th colspan="2">경험 분석</th><th colspan="2">인식 탐색</th><th colspan="2">의미 탐색</th><th colspan="2">관계 탐색</th><th colspan="2">요인 탐색</th><th rowspan="2">합계</th></tr>
<tr><th>일반인</th><th>주변인</th><th>일반인</th><th>주변인</th><th>일반인</th><th>주변인</th><th>일반인</th><th>주변인</th><th>일반인</th><th>주변인</th></tr>
<tr><td>논문 수</td><td>1</td><td>8</td><td>5</td><td>1</td><td>2</td><td>2</td><td></td><td>1</td><td>1</td><td></td><td rowspan="2">21</td></tr>
<tr><td>합계</td><td colspan="2">9</td><td colspan="2">6</td><td colspan="2">4</td><td colspan="2">1</td><td colspan="2">1</td></tr>
<tr><td>비율(%)</td><td colspan="2">42.8%</td><td colspan="2">28.6%</td><td colspan="2">19.0%</td><td colspan="2">4.8%</td><td colspan="2">4.8%</td><td>100%</td></tr>
</table>

반면, 연구참여자들이 일반인인 경우는 대학생의 직업윤리 인식, 대학생의 신직업 인식, 진로 미결정 대학생의 내적 인식 탐색 등의 연구주제에서 볼 수 있는 것처럼, 사회의 현안으로 부각되고 있는 특정 현상에 대한 인식을 탐색하는 연구가 많았다(김수진, 김성문, 2020; 안윤정, 오현주, 2018; 안윤정, 임윤서, 2019). 의미 탐색은 연구참여자가 특수한 사회적 맥락 안에서 삶을 영위하면서 수반된 특별한 경험에 의미를 부여하는 것으로 일반적인 질적연구의 주제로 자주 사용된다. 본 연구에서 분석한 포토보이스 연구에서도 주로 연구참여자들이 처한 특정 상황에서 행하는 미시적인 활동에 초점을 맞춘 연구가 이루어졌는데, 일반인과 주변인이 동일한 비율로 나타났다.

나. 연구참여자 특성

연구참여자 특성은 크게 학교급에 따른 연구참여자, 연구참여자 수, 연구참여자 표집 방법으로 구분하여 살펴보았다. 포토보이스 연구에서는 연구참여자가 누구인지, 몇 명이 참여하였는지, 그리고 어떤 방법으로 참여하게 되었는지가 중요한 문제로 부각된다. 왜냐하면 그동안 사회·정치적으로 소외되었던 소수의 주변인 혹은 사회에서 주목받지 못하고 언저리에서 맴돌았던 소외자를 대상으로 포토보이스 연구가 진행되기 때문이다. 포토보이스 연구에 참여한 사람들은 자신의 삶과 관련된 사진을 찍고, 사진에 그들의 내러티브를 담아 존재를 드러내고 본격적으로 사회에 참여할 수 있는 기회를 가진다. 따라서 포토보이스 연구는 Liebenberg(2018)가 언급한 참여적 행동 연구의 네 가지 구성 요소인 연구, 참여, 행동, 사회 변화를 부각시킬 수 있는 유용한 연구 방법이다.

연구참여자와 관련된 학교급은 〈표 8-5〉에서 보는 것처럼, 유치원 3편, 초등학교 3편, 중학교 3편, 고등학교 3편, 대학교 6편, 대학원 1편, 2개 이상 학교급은 2편으로 나타났다. 이 중에서 유치원 맥락에서 진행된 연구는 연구참여자가 교사라는 점이 학생들을 대상으로 실시한 다른 연구들과 구분된다. 일반인과 주변인으로 구분하면, 연구참여자가 주변인인 경우는 12편(57.1%)으로 일반인을 대상으로 한 9편(42.9%)의 연구보다 많은 것을 확인할 수 있다. 포토보이스 연구를 정치적으로 소외된 사람 혹은 사회적 약자를 대상으로 실시했던 전통에 맞게 본 연구에서도 주변인을 대상으로 수행한 연구가 일반인을 대상으로 진행된 연구보다 상대적으로 많은 것을 확인할 수 있다.

〈표 8-5〉 학교급에 따른 연구참여자

학교급	구분	구체적인 연구참여자	연구 수	계	비율(%)
유치원	일반인	영유아 교사	3	3	14.3%
	주변인				
초등학교	일반인	재학생(학급 전체)	1	3	14.3%
	주변인	다문화 아동, 코로나19 시대의 초등학생	2		
중학교	일반인	행복감 연구 참여 중학생	1	3	14.3%
	주변인	스포츠 강사, 신체활동 수준이 낮은 여학생	2		

<table>
<tr><th>학교급</th><th>구분</th><th>구체적인 연구참여자</th><th>연구 수</th><th>계</th><th>비율(%)</th></tr>
<tr><td rowspan="2">고등학교</td><td>일반인</td><td></td><td></td><td rowspan="2">3</td><td rowspan="2">14.3%</td></tr>
<tr><td>주변인</td><td>범죄 경험이 있는 청소년, 지적장애 청소년, 청소년 성소수자</td><td>3</td></tr>
<tr><td rowspan="2">대학교</td><td>일반인</td><td>진로 교과목 수강생, 교직과목 수강생, 일반 대학생</td><td>3</td><td rowspan="2">6</td><td rowspan="2">28.7%</td></tr>
<tr><td>주변인</td><td>진로 미결정 대학생, 지방 출신 여대생, 이주 배경 청소년</td><td>3</td></tr>
<tr><td rowspan="2">대학원</td><td>일반인</td><td>고학력 중년 여성</td><td>1</td><td rowspan="2">1</td><td rowspan="2">4.6%</td></tr>
<tr><td>주변인</td><td></td><td></td></tr>
<tr><td rowspan="2">2개 이상 학교급</td><td>일반인</td><td></td><td></td><td rowspan="2">2</td><td rowspan="2">9.5%</td></tr>
<tr><td>주변인</td><td>빈곤 가정 아동, 자살로 부모를 잃은 청소년</td><td>2</td></tr>
<tr><td colspan="3">합계</td><td>21</td><td>21</td><td>100%</td></tr>
</table>

연구참여자 수는 〈표 8-6〉에서 보는 것처럼, 5명 이하 2편(9.5%), 6명 이상에서 10명 이하 14편(66.7%), 11명 이상에서 20명 이하 2편(9.5%), 41명 이상에서 50명 이하 1편(4.8%), 51명 이상 2편(9.5%)으로 나타났다. 연구참여자 수 분석 결과, 교육학 영역에서 수행된 포토보이스 연구는 6명 이상에서 10명 이하의 범위에 해당하는 연구가 가장 많은 것으로 나타났다. 이는 Wang(1999)이 포토보이스에 참여하는 연구 대상의 이상적인 규모는 7~10명 정도라고 언급한 것과 일치한다. 포토보이스 연구 대상을 소수의 인원으로 제한하는 이유는 사진을 바탕으로 진행되는 집단 토의 및 토론에서 언어적 상호작용을 촉진하

고, 사진을 바탕으로 이야기를 만들고 의미를 부여함으로써 내러티브 생성의 밀도를 높이기 위한 것이다(오영범, 2023). 연구에 참여한 모든 사람이 만들어낸 자료를 바탕으로 비교・분석함으로써 공통된 의견뿐만 아니라 특별한 의미를 도출할 수 있다. 연구참여자가 너무 많으면 사진과 함께 전개되는 포커스 그룹 토론의 집중도가 떨어질 가능성이 있다. 또한 연구의 타당도를 높이기 위한 방법의 일환으로 전체의 일반적인 경향성을 파악한 후, 부가적인 정보가 필요한 경우 개별 연구참여자를 대상으로 면담을 병행함으로써 의미를 도출한 연구도 확인할 수 있었다(김경희 외, 2016; 송호관, 2022; 진영학, 오영범, 2022).

〈표 8-6〉 연구참여자 수

연구참여자 수	연구 수	비율(%)
5명 이하	2	9.5%
6명 이상 ~ 10명 이하	14	66.7%
11명 이상 ~ 20명 이하	2	9.5%
21명 이상 ~ 30명 이하		
31명 이상 ~ 40명 이하		
41명 이상 ~ 50명 이하	1	4.8%
51명 이상	2	9.5%
합계	21	100%

연구참여자 표집 방법은 〈표 8-7〉에서 보는 것처럼, 목적 표집이 15편(71.5%), 눈덩이 표집이 2편(9.5%), 추천이 2편(9.5%), 온라인 공고가 2편(9.5%)으로 나타났다. 표집은 연구 목적을 달성하고 구체적인

연구 문제를 해결할 수 있는 연구참여자를 모집하는 방법으로, 포토보이스에서는 주로 목적 표집(purposeful sampling)이 적용된 것을 확인할 수 있다. 목적 표집은 연구를 계획하는 단계에서 연구 문제를 해결하는 데 가장 합당하다고 여기는 대상을 선정하는 기준을 정하고, 그에 부합하는 사례나 이슈에 대해 의도를 가지고 표본을 선택하는 방법이다(임윤서, 2023). 이로 인해 목적 표집을 의도적 표집이라고도 일컫는다. 예를 들어, 정정애 외(2022)는 대학생의 학교폭력에 대한 포토보이스 연구에서 교직 과목을 수강하고 있는 학생들에게 연구 목적과 내용을 설명한 후, 연구참여자들을 목적 표집하였다.

〈표 8-7〉 연구참여자 표집 방법

구분	목적 표집	눈덩이 표집	추천	온라인 공고	합계
논문 수	15	2	2	2	21
비율	71.5%	9.5%	9.5%	9.5%	100%

눈덩이 표집은 연구자가 접촉한 최초의 연구참여자로부터 다른 연구참여자를 소개받고, 소개받은 연구참여자가 또 다른 연구참여자를 소개하는 방식으로 진행되는 표집 방법이다. 최초 연구참여자를 중심으로 점점 표집 수를 늘려간다는 의미의 눈덩이 표집은 독특한 문화를 형성하고 있는 소수 집단의 특성으로 인해 연구자가 연구참여자들과 접촉하기 어려운 경우에 적용할 수 있다. 본 연구에서 수집한 문헌 중에서 지방 출신 여대생, 학교스포츠클럽 활동 전담강사를 연구참여자로 수행한 포토보이스 연구는 눈덩이 표집 방법이 활용되었다(김찬미

외, 2020; 김태림, 이규일, 2014; 임윤서, 안윤정, 2017). 연구참여자 추천은 2편으로 나타났다. 자살로 부모를 잃은 청소년의 애도 과정을 밝힌 연구는 청소년 유가족 자조 모임을 운영하는 기관의 추천과 협조를 통해 연구참여자 표집이 이루어졌다(서청희, 김경미, 2017). 또한 이주배경 청소년의 눈을 통해 바라본 사회통합의 의미와 방법 연구는 이주배경청소년지원센터, 다문화가족지원센터와 같은 기관 추천을 통해 연구참여자 선정이 이루어졌다(박은혜 외, 2018). 온라인 공고를 통한 연구참여자 모집은 2편으로 나타났다. 진로미결정 대학생들의 내적 인식을 탐색한 연구는 대학교 홈페이지, 청소년 성소수자의 커밍아웃 및 아웃팅 경험 분석은 SNS를 통해 연구참여자들을 모집하였다(김수진, 김성문, 2020; 김찬미 외, 2020).

다. 연구 기간

포토보이스 연구가 수행된 기간은 〈표 8-8〉에서 보는 것처럼, 1개월 미만이 2편(9.5%), 1개월에서 2개월이 8편(38.1%), 3개월에서 4개월이 6편(28.6%), 6개월 이상이 3편(14.3%)으로 각각 나타났다. 연구 기간을 기재하지 않은 연구는 2편(9.5%)으로 나타났다. 본 연구에서 분석한 문헌 중, 66.7%에 해당하는 14편의 포토보이스 연구가 1개월에서 4개월 사이에 진행된 것으로 확인할 수 있다. 연구참여자가 연구 주제와 관련된 사진을 찍고, 사진에 의미를 부여하며, 집단 토론 과정에 참여하기 위해서는 어느 정도 충분한 시간이 필요하다는 사실을 알 수 있다. 허원빈과 정하은(2019)의 연구에서는 2개월 11편(37%), 3개월 5편(16%), 4개월 5편(16%)으로 나타나 전체의 69%에 해당하는 문헌이 2개월에서 4개월 사이에 집중되는 것을 확인할 수 있다. 지적장애인이 참여한 포토보이스 연구 동향을 분석한 최재완(2016)의 연구에서도 유사하게 나타났다. 분석 대상 논문 24편 중, 1~2개월 5편, 3~5개월 2편, 6~8개월 1편, 1년 이상 3편, 미기재 13편으로 연구 기간은 주로 1~5개월 사이에 집중된 것을 확인할 수 있다. 또한 김정연과 허유성(2019)의 연구에서는 자료 수집 기간을 분석 기준으로 사용하였는데, 37편의 논문 중에서 1개월 미만이 3편(8.1%), 1~2개월 8편(21.6%), 3~6개월 7편(24.3%), 6개월 이상 7편(18.9%), 미기재 10편(27.1%)으로 나타나 자료 수집 기간은 주로 1~6개월 사이에 집중되어 있는 것을 확인할 수 있다. 이는 본 연구 결과와 비슷한 양상을 보이고 있다.

〈표 8-8〉 연구 기간

연구 기간	빈도	비율
기재하지 않음	2	9.5%
1개월 미만	2	9.5%
1개월 ~ 2개월	8	38.1%
3개월 ~ 4개월	6	28.6%
5개월 ~ 6개월		
6개월 이상	3	14.3%
합계	21	100%

라. 질문 기법

포토보이스 연구에서는 연구참여자들이 찍은 사진을 바탕으로 포커스 그룹 면담이 이루어진다. 포커스 그룹 면담은 사진에 연구참여자들의 내러티브를 담는 과정으로 토의 및 토론과 같은 구체적인 방법으로 진행되는 것이 일반적이다. 포커스 그룹 면담 시에는 주로 SHOWeD 질문 기법(Shaffer, 1983) 혹은 PHOTO 질문 기법(Hussey, 2006)이 사용되고 있다. SHOWeD 질문 기법은 연구자가 What do you See here?, What is really Happening here?, How does this relate to Our lives?, Why does this situation, concern, or strength exist?, What can we Do about it?의 핵심 질문을 바탕으로 연구참여자와 사진과 관련된 대화를 이끌어 간다. 또한 PHOTO 질문 기법은 Describe your Picture, What is Happening in your picture?, Why did you take a picture Of this?, What does this picture Tell us about your life?, How can this picture provide Opportunities for us to improve life with regard to healthcare?[2)]의 주요 질문으로 이루어져 있다.

2) Hussey(2006)는 자신의 연구가 '보건진료(healthcare)' 영역이었기 때문에 이와 관련된 질문을 구성하였다. 따라서 연구자는 보건진료 대신에 자신의 연구 영역 혹은 목적과 관련된 내용을 넣어 질문을 구성할 수 있다.

〈표 8-9〉 질문 기법

포토보이스 질문 기법	빈도	비율
기재하지 않음	14	66.7%
PHOTO 기법	1	4.7%
SHOWeD 기법	3	14.3%
자체적으로 만든 질문	3	14.3%
합계	21	100%

본 연구에서 분석한 문헌에서는 〈표 8-9〉에서 보는 것처럼, PHOTO 질문 기법이 1편(4.7%), SHOWeD 질문 기법이 3편(14.3%), 연구자가 자체적으로 만든 질문이 3편(14.3%)으로 나타났다. 전체 21개 문헌 중에서 66.7%에 해당하는 14편의 연구에서는 구체적인 질문 기법을 발견할 수 없었다.

마. 자료수집방법

포토보이스 연구에서 사진은 핵심이 되는 필수 자료다. 연구참여자는 자신이 직접 찍은 사진에 그들의 내러티브를 담는 포커스 그룹 면담 활동에 참여하게 된다. 포커스 그룹 면담을 통해 연구참여자들은 사진에 의미를 부여하고 공동체 문제를 발견하는 상호작용을 통해 비판적 사고를 형성해 나간다. 포토보이스 연구에서는 포커스 그룹 면담 외에 심층 면담, 글쓰기 등과 같은 부가적인 자료를 수집함으로써 질적연구에서 제기되는 타당도 문제를 극복할 수 있다. 본 연구에서 분석한 문헌의 자료수집방법은 〈표 8-10〉에서 보는 것처럼, 포커스 그룹 면담이 14편(66.7%), 포커스 그룹 면담과 개별 심층 면담을 병행한 연구가 4편(19.0%), 그리고 포커스 그룹 면담과 글쓰기를 병행한 연구가 3편(14.3%)으로 나타났다. 포토보이스 연구 방법이 적용된 많은 연구에서 자료수집방법으로 포커스 그룹 면담이 단독으로 활용되고 있는 것을 확인할 수 있다. Latz(2018)는 포토보이스 연구에서 사진을 매개로 한 면담은 연구참여자의 내러티브가 선형성에서 벗어나게 해 준다고 언급하였다. 이처럼 포토보이스 연구에서도 일반적인 질적 연구에서와 마찬가지로 다양한 형태의 자료를 수집함으로써 더욱 심층적인 의미를 발견할 수 있을 뿐만 아니라 연구의 타당도를 강화할 수 있다.

〈표 8-10〉 자료수집방법

자료수집방법	빈도	비율
포커스 그룹 면담	14	66.7%
포커스 그룹 면담+개별 (심층) 면담	4	19.0%
포커스 그룹 면담+글쓰기	3	14.3%
합계	21	

바. 자료분석방법

본 연구에서 분석한 포토보이스 연구에서 사용된 자료분석방법은 Wang과 Burris(1997)가 언급한 사진 선정하기(selecting), 맥락화(contextualizing), 주제화(codifying)의 3단계 분석 방법이 가장 많이 활용되는 것으로 나타났다. 선정하기는 연구참여자가 찍은 사진 중에서 연구 목적 및 주제를 잘 드러내주거나 자신의 삶과 관련된 의미를 부각시킬 수 있는 사진을 고르는 단계다. 맥락화는 연구참여자가 선정한 사진을 중심으로 포커스 그룹 토론을 통해 사진이 담고 있는 의미를 이야기하는 단계다. 마지막으로 주제화는 선정하기와 맥락화 단계에서 수집한 사진 및 다양한 자료를 바탕으로 의미를 도출하는 단계다. 즉, 연구참여자가 선택한 사진을 바탕으로 어디에서 무슨 일이 일어나고 있는 장면인지, 왜 이러한 일이 발생하고 있는지, 그리고 우리의 삶과 어떠한 관련이 있는지 등에 대한 질문에 대해 답변함으로써 의미를 부여한 후, 최종적으로 연구 목적을 표상할 수 있는 유의미한 결과를 도출하게 된다. 〈표 8-11〉에서 보는 것처럼, 사진 선정·맥락화·주제화 3단계 자료분석 방법은 11편(52.4%), 주제분석 6편(28.6%), 비교분석 2편(9.5%), 그리고 현상학 분석 방법인 콜라이찌 1편(4.8%)으로 나타났다. 1편(4.7%)은 구체적인 자료분석 방법을 언급하지 않았다.

〈표 8-11〉 자료분석방법

자료분석방법	빈도	비율
언급하지 않음	1	4.7%
사진 선정, 맥락화, 주제화	11	52.4%
주제분석	6	28.6%
비교분석	2	9.6%
콜라이찌(Colaizzi)	1	4.7%
합계	21	100%

사. 타당도 확보 방안

질적연구 방법에서 타당도 이슈는 연구의 엄밀성과 신뢰도를 보장하는 중요한 문제다. 일반적인 질적연구에서는 타당도를 확보하기 위해 심층 기술, 질적 권위자의 검토, 반성적 주관성, 참조자료의 사용, 삼각검증 등과 같은 다양한 전략이 활용되고 있다. 타당도를 통한 연구의 엄격함을 높이기 위해 특정 하나의 타당도 전략을 적용하기보다는 주로 다양한 전략들을 혼합하여 한다. 즉, 다양한 측면에서 상호 보완하고 입체적으로 접근함으로써 타당도의 안정성을 높인다. 이로 인해 질적연구 방법이 적용된 하나의 문헌 내에는 다양한 형태의 타당도 확보 방안을 제시하는 경우가 많다. 본 연구에서는 포토보이스가 적용된 한 문헌 내에서 활용된 모든 타당도 확보 전략을 제시하였다.

본 연구에서 분석한 포토보이스 문헌의 타당도 확보 방안은 〈표 8-12〉와 같이 나타났다. 구체적으로 살펴보면, 동료 검토 15회(37.5%), 전문가 검토 7회(17.5%), 삼각 검증 6회(15.0%), 연구참여자의 분석 과정 참여 3회(7.5%), 추적 감사(7.5%), 연구자 성찰(7.5%), 연구 노트 1회(2.5%)로 나타났다. 2편의 연구(5.0%)는 타당도 확보 방안을 구체적으로 언급하지 않았다. 동료 검토가 포토보이스 연구에서 타당도 확보 방안으로 가장 많은 빈도를 보이는 이유는 대부분의 연구가 2명 이상의 공동 연구로 수행되었다는 데서 찾을 수 있다. 실제로 본 연구에서 분석한 21편의 논문 중에서 단독 연구는 2편에 그쳤고, 나머지 19편의 연구는 공동으로 이루어졌다. 전문가 검토의 경우, 대부분 포토보이스 혹은 질적 연구와 관련된 학문적 권위자의 관점이 적용되었다.

〈표 8-12〉 타당도 확보 방안

타당도 확보 방안	빈도	비율
언급하지 않음	2	5.0%
연구참여자의 분석 과정 참여	3	7.5%
동료 검토	15	37.5%
전문가 검토	7	17.5%
삼각 검증	6	15.0%
추적 감사	3	7.5%
연구노트	1	2.5%
연구자 성찰	3	7.5%
합계	40	100%

아. 연구 결과 활용

포토보이스 연구의 궁극적인 목적은 공동체에 소속된 연구참여자의 삶의 질을 개선함으로써 긍정적인 사회 변화를 이끌어내는 데 있다. 이를 위해 변화에 영향을 미칠 수 있는 힘 있는 사람들에게 알리고, 일반 대중들에게도 알림으로써 공감대를 형성하는 것이 중요하다. Latz(2018)는 사진 전시를 통해 연구참여자들이 처한 어려운 현실과 소외된 목소리를 알릴 수 있는 방법을 제안하였다. 사전 전시 외에도 토론회, 발표회, 공청회 등을 통해 포토보이스 연구 결과를 공유하고, 연구참여자들이 사진과 함께 그들의 목소리를 전달할 수 있다.

포토보이스 연구에서 연구 결과 활용은 연구참여자들의 목소리가 실제 삶의 질을 개선할 수 있는 정책 수립의 토대가 된다.

〈표 8-13〉 연구 결과 활용 방법

연구 결과 활용 방법	빈도	비율
언급하지 않음	13	62.0%
사진 전시(온라인 포함)	3	14.3%
정책입안자 알림	1	4.7%
발표회	2	9.5%
보고서 작성	2	9.5%
합계	21	100%

본 연구에서 분석한 문헌에서는 사진 전시, 발표회, 보고서 작성, 정책입안자에게 알리는 방법으로 연구 결과를 활용하고 있는 것으로 나타났다. 〈표 8-13〉에서 보는 것처럼, 이를 구체적으로 살펴보면 사진 전시 3편(14.3%), 발표회 2편(9.5%), 보고서 작성 2편(9.5%), 정책입안자 알림 1편(4.7%)으로 나타났다. 전체 문헌의 62.0%에 해당하는 13편의 연구는 구체적인 연구 결과 활용에 대해 언급하지 않았다.

4. 결론 및 논의

본 연구는 현재(2022년 12월)까지 교육학 분야에 포토보이스 연구 방법이 적용된 21개 문헌을 집중적으로 분석하였다. 연구 목적, 연구참여자, 연구 기간, 질문 기법, 자료수집방법, 자료분석방법, 타당도 확보 방안, 연구 결과 활용의 8개 기준에 따라 분석함으로써 포토보이스가 적용된 연구동향을 파악하고자 하였다. 본 연구에서 제시한 분석 결과를 바탕으로 포토보이스 연구 방법이 나아갈 방향 및 연구의 시사점을 논의하고자 한다.

첫째, 국내 교육학 분야에 적용된 포토보이스 연구는 상대적으로 소외된 계층 혹은 중심에서 물러난 주변인의 일상적인 삶에 초점을 두고 진행되었다. 본 연구에서 분석한 문헌에 등장하는 소외 계층 혹은 주변인으로는 다문화 아동, 코로나19 시대를 살아가는 초등학생, 학교 스포츠 강사, 신체 활동 수준이 낮은 여학생, 범죄 경험이 있는 청소년, 지적장애 청소년, 청소년 성소수자, 지방 출신 여대생, 이주 배경 청소년, 빈곤 가정 아동, 자살로 부모를 잃은 청소년 등으로 나타났다. 이들의 공통점은 일반적인 사람들은 경험하지 못한 특별한 환경이나 조건에서 힘겨운 삶을 살아가는 소수자들이라는 점이다. 예를 들어, 청소년 성소수자는 사람들의 편견과 왜곡된 시선으로 인해 불편하고 불안한 삶의 나락으로 빠질 수 있다. 단절된 사회 속에서 고립된 생활을 영위할 가능성도 크다. 이들이 용기를 내어 커밍아웃하는 순간 있는 그대로의 상황을 이해해주고 격려해주는 사람들도 있으나 그렇지 않은 사람들도 존재하기 마련이다. 이때 포토보이스는 이들의 삶을 보여줄 수 있는 유용한 수단이 될 수 있다. 포토보이스 연구는 성소수자의 삶을 살 수밖에 없는 청소년의 입장을 대변하고, 사람들에게 이들의 고충과 혼란스러운 마음을 알릴 수 있는 효과적인 방법이다. 국내에서 소외 계층 혹은 주변인을 대상으로 진행된 포토보이스 연구는 그 탄생 배경과도 연결된다(Wang & Burris, 1994, 1997). 포토보이스 연구 방법의 창시자인 Wang과 Burris(1994)가 보건 의료 혜택에 취약한 중국 시골 여성들의 삶에 주목한 것처럼, 교육학 분야에서 소외 계층 혹은 주변인이 목소리를 낼 수 있는 기회를 제공할 수 있다. 포토보이스 연구는 리터러시 능력이 부족한 사람들에게 효과적이라는 아이디어는 교육학 분야에 적용될 수 있는 새로운 가능성을 열어준다. 교육 연구자는 유치원 혹은 초등학교 저학년 학생, 느린 학습자, 언어적 장애를 가진 학습자 등을 대상으로 이들의 특징적인 삶에 초점을 둔 포토보이스 연구를 수행할 수 있다. 자세히 들여다보지 않으면 알 수 없는 그들의 일상에 초점을 두고 내면을 표면화함으로써 학생에 대한 심층적인 이해를 이끌어낼 수 있다. 학생에 대한 깊이 있는 이해는 교사로 하여금 교육과정과 수업을 설계하고 운영하는 데 중요한 역할을 한다.

둘째, 포토보이스 연구 방법은 학생들의 비판적 의식 향상에 기여할 수 있는 유용한 교육적 도구가 될 수 있다. 그 이유는 사진을 바탕으로 진행되는 포커스 그룹 면담에 있다. 연구참여자는 먼저 자신이 삶을 영위하는 공동체 및 지역사회와 관련된 장면을 사진에 담는다. 포토보이스의 궁극적인 목적은 사회 변화 및 발전에 있기 때문에(Liebenberg, 2018), 연구참여자는 자신의 삶과 관련된 장점보다는 주로 단점 혹은 불편한 점 등과 같은 사회 문제를 포착하게 된다. 연구참여자 각자가 찍은 사진은 다양한 활동과 연계된다. 포커스 그룹 면담을 촉진하는 연구자는 PHOTO 질문 기법이나 SHOWeD 질문 기법 등을 활용하여 대화하거나 사진에 제목을 부여하고 여러 장의 사진을 활용하여 스토리를 만드는 등 사진에 다양한 의미를 부여함으로써 연구참여자로 하여금 자신만의 내러티브를 만들 수 있는 기회를 제공한다. 연구참여자들은 자연스럽게 흘러가는 언어적 상호작용을 통해 다른 이의 생각과 관점을 알게 된다. 때로는 이질적인 의견이 적절한 형태로 통합되기도 하지만, 때로는 서로의 입장 차이가 커서 갈등이 유발되기도 한다. 대화 과정에서 직면하는 소통, 공감, 협력, 갈등 등과 같은 민주 시민에게 필요한 요소를 몸소 체득하게 된다. 이 과정에서 구체적인 사회 문제도 인식한다. 그리고 집단이 공유한 사회 문제를 해결할 수 있는 구체적인 방법도 토론을 통해 모색하게 된다. 나아가 참여적 행동 연구를 지향하는 포토보이스는 단순히 문제를 인식하는 수준에 머물지 않는다. 현재의 삶에 불편함을 초래했던 문제를 해결하기 위해 구체적인 행동을 실천함으로써 그동안 침묵했던 모습에서 벗어나 사회 개선을 위한 목소리를 본격적으로 내기 시작한다. 포토보이스 연구가 진행되는 이러한 과정은 프레이리의 비판적 의식화 교육과 유사하다. 실제 프레이리의 비판적 의식화 교육은 포토보이스의 이론적 근거를 구축하고 있는 큰 기둥에 해당한다(Latz, 2018; Liebenberg, 2018; Wang & Burris, 1994). 프레이리는 주어진 현실에 순응하는 숙명론적인 삶에서 벗어나 사회 및 정치적 실체를 제대로 파악하고 자신에게 부정적인 영향을 미치는 부조리에 맞서 강하게 저항하여 사회 변화를 이끌어 내는 것을 교육의 궁극적인 목적으로 삼았다. 따라서 포토보이스를 구성하는 네 가지 요소인 연구, 참여, 행동, 사회 변화는 비판적 의식을 함양할 수 있는 유용한 교육적 요소가 될 수 있다(Liebenberg, 2018).

셋째, 포토보이스 연구의 타당도를 확보할 수 있는 다양한 형태의 자료를 수집하는 방법이 다소 미흡한 것을 확인하였다. 기존의 포토보이스 연구에서 사용된 대부분의 자료수집방법은 포커스 그룹 면담으로 나타났다. 물론 포커스 그룹 면담은 그 자체만으로 사진 자료와 집단 면담이 통합된 방법이다. 그러나 부가적인 자료를 수집함으로써 더욱 의미 있는 주제를 도출할 수 있는 조건을 형성할 수 있다. 삼각검증에 기여할 수 있는 입체적인 자료 수집은 연구의 타당도를 높이는 데도 직접적으로 기여한다. O'Malley와 Munsell(2020)은 더욱 타당도 높은 연구 결과를 기대하기 위해 면담과 관찰 같은 자료 수집 활동을 병행할 것을 권장하였다. 또한 연구참여자가 찍은 사진은 다양한 형태의 자료를 수집할 수 있는 범위를 확장시켜준다. 예를 들어, 사진에 제목 붙이고 내용 설명하기, 사진에 감정 이입하기, 여러 장의 사진을 활용하여 스토리 만들기 등과 같은 활동을 통해 부가적인 자료를 수집할 수 있다. 최근 일상이 된 SNS 활동과도 연계하여 자료를 수집할 수 있다. 페이스북, 카카오톡, 밴드, 인스타그램, 블로그 등과 같은 SNS는 일반적으로 사진과 텍스트가 결합된 형태로 게시되고 공유된다. 이러한 특징은 온라인에서 구현되는 포토보이스라 할 수 있다. SNS 활동에 익숙한 학생들을 포토보이스 연구에 적극적으로 참여시킬 수 있는 유용한 방법이 될 수 있을 뿐만 아니라 연구자의 목적과 의도에 맞게 포토보이스 자료를 수집할 수 있는 대안이 될 수 있다. 1인 미디어 시대를 살아가고 있는 오늘날의 학생들에게 스마트폰은 생활의 일부가 되었다. 특정 집단 혹은 일단의 문화를 형성하고 있는 학생들이 일상 속에서 사진을 찍고 그 사진에 의미를 부여하는 SNS

활동을 통해 온라인 포토보이스 연구도 진행해 볼 수 있을 것이다.

넷째, 연구 방법으로서 포토보이스가 구체적인 맥락에 적용되는 상세한 방법의 안내가 다소 부족한 것을 확인하였다. 특히, 실제 독자들이 궁금해할 수 있는 자료분석방법은 세부적인 분석 과정에 대한 안내와 설명 없이 대부분의 연구에서는 실제 사용한 분석 방법명(名)만을 제시하고 있는 상황이다. 앞서 분석한 것처럼, 본 연구에서는 Wang과 Burris(1997)의 3단계 분석 방법(사진 선정, 맥락화, 주제화), 주제분석, 비교분석, 콜라이찌 등과 같은 자료분석방법이 사용된 것으로 나타났으나, 단순한 설명으로 그치거나 분석 이름만을 제시한 것이 대부분이다. 질적연구를 수행해 본 경험자나 전문가의 경우는 단순 설명만으로 충분히 이해될 수 있으나 포토보이스 연구 방법을 적용하여 실제 연구를 수행하고자 하는 초보자는 이해하기 어려울 수 있다. 최근 학계에서 포토보이스를 적용한 연구가 조금씩 등장하고 활성화되고 있는 상황에서 향후 더 많은 사람이 포토보이스에 관심을 갖고 실제 연구에 적용해 보고자 하는 노력을 기울일 것으로 기대된다. 이러한 점을 고려할 때, 포토보이스 적용 절차를 명료화하여 각 단계별로 어떻게 연구 맥락에 적용되었는지 구체적으로 안내할 필요가 있다. 포토보이스의 개념 및 특징, 이론적 근거, 연구 절차 등을 중심으로 이론적 토대를 구축한 연구처럼(오영범, 2023), 실제 맥락에 포토보이스를 적용한 연구뿐만 아니라 연구 방법론으로서 포토보이스에 대한 이론을 정립하는 연구가 병행될 필요가 있다. 아울러, 사진 자체가 가진 속성과 특징으로 인해 파생되는 윤리적인 문제를 집중적으로 다룬 연구도 필요하다. McLuhan(1964)이 언급한 것처럼 매체는 확장성과 마비성을 갖고 있다. 사진 또한 하나의 매체로서 연구에 활용될 수 있는 긍정적인 측면과 문제가 발생할 수 있는 부정적인 측면을 동시에 갖고 있다. 사진은 우리의 지난 기억을 회상하고 가보지 못한 곳을 볼 수 있게 하는 간접경험을 통해 시간과 공간을 확장시킨다. 특히, 부담스러운 비용이 발생하거나 직접 경험하였을 때 위험한 상황에 노출되는 경우, 대안적인 교육 방법으로 사진이 활용되기도 한다. 그러나 사진 안에 포착된 제한된 장면으로 인해 사실이 왜곡되거나 사진 조작으로 인해 거짓된 정보를 제공할 우려도 있다. 포토보이스에서도 마찬가지다. 사진이 매개된 면담은 뇌 기능의 활성화로 리터러시 능력이 부족한 사람과의 대화를 촉진하고 일반 면담에 비해 피로도가 감소되는 효과가 있다(Harper, 2002; Wang & Burris, 1997). 그러나 저작권, 초상권 등과 같은 윤리적인 문제가 유발될 수 있다. 최근에는 스마트폰에 장착된 카메라 기능을 활용한 포토보이스 연구가 등장하면서 사진 왜곡과 조작과 같은 진실성 문제도 발생할 우려도 있다. 따라서 포토보이스 연구 수행 과정에서 직면할 수 있는 사진과 관련된 윤리적인 문제를 해결할 수 있는 구체적인 방안을 정립하는 연구도 수행될 필요가 있다.

다섯째, 포토보이스 연구 결과는 본연의 취지와 목적에 맞게 활용되지 않는 것으로 나타났다. 연구 결과의 공유와 활용은 연구 목적을 실현할 수 있는 방법이다(임윤서, 2023). Latz(2018)는 8단계 포토보이스 연구 절차 중에서 일곱 번째에 발표 단계를 두고 있는데, 이 단계는 연구참여자가 찍은 사진을 전시하고 발표함으로써 그들의 목소리를 대중에게 알리는 것이 핵심이다. 그러나 많은 연구에서 연구 결과를 제대로 활용하고 있지 않은 것으로 나타났다. 본 연구 분석 결과에서도 드러난 것처럼, 21편의 문헌 중에서 62.0%에 해당하는 13편의 연구는 구체적인 연구 결과 활용에 대한 언급이 없었다. 사진 전시 3편, 발표회는 2편, 보고서 작성 2편, 정책 입안자에게 알리는 것은 1편으로 나타났다. 전시, 발표회 등과 같은 방법은 연구참여자가 단순히 소통하고 공유할 수 있는 공간을 제공하는 차원을 넘어 그동안 드러내지 못했던 억눌린 목소리를 표출할 수 있는 공개적인 기회를 부여하는 것이다. 소외 계층 혹은 주변인의 고립된 현실을 일반 대중에게 알릴 수도 있지만 무엇보다 중요한 것은 변화를 이끌어내고 상황을 변화시킬 수 있는 힘 있는 사람들을 향해 목소리를 내는 것이다. 이로 인해 포토보이스 연구의 이론적 토대를 구축한 연구자들은 연구를 시작하는 첫 단계부터 정책 입안자 혹은 정책 결정자, 국회의원, 기관장 등과 같은 영향력 있는 사람을 염두에 두어야 함을 강조하였다(Latz, 2018; Wang & Burris, 1997). 이처럼 힘 있는 사람들을 사진 전시회 혹은 발표회에 직접 초청하여 소통의 장을 마련하면 포토보이스가 추구하는 더욱 큰 효과를 창출할 수 있다. 면대면 전시가 어렵다면 대안적인 방법으로 온라인 전시도 가능하다. 홈페이지, SNS 등을 통해 사진을 탑재하면 시·공간을 초월하여 소통하고 공유할 수 있을 뿐만 아니라 온라인 환경에 익숙한 오늘날의 대중들에게도 쉽게 접근할 수 있다. 더불어, 연구참여자가 찍은 사진을 바탕으로 앨범을 제작하거나 포스터, 안내 책자, 팸플릿 등과 같은 다양한 형태로도 구현함으로써 전시의 유연함을 살릴 수 있다.

여섯째, 참여적 행동 연구를 지향하는 포토보이스 연구가 연구참여자의 주체성 보장 범위를 더욱 넓힐 필요가 있다. 참여적 행동 연구는 연구자와 연구참여자가 만나 연구 과정뿐만 아니라 그 결과까지 공유할 것을 강조한다(Bogdan & Biklen, 2007). 연구자와 연구참여자의 동등한 참여, 공유, 소통을 강조함으로써 포토보이스는 궁극적으로 지식 생산의 민주화를 지향한다(Sutton-Brown, 2014). 이러한 지향점은 연구라는 명분 아래 연구참여자들이 제공하는 정보가 연구자의 주관적 판단에 따라 해석이 이루어졌다는 성찰에서 비롯된다(오영범, 2023). 포토보이스 역시 연구참여자의 주체성을 보장해야 하고, 연구참여자는 시작에서 종료까지 함께 연구를 수행하는 공동연구자가 되어야 한다. 따라서 포토보이스 방법을 적용하는 연구자는 연구참여자를 바라보는 인식을 전환할 필요가 있다. 즉, 연구참여자를 연구에 필요한 자료를 양산하고 정보를 제공하는 수동적인 존재로 인식하는 것에서 벗어나 공동체 문제를 해결하기 위한 구체적인 지식을 생산하고 목소리를 내는 능동적인 주체로 간주해야 한다(Liebenberg, 2018). 그러나 대부분의 포토보이스 연구는 연구참여자의 주체성을 보장하지 못하는 것으로 나타났다. 본 연구의 분석 결과에서도 제시된 것처럼, 단 3편의 문헌에서 연구참여자가 분석 과정에 참여한 것으로 드러났다. 오영범(2023)은 연구참여자의 주체성 확인을 통해 타당도를 확보할 수 있는 주요 질문을 제시하였다. 연구참여자는 공동체 문제에 대해 정확히 인지하고 있는가?, 연구참여자는 주도적으로 사진에 의미를 부여하였는가?, 연구참여자는 연구자(들)와 협력하여 연구 결과를 도출하였는가?, 연구참여자는 전시를 통해 그들의 목소리를 알리고 있는가?, 연구참여자의 목소리가 사회 변화를 이끌어 냈는가? 등과 같은 구체적인 질문을 통해 연구참여자의 주체성을 확인할 수 있다. 따라서 포토보이스 방법을 적용하는 연구자는 연구의 전 과정에 연구참여자를 적극적으로 참여시킴으로써 주체성을 보장할 수 있는 방법을 염두에 둘 필요가 있다.

앞서 언급한 논의 및 시사점 외에도 포토보이스가 교육적으로 활용될 수 있는 가능성은 다양하다. 포토보이스 방법을 활용한 수업도 생각해 볼 수 있다. 수업 시간에 토론을 촉진하는 유용한 도구로 활용할 수 있다. 특히, 사회 시간을 이용하여 우리가 삶을 영위하고 있는 공동체 문제를 학습 단원과 연결 지어 포토보이스 방법을 적용할 수 있다. 예를 들어, 우리 마을의 환경 오염 실태를 사진에 담아 수업 시간에 다양한 이야기를 나누고, 실제로 환경오염 문제를 해결할 수 있는 구체적인 방안에 대해 토의할 수 있을 것이다. 또한 실생활 속에서 지식을 활용함으로써 구성주의 학습 효과를 창출할 수 있다. 거리를 걷다 보면 다양한 가게의 간판이 눈에 띈다. 사람들의 이목을 집중시키기 위해 흥미로운 이름도 있고, 참신한 아이디어가 가미된 이름도 눈에 띈다. 그런데 간혹 의미를 알 수 없거나 맞춤법에 어긋난 이름도 눈에 띄게 된다. 이런 간판들의 사진을 찍어 국어 시간에 맞춤법 교정 혹은 재미있는 간판 이름 만들기 등과 같은 활동을 수행할 수 있다. 이외에도 포토보이스를 교육적으로 활용할 수 있는 방안이 체계적인 연구를 통해 정립된다면 포토보이스 연구 방법을 더욱 활성화하는 데 기여할 수 있을 것이다.

본 연구는 교육학 분야에서 수행된 포토보이스의 연구동향을 분석하기 위해 국내에서 발표된 등재 학술지 논문만을 대상으로 하였다.

이로 인해 석사 및 박사학위 논문, 해외 학술 논문지 등은 제외되었다. 따라서 더욱 큰 흐름을 분석하고 더욱 심층적인 결과 분석을 도출하기 위해 포토보이스 연구물이 발행된 범위를 확장하여 동향을 분석하는 후속 연구가 필요하다. 더불어, 동일한 연구물 선정 조건과 분석 기준을 마련하여 국내 및 국외의 포토보이스 연구 동향을 탐색함으로써 그 공통점과 차이점을 비교 분석하고 의미를 도출하는 연구도 진행될 필요가 있다.

참고문헌

김민아, 허일권, 정상미, 서정아(2017). 지적장애 청소년의 사회적 관계에 관한 포토보이스 연구. **사회복지연구**, 48(2), 5-33.

김경오(2020). 체육교사가 인지하는 체육 수업의 사회생태학적 문제점 모색: 포토보이스 기법으로. **한국스포츠사회학회지**, 33(3), 43-59.

김경오, 이규일(2013). 은퇴한 여자운동선수들의 사회적 장벽과 대안 모색: 포토보이스. **한국스포츠사회학회지**, 26(3), 25-52.

김경희, 박근혜, 김성원(2016). 빈곤가정 아동의 꿈과 성장에 관한 연구. **한국사회복지질적연구**, 10(3), 183-210.

김경희, 김미옥, 정민아(2016). 발달장애 자녀를 둔 어머니의 양육과 성장 경험에 관한 포토보이스 연구. **한국가족복지학**, 54, 263-296.

김수진, 이현진, 박현영, 조의령, 방종미, 이경희, 손은주, 박경자, 이정숙(2019). 포토보이스를 활용한 고학력 중년여성 학습자의 스트레스에 관한 연구. **학습자중심교과교육연구**, 19(23), 23-52.

김시아, 이성재, 정익중(2019). 범죄경험이 있는 그룹홈 청소년의 일상에 관한 포토보이스 연구. **한국사회복지학**, 71(4), 127-151.

김정연, 허유성(2019). 포토보이스 연구 방법의 특수교육 활용 가능성 탐색을 위한 연구 동향 분석. **특수교육교과교육연구**, 12(3), 85-107.

김정주, 김은정(2022). 포토보이스를 통해 나타난 영유아교사의 관계맺기 의미 탐색. **학습자중심교과교육연구**, 22(3), 465-479.

김찬미, 이지하, 곽원준(2020). 포토보이스를 활용한 청소년 성소수자의 커밍아웃과 아웃팅 경험 분석. **사회과학연구**, 31(4), 231-255.

김태림, 이규일(2014). 학교스포츠클럽 활동 전담강사의 학교생활 경험과 적응행동: 포토보이스. **학습자중심교과교육연구**, 14(11), 93-117.

박은혜, 심혜선, 먀닥마(2018). 이주배경 청소년의 눈을 통해 바라본 사회통합의 의미와 방법: 포토보이스 방법의 적용. **한국가족복지학**, 23(2), 283-313.

송호관(2022). 사회적 지지를 통한 초등학생의 긍정적 자기인식 탐색: 포토보이스 연구방법론 활용. **초등교육연구**, 35(1), 77-100.

신원동(2022). 도덕과 교육에서 포토보이스의 활용에 대한 탐색적 고찰. **윤리교육연구**, 66, 1-25.

안윤정, 임윤서(2019). 포토보이스를 통해 본 대학생의 신직업 인식에 대한 탐색적 연구. **학습자중심교과교육연구**, 19(8), 349-386.

이미선, 김민아(2019). 포토보이스를 통해 양육을 결정한 미혼모의 삶 들여다보기. **한국가족복지학**, 66, 5-38.

이재희, 라미영, 방실, Canape(2012). 학교사회복지사들이 표현하는 "일과 나": 포토보이스 방법론 적용. **학교사회복지**, 23, 257-280.

이현, 곽주연(2019). 다문화가정 아동의 경험과 성장: 포토보이스 방법의 적용. **한국사회복지질적연구**, 13(3), 151-177.

임윤서, 안윤정(2017). 서울에서 '지방출신 여대생'으로 살아가기: 서울살이에 대한 포토보이스 적용. **아시아여성연구**, 56(2), 205-256.

임정아, 진영선(2017). 청소년이 학교생활에서 느끼는 행복감: 질적연구방법 포토보이스를 활용. **청소년문화포럼**, 52, 133-162.

오영범(2023). 포토보이스 연구 방법의 이론적 토대 탐색: 개념 및 특징, 이론적 근거, 연구 절차, 타당도를 중심으로. **질적탐구**, 9(1), 1-34.

장승희, 손원경(2018). 포토보이스를 통해 나타난 유아교사의 놀이 개념과 의미. **학습자중심교과교육연구**, 18(12), 431-457.

전주람, 최경(2021). 코로나 19시대 비대면 수업 참여경험이 있는 대학생에 관한 포토보이스 연구. **문화와 융합**, 43(5), 65-85.

정정애, 김노연, 박성림, 박송란, 이미정, 정영애, 조은조(2022). 대학생의 학교폭력에 대한 포토보이스 연구: 교직이수 대학생을 중심으로. **한국청소년활동연구**, 8(2), 55-81.

조철기, 김병연(2020). 포토보이스의 지리 교수 및 학습 도구로서의 가능성과 함의 탐색. **한국지역지리학회지**, 26(3), 272-287.

진영학, 오영범(2022). 코로나19를 경험하는 초등학생의 감정 탐색: 포토보이스 연구 방법을 적용하여. **학습자중심교과교육연구**, 22(16), 581-599.

최재완(2016). 지적장애인이 참여한 포토보이스 연구의 동향과 향후 과제, **지적장애연구**, 18(1), 161-185.

허원빈, 정하은(2019). 포토보이스를 적용한 사회복지 관련 연구의 동향분석. **보건사회연구**, 39(4), 320-355.

홍지은, 최재섭(2018). 다양한 체육학 분야에서 포토보이스 연구 방법 적용가능성. **한국사회체육학회지**, 72, 321-339.

Bogdan, R. C., & Biklen, S. K. (2007). *Qualitative research for education: An introduction to theory and methods* (5th ed). Boston, MA: Pearson.

Harkness, S. S., & Stallworth, J. (2013). Photovoice: Understanding high school females' conception of mathematics and learning mathematics. *Education Studies in Mathematics, 84*(3), 329-347.

Harper, D. (2002). Talking about pictures: A case for photo elicitation. *Visual Studies, 171*, 13-26.

Hussey, W. (2006). Silvers of the journey: The use of photovoice and storytelling to examine female to male transsexuals' experience of health care access. *Journal of Homosexuality, 51*(1), 129-158.

Latz, A. O. (2017). *Photovoice research in education and beyond: A practical guide from theory and exhibition*. 김동렬 역 (2018). **포토보이스 연구 방법: 참여적 행동연구**. 서울: 학지사.

Liebenberg, L. (2018). Thinking critically about photovoice: Achieving empowerment and social change. *International of Qualitative Methods, 17*, 1-9.

McLuhan, M. (1964). *Understanding media: The extensions of man*. New York: McGraw-Hill.

O'Malley, L., & Munsell, S. E. (2020). Photovoice: An innovative qualitative method in research and classroom teaching. *Educational Research: Theory and Practice, 31*(1), 26-32.

Poudrier, J., & Mac-Lean, R. T. (2009). 'We've fallen into the cracks': Aboriginal women's experience with breast cancer through photovoice. *Nursing Inquiry, 16*(4), 306-317.

Shaffer, R. (1983). *Beyond the dispensary*. Nairobi: AMREF (The African Medical and Research Foundation).

Streng, J. M., Rhodes, S. D., Ayala, G. X., Eng, E., Arceo, R., & Phipps, S. (2004). Realidad Latina: Latino adolescents, their school, and a university use photovoice to examine and address the influence of immigration. *Journal of Interprofessional Care, 18*(4), 403-415.

Sutton-Brown, C. A. (2014). Photovoice: A methodological guide. *Photography & Culture, 7*(2), 169-186.

Wang, C. C. (1999). Photovoice: A participatory action research strategy applied to women's health. *Journal of Women's Health, 8*, 185-192.

Wang, C. C. (2006). Youth participation in photovoice as a strategy for community change. *Journal of Community Practices, 14*(1-2), 147-161.

Wang, C. C., & Burris, M. A. (1994). Empowerment through photo novella: Portraits of participation. *Health Education Quarterly, 21*, 171-186.

Wang, C. C., Burris, M. A., & Ping, X. Y. (1996). Chinese village women as visual anthropologists: A participatory to reaching policymakers. *Soc, Sci, Mde, 42*(10), 1391-1400.

Wang, C. C., & Burris, M. A. (1997). Photovoice: Concept, methodology, and use for participatory needs assessment. *Health Education & Behavior, 24*(3), 369-378.

Wang, C. C., Cash, J. L., & Powers, L. S. (2000). Who knows the streets as well as the homeless? promoting personal and community action through photovoice. *Health Promotion Practice, 1*(1), 81-89.

Wang, C. C., & Redwood-Jones, Y. A. (2001). Photovoice ethics: Perspectives from flint photovoice. *Health Education & Behavior, 28*(5), 560-572.

저자 소개

연구하는 삶을 살고 있습니다. 일상의 다채로운 경험을 연구 텍스트로 전환하는 질적 연구를 수행해 왔습니다. 경험에서 연구 주제를 발견하고, 일상을 기록하며, 관련 문헌을 찾아 공부하여 그동안 38편의 논문을 발표하였습니다. 수업, 수업컨설팅, 질적 연구 등과 관련된 학술도서도 출판하였습니다. 그중 2017년에 출판한 「교사 전문성과 수업: 질적 연구를 통한 실천적 접근」은 세종학술 도서로 선정되었습니다. 지금도 우리의 경험 속에 내재된 의미를 발견하고 교육 활동을 연구화하는 현장 연구자로서 학문적 정체성을 만들어가고 있습니다.

[저서]

교사 전문성과 수업: 질적 연구를 통한 실천적 접근(교육과학사, 2017)
자기수업컨설팅(공저, 학지사, 2018)
체계적 수업 분석을 통한 수업컨설팅(공저, 학지사, 2019)

[논문]

비대면 원격수업 사례분석을 통한 교수자의 원격수업 역량 탐색
고백적 글쓰기의 의미와 교육적 활용 방안
한 도교육청 장학사의 경험에 기초한 자전적 내러티브: 넘침과 모자람의 균형을 찾아서
수업 분석을 위한 과업집중도분석의 타당도 이슈와 확보 전략
코로나19를 경험하는 초등학생의 감정 탐색
나는 왜 달리는가? 한 장학사의 마라톤 경험에 관한 자전적 내러티브
포토보이스 연구 방법의 이론적 토대 탐색 등 다수

※ 아래 카페를 통해 포토보이스와 관련된 정보를 얻을 수 있습니다.
[포토보이스의 모든 것]
http://cafe.naver.com/allaboutphotovoice

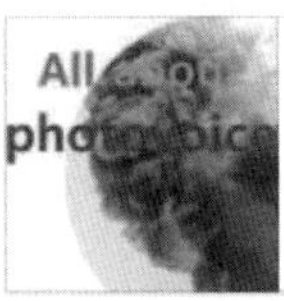

포토보이스의 모든 것 : 네이버 카페
포토보이스 연구 방법을 활용하여 연구를 진행하고…
cafe.naver.com

포토보이스 사회 변화를 위한 목소리

2023년 7월 20일 1판 1쇄 인쇄
2023년 7월 30일 1판 1쇄 발행

저 자: 오 영 범
발행자: 한 정 주
발행처: 교 육 과 학 사

경기도 파주시 광인사길 71
전화(031)955-6956~8/팩스(031)955-6037
Home-page: www.kyoyookbook.co.kr
E-mail: kyoyook@chol.com
등록: 1970년 5월 18일 제2-73호

저자와의
협의하에
인지생략

낙장·파본은 교환해 드립니다.
Printed in Korea.

정가 16,000원
ISBN 978-89-254-1790-5